한일 피시로드,
흥남에서 교토까지

– 일본 저널리스트가 탐구한 한일 생선 교류의 역사

HAMO NO TABI, MENTAI NO YUME
by Tomoyasu Takekuni
© 2013 by Tomoyasu Takekuni

First published 2013 by Iwanami Shoten, Publishers, Tokyo.
This Korean language edition published 2014 by TABI Publishing Co., Seoul
by arrangement with the proprietor c/o Iwanami Shoten, Publishers, Tokyo.

한일 피시로드, 흥남에서 교토까지
― 일본 저널리스트가 탐구한 한일 생선 교류의 역사

지은이 다케쿠니 도모야스(竹国友康)
옮긴이 오근영

초판 1쇄 발행 2014년 12월 10일
초판 2쇄 발행 2014년 12월 26일

펴낸곳 도서출판 따비
펴낸이 박성경
편 집 신수진, 양유진
디자인 이수정

출판등록 2009년 5월 4일 제313-2010-256호
주소 서울시 마포구 동교로17안길 11 (서교동) 1층
전화 02-326-3897
팩스 02-337-3897
메일 tabibooks@hotmail.com
인쇄·제본 영신사

ISBN 978-89-98439-12-5 03910

이 도서의 국립중앙도서관 출판예정도서목록(CIP)은 서지정보유통지원시스템
홈페이지(http://seoji.nl.go.kr)와 국가자료공동목록시스템(http://www.nl.go.kr/kolisnet)에서
이용하실 수 있습니다.(CIP제어번호: CIP2014031383)

값 18,000원

다케쿠니 도모야스 지음 · 오근영 옮김

일본 저널리스트가 탐구한
한일 생선 교류의 역사

한일 피시로드,
흥남에서 교토까지

따비

차례

부산항 국제여객 부두에서

2009년 8월 어느 날 아침, 필자는 부산항 국제여객 부두에 있었다. 멀리 보이는 섬 그림자 위로는 구름이 끼여 있었다. 관부페리 '하마유'(1만 6000톤, 그림 1)는 정해진 대로 오전 8시 조금 전에 접안했다. 부산-시모노세키下關 항로에는 (주)관부페리(본사 시모노세키시) 소속 하마유호와 (주)부관페리(본사 부산시) 소속 성희호가 공동 운항하고 있다. 성희호도 지금쯤 시모노세키 항에 정확히 도착했을 것이다. 필자 옆에는 한국과 일본 사이에서 수산물을 거래하는 안광국 씨가 있었다. 오랜 친구인 안씨에게 다음에 부산에 오면 거래 현장을 견학하고 싶다고 부탁해놓았었다.

"그럼 우선 페리 부두에서 활어 적재 작업을 둘러보시겠습니까?"

그림 1 **관부 페리 하마유**
부산항 국제여객 부두에 접안해 있다. 배 이름인 '하마유'는 시모노세키시의 시화市花(문주란)에서
따왔다. 선수 부근에 있는 트럭은 일본 활어차.

안씨는 필자에게 이렇게 말했다. 필자는 안씨와 함께 활어를
실은 일본 트럭이 페리에서 내려오기를 기다렸다.

'국제여객터미널'이 있는 국제여객 부두는 부산항에 있는 부
두 가운데 가장 먼저 만들어진 제1부두를 확장해 건설되었다
(1978년부터 운용). 1912년에 준공된 제1부두는 일찍이 관부 연
락선이 발착하는 부두였다. 그 역사를 이어오고 있는 국제여객
부두에는 현재 부산과 일본 사이를 왕래하는 관부/부관 페리
(부산-시모노세키항), 팬스타크루즈(부산-오사카 남항), 카메리아
라인(부산-하카타博多항)의 대형 선박이 접안한다. 또 페리 외에
하카타항(후쿠오카), 이즈하라嚴原항/히타카쓰比田勝항(모두 쓰시

마(對馬)을 각각 잇는 고속정 터미널이기도 하다.

페리의 해치가 열리고 맨 처음 모습을 나타낸 화물 트럭에 이어 대형 활어차 다섯 대가 부두로 내려왔다. 살아 있는 어패류를 수조에 담아 운반하는 트럭을 '활어차'라고 한다. 하선한 뒤에 활어를 싣고 온 차는 국제여객 부두에 있는 보세 구역에서 대기한다. 통관 수속이 있기 때문이다. '보세'란 관세가 유보된다는 뜻이고, 아직 수출입 허가를 받지 않은 화물이 일시적으로 유치되는 장소를 '보세 구역'이라고 한다. 여기는 울타리로 둘러싸여 있으며 출입이 통제된다. 활어 트럭 번호판에 표시된 등록 지역명은 '후쿠오카福岡', '오이타大分', '에히메愛媛', '미야기宮城' 등으로 모두 일본 차였다.

페리 선수 부근에는 '야마구치山口' 번호판을 단 차와 '경남' 번호판을 단 차가 나란히 서 있다. 일본 차량은 시모노세키에 있는 수산 회사가 소유한 총중량 25톤(적재량 10톤)짜리 대형 활어차다. 이틀 전 도호쿠東北 지방에서 멍게와 해삼 따위를 싣고 부산에 도착했었다.* 그 짐을 내린 다음 다시 한국에서 잡은 넙치 활어를 싣고 돌아간다. 한편 한국 활어차는 전날 오후에 전라남도 완도에서 넙치 3,000킬로그램(대략 2,900마리) 정도를 싣고 밤에 부산항에 도착했다. 활어 수조 안에 있는 해수를 여과하는

---

* 멍게는 주로 미야기현을 중심으로 하는 산리쿠三陸 연안에서 양식이 이루어져 한국으로 많이 수출되었다. 그러나 2011년 3월 11일 도호쿠 지방 연안을 덮친 쓰나미 때문에 양식장이 궤멸에 가까운 피해를 입어 한국으로의 수출은 중지되고 있다(2013년 현재). 또 후쿠시마 제1원자력발전소 사고에 따른 방사능 오염 문제도 일본에서 한국으로의 수산물 수출에 심각한 영향을 주고 있다.

작업을 하면서 일본 트럭이 오기를 부두에서 기다리는 두 대의 차는 모두 엔진을 가동해놓은 상태다. 수조 안 해수를 냉각하는 냉동기와 해수를 순환시켜 산소를 공급하는 펌프를 가동시키고 있기 때문이다.

"위에 올라가 작업을 살펴봅시다"라고 권하는 안씨의 말에 활어차 수조 부분에 설치된 금속 사다리를 잡고 위로 올라갔다. 일본 운전사와 안씨는 서로 안면이 있는 듯했다. 한국 운전사와 조수는 넙치를 수조에서 몇 마리씩 뜰채로 떠올려 플라스틱으로 만든 평평한 바구니에 일단 건져놓고 물고기 크기와 상태를 점검하고 있었다. 이 과정에서 약해진 넙치는 제외된다. 확인이 끝나면 일본 차 쪽으로 넙치가 든 바구니를 옮긴다(그림 2). 일본 운전사는 받아든 바구니를 그대로 수조 안에 넣는다(바구니에서 꺼내 싣는 경우도 있다). 활어차는 가능한 한 많은 활어를 효과적으로 싣고 옮겨야 한다. 그래서 수조는 자동차 길이에 따라 네 칸 또는 다섯 칸으로 나뉘어 있고 각 수조는 다시 상하 몇 단으로 구획이 나뉘어 있는 구조다. 바구니 안과 좁게 구획된 공간에 넣어진 넙치는 그대로 두면 스트레스를 받아 색깔이 검게 바뀌고 신선도도 떨어진다. 그래서 수온을 해수 온도(여름에는 섭씨 25도 정도)보다 보통 10도 정도 낮추고 있다. 넙치의 활동 기능을 억제하여 가능한 한 움직이지 않게 하는 것이다.

활어 적재 작업을 마친 일본 트럭은 저녁에 시모노세키행 페리에 다시 승선한다. 시모노세키에 도착하면 일본 중간상인이 대기시켜놓은 소형 활어차가 몇 대 대기하고 있다가 통관이 끝

그림 2 **넙치 싣는 작업**
국제여객 부두에서 한일 운전사가 넙치를 바꿔 싣는 작업을 하고 있다. 왼쪽이 한국 활어차, 오른쪽이 일본 활어차.

난 뒤에 나누어 적재하는 경우도 있지만, 이번에는 그대로 오사카 중앙도매시장까지 가기로 예정되어 있다. 납기와 선편에 따라 오사카로 직항하는 팬스타크루즈(페리)를 이용하는 경우도 있다고 한다.

페리의 선미 부근에는 조금 전 부산에 도착한 활어차 다섯 대가 세워져 있다. 통관 수속이 조금 더 걸린다고 한다. 그 가운데 '오이타' 번호판을 단 활어 트럭 한 대는 안광국 씨 소유다. 일본에서 등록된 트럭은 한국 안에서도 다닐 수 있지만 한국 번호판을 단 트럭은 도로운송차량법 같은 일본 법규에 따라 일본에서 다닐 수 없게 되어 있다(현재 제도 정비를 정부 차원에서 교섭 중이다). 그래서 한국, 일본에서 다 다닐 수 있도록 일본에 설립된 회사 차로 등록되어 있다. 이 활어차는 이틀 전에 부산에서 넙치를 실은 상태로 페리를 타고 건너가 시모노세키에서 짐을 내린 다음 시마네島根현縣에 있는 하마다浜田항까지 달렸다. 하마다에서는 한국행 먹장어(곰장어) 800킬로그램을 실은 뒤 다시 시모노세키에서 페리를 타고 건너와 오늘 아침 부산에 도착한 상황이다.

통관 서류가 나오면, 일본 번호판을 단 차이기 때문에 먹장어 전용 검사장이 있는 송도(부산시 서구 암남동)까지 그대로 부산 도로를 달린다. 보세 구역에서 수하물 인수처인 한국 측 트럭에 짐을 옮겨 실을 필요가 없어 별도 비용도 들지 않는다. 검사장으로 옮겨진 먹장어는 축양수조畜養水槽(활어수조)에 사흘 동안 유치되어 검역 검사를 받는다. 질병과 약물 문제가 없음이 확인되면 부산 자갈치시장에서 도매상이 소형 활어차로 먹장어를 인수하러 온다. 지금 활어차에 실려 있는 시마네현 먹장어는 며칠 뒤에는 부산 사람들의 식탁에 올라갈 것이다.

한국에서 보통 '곰장어'라고 일컬어지는 먹장어는 일본에서는 잘 먹지 않기 때문에 낯선 이름일지 모른다. 필자도 부산 자갈치시장에서 먹어보기 전까지는 그 '물고기'에 대해 알지 못했다. 몸길이는 평균 50~60센티미터이고 장어와 비슷한 모양을 하고 있다. 먹장어는 전문점이나 길거리에서 '구이'로 먹는 요리로 알려져 있다. 잘게 썰어 양념으로 밑간을 하고 양파와 함께 볶는다. 쫄깃한 식감이 좋다.

이날 필자가 부두에서 본 활어는 넙치와 먹장어였지만 홋카이도나 도호쿠 지방에서 양식하는 가리비도 일본에서 활어차로 많이 운반된다. 선어를 포함하면 부산을 거래 창구로 하여 일본에서 명태, 도미, 갈치, 가오리 따위가 수입되고, 또 한국에서 붕장어, 갯장어, 피조개, 새조개, 바지락 같은 이패류가 수출되어 한국과 일본의 각기 부족한 부분을 서로 채우며 나아가서는 새로운 수요를 창출하면서 날마다 배(페리, 운반 전용선)와 트럭 또는 비행기로 운반되고 있다.

놀라웠다. 이렇게 많은 종류의 어패류가 일본과 한국 사이를 날마다 왕래하고 있었던 것이다. 전에 부산에서 먹은 '곰장어구이'라는 음식은 부산 명물이라고 하기에 막연히 한국 '물고기'라고만 생각했다. 오사카에 있는 해산물 선술집에서 먹은 그 넙치회도, 그때는 생각도 못했지만 한국에서 활어차로 운반해온 것이었는지도 모른다. 자신이 먹고 있는 생선이 어디에서 어떻게 움직여 내 입에까지 들어오게 되었는지에 대해 지금까지는 별로 신경 쓰지 않았다. 또한 당연한 일이지만 어패류를 잡는 사람, 거래하는 사람, 운반하는 사람이 있어서 그것들이 우리 부엌또는 음식점까지 도달하는 것이다. 하지만 '물고기'와 함께 있는 그런 '사람'들의 모습은 전혀 보이지 않았다.

그러나 일부러 부산까지 가서 일본산 먹장어를 먹었다면 그 또한 유쾌한 일이다. 먹장어는 일본 깃발이나 한국 깃발을 세우고 바닷속에서 '자신'을 주장하고 있지는 않다. '일본산', '한국산' 따위를 구별하기에 집착하는 존재는 우리 사람들뿐이다. 물고기들 입장에서 보면 어디나 다를 바 없는 그냥 '하나의 바다' 인 것이다.

부산항은 한국에서 으뜸가는 무역항이고 가장 큰 어항이기도 하다. 그리고 부산은 일본과 지리적으로 가까워 일제 강점기부터 수산물을 거래하는 창구였다. 물고기와 사람이 만나고, 또 일본과 한국이 교차하는 해협 도시 부산. 가만히 바라보면 '지금' 너머에 그 지금을 자아내온 '역사'의 지층도 보일 것이다. 필자는 지금과 과거 사이에서, 그리고 일본과 한국 사이에서 엮여온 '물고기와 사람을 둘러싼 이야기'를 따라가보려고 한다. 물고기와 사람이 눈앞에서 오가고 있는 이 부산항 국제여객 부두에서 필자의 '여행'은 시작되었다.

이 책의 구성은 이러하다.

'제1장 한일 생선 교류의 현재'에서는 한일 수산물 무역에 대한 전체적인 모습을 살펴본다. 현재 어떤 수산물이 일본에서 한국으로, 그리고 한국에서 일본으로 운반되는지를 먼저 훑어보려고 한다.

'제2장 먹장어구이의 생활문화사'에서는 부산의 명물 요리로 알려진 일명 '곰장어구이'의 기원을 더듬어본다. 일본 사람들에게는 그다지 친숙하지 않은 요리라고 생각하는데 그 기원을 더듬어가다 보면 생각지 않은 국면에서 일본과의 접점이 부각될 것이다. 서민 요리인 먹장어구이는 식량난 시대, 특히 한국전쟁을 전후로 하는 시기에 부산 거리에 보급되었다.

그리고 '제3장 임시 수도 부산 피난민의 생활 기록'에서는 한국전쟁 시기의 부산을 스케치한다. 한국전쟁은 정치사나 군사사軍事史로 이야기를 풀어가는 경우가 많았는데 여기서는 부산에 피난 온 사람들이 어떻게 그 시절을 부산이라는 도시에서 살아갔는지를 살펴보려고 한다.

'제4장 명태와 북어'에서는 먹장어와는 대조적인, 한국을 대표하는 '정통 생선'이라고도 할 수 있는 명태와 제사에서 빼놓을 수 없는 말린 명태를 일컫는 북어에 대해 소개한다. 명태는 일본식 발음으로는 '멘타이めんたい'라고도 한다. 그 난소만을 따로 가공한 명란젓으로 알려진 생선이다. 명태 어업과 북어 제조 모습에 대해서도 보고하려고 한다.

'제5장 식민지와 학문'에서는 명태를 비롯한 조선의 어류 연구를 추진했던 한국인 학자와 일본인 학자 두 사람에 초점을 맞춰 식민지라는 '역사'가 학문 연구에 어떤 작용을 했는지에 대해 고찰해보려고 한다.

'제6장 일본의 식민지 통치는 무엇을 남겼는가'에서는 일제 강점기에 일본 사람이 들여온 어업이 한국 재래 어업에 끼친 영향에 대해, 제4장에서 거론했던 명태 어업에 초점을 맞춰 논하려고 한다.

'제7장 갯장어의 여행'에서는 교토의 전통 요리인 '갯장어 오토시落とし'의 재료인 갯장어가 한국에서 들여온 생선이라는 사

실, 또 일본 갯장어보다 고급품으로 거래된다는 사실을 소개하고 한국에서 교토에 이르는 갯장어의 여행을 쫓아가본다.

'마지막 장 해협을 건너는 바람을 타고'에서는 두 해협 도시인 시모노세키와 부산을 잇는 관부 페리를 타고 부산으로의 여행에 나선다. 부산에서 시작된 '여행'은 다시 부산으로 돌아가면서 끝난다. 늘 바다가 보이는 여행, 그 여행길에서 했던 생각들을 정리해보고자 한다.

이 책의 기술에 대해 미리 양해를 구하고 싶은 바가 있다. 본문에 문헌 자료를 인용할 경우 출전 표시는 가능한 한 간소하게 하고 그 상세한 내용은 이 책 말미에 있는 '참고문헌'에 표시했다. 이 책에서 거론한 전쟁 전 일본어 문헌은 가능한 한 원문을 존중했지만 읽기 쉽게 하고자 옛 한자, 옛 표기는 새로운 표기로 하는 등 바꾼 부분이 있다. 인용문에 필자가 주를 넣을 경우는 그 부분을 (   )로 표시했다.

〈한반도 주변 지도〉

러 시 아

훈춘
블라디보스톡
포시예트
나선

중 국

백두산

청진
함경북도

양강도

명천

자강도

신의주
평안북도
용천
안주

홍원
신포
단천
함흥
차호
신창
함경남도
서호진
흥남

북 한

동 해

평안남도
평양
경의선
강원도
남포
사리원
황해북도
안변
통천
원산
금강산
고성(장전)
개성
경원선
설악산
거진
속초
양양
오대산
강릉
해주
황해남도
연평도
강화도
서울
인천
휴전선
동해
삼척
강원도
충주
울진
태백산

한 국

공주
충청북도
대전
경상북도
충청남도
부여
경부선
포항
전라북도
대구
경주
구룡포
김제
사천
창원
울산
감포
칠산도
부안
호남선
지리산
김해
기장
법성포
광주
마산
부산
전라남도
순천
남해
고성
거제도
목포
강진
삼천
욕지도
통영
대마도
대흑산도
완도
여수
경상남도
시모노세키

황 해

일 본

남 해

제주도
한라산
서귀포

후쿠오카

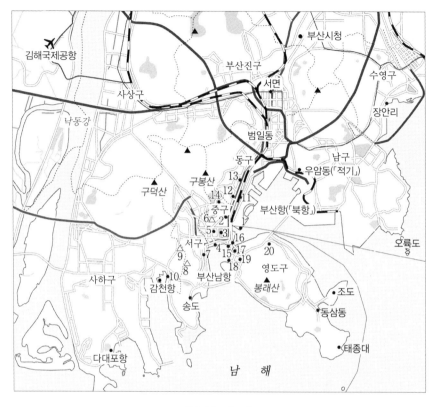

〈부산 지도〉

① 국제여객터미널(제1터미널)
② 40계단문화관광테마거리(중앙동)
③ 용두산 공원
④ 자갈치시장(남포동)
⑤ 국제시장(신창동)
⑥ 보수산
⑦ 부산공동어시장(남부민동)
⑧ 천마산
⑨ 아미산
⑩ 부산국제수산물도매시장(감천동)

⑪ 부산역
⑫ 초량동
⑬ 수정동
⑭ 영주도
⑮ 영도다리(영도대교)
⑯ 부산대교
⑰ 대교동
⑱ 남포동
⑲ 영선동
⑳ 청학동

제1장

한일 생선 교류의 현재
— 수산물 거래 현장을 가다

멍게와 가리비

자갈치시장 가게에 진열된 멍게. 그 왼쪽에는 가리비가 보인다. 모두 일본 도
호쿠와 홋카이도 지방에서 수입되었다. 멍게 위에는 개불. 일본 3·11 대지진
이전에 촬영된 것이다.

부산 남항과 부산공동어시장

부산광역시는 산을 배경으로 항만부를 에워싸듯이 위치한 구
시가지와 인구 급증과 함께 내륙부로 상업지가 발전한 서면 지
구, 그리고 도시 재개발이 추진되는 수영·해운대 지역 등 지역
마다 다양한 표정을 가진 인구 359만 명(2011년)에 이르는 대도
시다.

부산항은 구시가지 중심에 있는 남포동, 중앙동과 맞은편 영
도를 잇는 영도대교(통칭 영도다리)를 경계로 하여 그 북쪽을 '북
항', 남쪽을 '남항'으로 구분하고 있다. 북항 남쪽 끝에는 부관/
관부 페리가 발착하는 국제여객 부두가 있고, 그 북동부에 대
규모 컨테이너 전용 부두가 있다. 부산항에서 취급하는 컨테이

너 물량은 상하이, 싱가포르, 홍콩, 선전深圳에 이어 세계 5위다 (2011년). 참고로 일본에서 가장 많은 컨테이너 취급 물량 실적이 있는 도쿄항은 세계 27위다. 한편 남항에는 한국에서 가장 큰 규모인 부산 어항이 있다. 부산항은 한국 굴지의 무역항이고 동시에 어항이기도 하다.

그 남항을 에워싸듯이 시장이 이어져 있다. 부산 관광 명소로 유명한 자갈치시장(중구 남포동)은 남항 지구에서는 북항 쪽 가까이에 있다. 자갈치시장 서쪽에는 충무동 해안시장(서구 충무동)이 이어지고, 또 해안시장에서 남쪽으로 가면 새벽시장(서구 남부민동)이 나온다. 이처럼 어항에 인접해 큰 시장이 집중되어 있다. 부산 시민의 '위장'은 튼튼하고 식욕이 왕성하다. 그리고 새벽시장 바로 남쪽에 도매시장인 부산공동어시장이 있다(서구 남부민동, 그림 3). 이 시장의 판매액은 4000억 원을 넘어 전국 어시장 총거래액 가운데 30퍼센트를 차지하는 한국에서 가장 큰 어시장이다. 그 가운데에서도 고등어 거래가 절반 가까이를 차지하고(전국 고등어 거래액 가운데 80퍼센트) 그다음으로 삼치, 오징어, 갈치, 전갱이로 이어진다(2010년). 참고로 고등어는 2011년에 부산의 '시어市魚'로 선정될 정도로 부산 사람들에게는 특히 친숙한 생선이다. 일본과 마찬가지로 구이나 조림으로 요리한다. 또 부산 뒷골목으로 가면 고등어 한 마리를 반으로 갈라 통째로 철판 위에서 구워내는 '고갈비' 요릿집이 있다. 일찍이 '갈비'가 지금 이상으로 고급 요리였을 무렵 서민들이 두툼한 고등어를 갈비에 비유해 '고(고등어)갈비'라고 하기 시작했다고 한다.

그림 3 부산 남항과 부산공동어시장
사진 중앙에서 왼쪽으로 긴 지붕이 있는 시설이 두 개 보인다. 부산공동어시장에 있는 위탁판매장
이다. 어선이 접안하는 제방 위로 시설이 있다. 사진 오른쪽 끝에 있는 두 건물은 수산 회사의 냉
장·냉동창고. 그 왼쪽에는 시장의 냉장·냉동창고와 사무동이 있다. 뒤에 보이는 산은 천마산. (사진
김종철)

    부산 어시장의 역사는 '공설 시장' 계열과 '노천 시장' 계열 두
갈래로 정리할 수 있을 것이다. 전자는 1889년에 설립된 부산수
산(일본 자본)이 '미나미하마南浜초町'(현재 남포동)에 개설한 '부
산어시장'을 효시로 한다. 부산어시장은 1914년에 조선총독부
가 공표한 '시장규칙'에 따라 설치되어 1935년에는 부산부(현재
부산시)가 '오하시大橋초'(현재 중앙동)에 설치한 대규모 '부산중
앙도매시장(선어부)'으로 통합된다. 한편 후자는 1925년에 조직
된 '부산생어조합'을 시작으로 생성된 시장이다. 부산어시장이
있었던 '미나미하마초' 일대 거리에서 많은 조선 사람이 수산물
을 판매했다. 부산어시장에 출입하는 조선 생선 상인들이 중심

이 되어 1925년에 노점상인 150명 정도를 조직해서 '부산생어 조합'이 설립되었다. 수산사水産史 연구자인 박구병 씨가 한 말에 따르면 이처럼 같은 미나미하마초에 두 개의 어시장이 병존했 던 까닭은 부산어시장은 주로 일본 사람을 상대로 '고급 어류'를 취급하고 부산생어조합의 시장은 조선 사람을 상대로 '하급 어 류'를 취급한다는 식으로 나뉘어 생겼기 때문이라고 한다(《부산 공동어시장 30년사》, 1994).

해방 후 노천 시장 쪽은 수산물을 취급하는 상인이 모여 자갈 치 지구를 형성하기 시작했다(다음 장에서 언급). 한편 공설 시장 인 부산중앙도매시장(선어부)은 1963년에 제1부두에 건설된 '부 산종합어시장'(통칭 수산센터)이 되었고, 1971년에 '부산공동어 시장'으로 이름이 바뀐 뒤 1973년에 현재의 부산 '남항'으로 이 전했다. 어시장 이름에 '공동'이라는 말이 들어가는 까닭은 이 시장을 부산시 수협과 경상남도 정치망수협(이상 연안어업), 대 형선망수협(주로 고등어잡이), 대형기선저인망수협(저인망은 트롤 어법을 말한다.), 서남구 기선저인망수협 등 다섯 개 수협이 공동 출자하여 운영하고 있기 때문이다. '수협'이라 함은 '수산업협동 조합'의 줄임말로 일본의 '어업협동조합'과 같은 뜻이다. 부산공 동어시장의 매장(위탁판매장) 총면적은 4만 3000제곱미터인데, 접안선 총길이가 1,000미터를 넘는 어항 시설에는 100톤급 대 형 어선이 100척 가까이 정박할 수 있다고 한다. 한국 남해안을 중심으로 한 연안어업과 남중국해 등에서 조업하는 연안어업의 어선이 여기에서 어획물을 하역한다.

부산국제수산물도매시장 – 한국 수산물 수출입 현황

부산공동어시장 바로 뒤에는 천마산이 바짝 솟아 있다. 그 산 허리에는 집들이 빼곡하게 들어차 있다(그림 3 참조). 한국전쟁 시기에 부산으로 피난해온 사람들이 산허리에 거주하기 시작하면서 생긴 '피난민촌'에서 발전한 시가지다. 이 천마산을 끼고 부산공동어시장과는 정반대쪽(서쪽)에 감천항이 있다. 2008년에 이 항구의 한 구획을 정비해서 부산시가 '부산국제수산물도매시장'(이하 국제수산시장)을 개설했다(그림 4). 남항의 부산공동어시장이 국내 유통을 위한 시장인 데 대해 국제수산시장은 이름 그대로 수산물 수출입 센터로 되어 있다. 국제수산시장은 7만 제곱미터를 넘는 드넓은 매장과 최신 설비를 갖춘 축양수조(활어수조), 냉장·냉동창고가 있고 또 2만 톤급 선박 두 척이 동시에 접안할 수 있는 대형선 전용 부두도 있다. 이 시장을 '동북아시아 최대 수산물 물류 무역 기지'(시장 안내 팸플릿)로 만든다는 시 당국의 강한 의지가 드러나 있다.

우선 여기서 한국 수산물 무역 전체 상황에 대해 한국 농림수산식품부*의 통계(이하 수산 통계)를 토대로 훑어보겠다(100만 달러, 100톤 미만은 반올림).

---

* 2013년 3월에 한국 중앙 관청인 농림수산식품부(일본의 농림수산성에 해당)는 농림축산식품부와 해양수산부로 조직을 개편했다. 현재 수산 통계는 해양수산부의 정보 포털 사이트에서 열람할 수 있다.

그림 4 **부산국제수산물도매시장**
시장 이름이 표시된 중앙 건물은 냉장·냉동창고동. 그 뒤로 시장 시설과 관리동이 있다. 오른쪽 끝에 있는 건물은 활어 보관동. 축양수조가 28구획 설치되어 있다. 왼쪽은 시장 전용 부두.

표 1 **한국 수산물 무역 현황**

	연도	거래액	거래량
수출	2011년	23억 800만 달러	68만 6900톤
	1988년	19억 1100만 달러	56만 6800톤
수입	2011년	41억 9200만 달러	484만 5700톤
	1988년	2억 9200만 달러	34만 5700톤

〈표 1〉에서 한국의 민주화와 경제성장을 상징하는 서울 올림픽이 개최되었던 1988년과 2011년을 비교하면 수입량이 열네 배 이상 급증했다는 사실에 주목할 만하다. 한국 어업은 1990년대에 접어들어 200해리 체제(배타적 경제수역) 설정에 따라 원양어업이 타격을 입었으며, 나아가 1998년에는 한일신어업협정

이, 2001년에는 한중어업협정이 체결된 결과로 연안어업에서도 한국 어업은 그 40퍼센트를 상실했다. 어선 감축 같은 문제도 생겨서 어업 인구는 1990년 49만 6000명에서 2010년에는 17만 1000명으로 대폭 줄었다(수산 통계). 그래도 생산성 향상으로 연간 수산물 생산량은 300만 톤 정도를 유지하고 있다(2011년은 326만 톤). 한편 무역자유화와 더불어 식생활도 다양해지면서 수산물 식품 소비도 늘었고, 그 결과 수입이 급증했다. 국민 1인당 어패류 연간 소비량은 56.1킬로그램으로(FAO, 2009) 1980년의 27킬로그램에 비해 두 배로 늘었다. 참고로 일본의 국민 1인당 어패류 연간 소비량은 한국과 거의 비슷해서 56.6킬로그램 (2009년)인데, 해마다 그 양이 줄어들고 있는 것이 한국과는 대조적이다.

다음으로 한국이 수산물을 수출하고 있는 주요 상대국에 대해 살펴보자. 〈표 2〉에서 볼 수 있듯이 일본으로의 수출액이 가장

표 2 한국의 수출 대상 상위국(수산 통계, 2011년)

	거래액	거래량
1. 일본	9억 9400만 달러	16만 8400톤
2. 중국	4억 6500만 달러	15만 5200톤
3. 미국	1억 8100만 달러	2만 9100톤
4. 타이	1억 7300만 달러	10만 7200톤
5. 뉴질랜드	9,300만 달러	3만 8000톤
6. 베트남	6,200만 달러	3만 7000톤
7. 스페인	5,500만 달러	2만 3700톤

표 3 한국의 수입 대상 상위국(수산 통계, 2011년)

	거래액	거래량
1. 중국	12억 5000만 달러	114만 900톤
2. 러시아	6억 6300만 달러	31만 3900톤
3. 베트남	4억 8300만 달러	13만 5200톤
4. 일본	1억 6900만 달러	5만 6300톤
5. 미국	1억 5500만 달러	5만 4200톤
6. 칠레	1억 4300만 달러	5만 9500톤
7. 노르웨이	1억 3900만 달러	3만 1000톤

많아 전체 가운데 43퍼센트를 차지한다. 중국으로의 수출은 거래량에서는 일본보다 조금 적을 뿐이지만 거래액으로 보면 전체 가운데 20퍼센트 정도다. 최근 중국으로의 수출이 늘고 있지만 한국 수산물 거래에서 일본의 존재는 지금도 여전히 크다. 어떤 품목이 일본으로 수출되는지에 대해서는 나중에 살펴보겠다.

한편 한국이 수산물을 수입하고 있는 주요 상대국은 〈표 3〉과 같다. 7위 노르웨이 다음으로는 타이, 대만, 오스트레일리아로 이어진다. 수입 수산물 거래량만으로 보면 오스트레일리아에서의 수입이 176만 톤으로 중국에서의 수입량보다 많지만 그 대부분은 원염(천일염) 수입이다. 원염은 멕시코, 인도에서도 많이 수입하고 있다. 일본도 원염의 수입 상대국은 주로 오스트레일리아, 멕시코다. 한국 수산물 총수입 거래액 가운데 중국에서의 수입이 전체 가운데 30퍼센트를 차지한다. 러시아에서의 수입은 16퍼센트니까 중국과의 거래액은 그 두 배 정도다. 중국에서도 연간 60만 톤이 넘는 소금(천일염, 식염)이 수입되고 있으니까 그것을 빼면 어패류 등의 수입량은 약 54만 톤. 그래도 러시아에서의 수입보다 20만 톤 이상 많다. 중국에서는 조기, 고등어, 까나리, 아귀, 문어, 바지락 따위가 주로 수입된다. 러시아에서의 수입품으로는 명태가 중심인데 러시아에서의 수입 총액 가운데 37퍼센트를 차지하고, 그 가공품(부위별, 건어물 등)까지 합치면 수입 총액 가운데 49퍼센트가 된다. 그리고 베트남에서는 꼴뚜기, 새우가 많이 수입된다. 일본에서의 수입은 5만 6300톤. 지난해인 2010년에는 8만 4200톤이었으니까 전년 대비 3분의 2 정도로 격감했다. 나중에 다시 언급하겠지만 동일본 대지진이 미친 영향 때문이다.

조기와 명태

한국 수산물 수입 품목 가운데 중국에서 수입되는 조기와 러시아에서 수입되는 명태는 한국에서는 특별히 중요하게 여기는 생선이다. 물론 식용으로 소비되기도 하지만 두 생선 다 제사에서 빼놓을 수 없는 품목이다. 통계 수치가 계속 이어지므로 여기서 잠시 이 두 생선에 대해 살펴보겠다.

러일전쟁 뒤 일본은 조선의 외교권을 빼앗고 1906년 서울에 '한국통감부'(초대 통감은 이토 히로부미)를 개설했다. 그 시기에 통감부 농공상부 수산국에서는 조선 수산업을 종합적으로 조사해 이를《한국수산지韓國水産誌》(1908~1911년)로 정리·간행했다.

조기와 명태가 조선 연안에서 많이 잡혔던 당시 상황이 그 책에 기록되어 있다. 우선 명태에 대해서는 이렇게 기술되어 있다.

명태, 북어

명태는 함경도 특산물로서 북쪽으로는 두만강에서부터 남쪽으로는 함흥 부근까지에 이른다. 산란기가 되면 큰 무리를 이루어 연해의 얕은 곳까지 온다. 그 무리가 이루는 길이가 몇 리에 이르고, 폭은 2 내지 3리에 이른다. …… 중략 …… 12월 초순부터 중순까지 성어기를 이룬다. …… 중략 …… 이 어업은 본방本邦(한국)의 중요 어업 가운데에서도 중요한 부분으로 …… 중략 …… 이 물고기는 국내 도처에서 소비되지 않는 곳이 없고, 특히 관혼상제에는 빼놓을 수 없으며, 그 판로 또한 광대하다. 본방 수산물 가운데 이에 필적할 만한 것은 없다. 대부분은 건조되어 거래되지만 생선 그대로 판매되기도 한다.

일본에서는 명태를 말려 '보다라棒鱈'(건조시킨 대구 이름 — 옮긴이)로 만드는 경우도 있는 모양이지만 대부분은 (냉동한 것을) 으깨서 소시지, 어묵 같은 가공품으로 만든다. 한편 한국에서는 명태를 건조해 가공한다. 겨울의 추운 날씨에 밖에서 얼었다 녹았다를 반복해 말리는 경우가 많다. 이를 '북어'라고 한다. 일찍이 산간부 등지에서는 동물성 단백질을 섭취할 수 있는 식품으로 귀하게 여기기도 했다. 명태구이나 명태탕으로 요리하는 경우가 일반적이다. 명태에 대해서는 제4장에서 자세히 살펴볼 것이다.

한편 조기는《한국수산지》에 이렇게 기술되어 있다.

조기, 석수어

석수어는 경상남도 마산 서쪽, 북쪽으로는 평안도에 이르는 연안에서 많이 잡히는데 본방인(조선인)이 가장 선호하는 어류 가운데 하나이고, 또 관혼상제에 빼놓을 수 없는 것인지라 도벽都僻(도시와 지방) 도처에서 판매되는 광경을 볼 수 있다. 따라서 그 어업이 성대한 모습은 실로 명태 어업에 버금간다. 어업 시기는 해마다 얼마간 차이는 있지만 경상도 연안과 전라도 남해안에서는 6월부터 9월 무렵까지 잡히고, 가장 유명한 칠산탄(전라남도)과 위도 어장에서는 2월 중순에 시작되어 4월 상순에 끝난다. 그보다 북쪽으로 감에 따라 점차 늦어져 황해도 연평열도 부근에서는 4월부터 5, 6월까지 이루어진다.

일본에서는 조기를 '이시모치イシモチ', '구치グチ'라고도 한다. 좌우에 있는 내이內耳에 이석耳石이라는 뼈가 있는데 그것이 돌같은 형상을 하고 있어서 이시모치(돌을 가졌다는 뜻 — 옮긴이)라는 이름이 되었다. 조선에서도 석수어石首魚(머리에 돌을 가진 물고기)라고 한자로 표기하기도 한다. 또 조기는 부레와 그 옆에 붙은 근육을 이용해 우는 소리를 낸다고 한다. "조기, 민어 종류는 (조선 서해안뿐 아니라) 태평양, 대서양을 통해 따뜻한 바다에 널리 분포하여 종류도 많지만 어떤 지방에서나 운다는 사실

이 예부터 알려져 있어서 드럼 피시라고도 일컬어지며 열대지 방 여행자의 귀를 놀라게 했다는 이야기가 여러 사람이 쓴 기행 문 같은 데에도 나온다"(조선총독부 수산시험장, 《우는 물고기 이야 기》, 1942). 그러한 우는 소리를 '구치愚痴'(일본어로 불평이라는 뜻 — 옮긴이)를 늘어놓는다는 의미로 비유해 구치라는 이름이 되 었다고도 한다.

조선에서는 조기가 예부터 임산부의 건강에 좋다고 알려진 미 역국에 넣거나 병약자를 위해 죽에 넣기도 하는 등 소화하기 좋 은 자양강장 음식에 쓰이는 귀중한 재료였다. 그처럼 '기운'(정 기, 원기)을 돕는다는 점에서 '조기助氣'라고 일컬어지게 되었다 는 설도 있다(정대성, 《조선의 음식》, 1984; 정기태, 《고기잡이 여행》, 2004).

《한국수산지》에 소개되어 있는 대로 조기 무리는 한국 황해 안을 따라 전라남도 칠산도 군도에서 황해도 연평도(현재는 한 국 인천시에 속한다) 방면으로 북상해 평안도 연안에까지 이른다. 음력 3월 무렵 '가장 유명한 칠산탄'(칠산도 해역, 《한국수산지》)으 로 찾아온 조기는 산란을 앞두고 있어서 맛도 좋아 '참조기'라고 일컬어진다. 이 어장에서 잡힌 조기는 칠산도 본토 옆에 있는 영광군 법성으로 하역된 뒤에 햇볕에 말려 건조한 가공품인 '굴 비'가 된다. 조기 어획량이 줄어든 현재에도 영광에서 가공되는 것은 '영광 굴비'라는 브랜드 이름으로 추석이나 설날에 고급 선 물용으로 판매되고 있다.

이처럼 한국 사회에서 특별한 생선인 명태와 조기의 어획량은 현재 난획과 환경 변화 때문에 대폭 줄어들고 있다. 그래서 그 부족분을 채우고자 명태는 러시아나 일본에서, 그리고 조기는 중국에서 수입하게 된 것이다. 명태는 동해에서 오호츠크해를 회유하고, 조기는 황해를 회유한다. 그 똑같은 물고기를 국적이 다른 어선이 쫓아 각각의 모항으로 돌아가 하역하고 있다. 때로는 '영토·영해 문제'가 뜨겁게 거론되기도 하지만 한편으로는 바다를 매개로 하여 한국, 중국, 러시아, 일본이 이미 하나의 의존관계에 있다고도 할 수 있다. 한국 풍습인 전통 제사에서도 간접적인 형태이기는 하지만 중국, 러시아, 일본의 어업 종사자가 관련되는 시대가 되고 있는 것이다.

한일 수산물 교류

그럼 지금부터 한일 간에 어떤 수산물이 거래되고 있는지에 대해 살펴보겠다. 전체적인 상황으로는 한국에서 일본으로 수출되는 양이 더 많고 일본에서 한국으로 수출되는 양은 그 3분의 1 정도, 거래액으로 치면 17퍼센트 정도다.

그렇다면 구체적으로 어떤 품목이 거래되고 있을까. 우선 일본으로 수입되는 한국의 주요 수산물 품목에 대해 농림수산성 〈양국 간 무역 실적〉으로 살펴보자(100만 엔, 100톤 미만은 반올림). 〈표 4〉에 나타난 상위 다섯 품목에 이어 굴, 대구 알 가공품, 톳, 삼치, 바지락, 김으로 이어진다.

일본이 한국에서 수입하는 생선은 〈표 4〉에서 보듯이 가다랑

표 4 한국에서의 수입 품목(농림수산성, 〈양국 간 무역 실적〉, 2011)

	거래액	거래량
총거래액	829억 6800만 엔	
1. 가다랑어, 다랑어류	257억 5100만 엔	3만 700톤
2. 활어	56억 9100만 엔	5,500톤
3. 전복	43억 7600만 엔	1,300톤
4. 게 조제품	35억 1400만 엔	3,900톤
5. 미역	30억 2700만 엔	9,400톤

어와 다랑어(참치)류가 압도적으로 많다. 한국은 일본, 대만과 함께 원양어업으로 다랑어, 가다랑어를 어획해온 나라다. 한국에서는 붉은 살 생선회보다 흰 살 생선회를 선호한다고 알려져 있는데, 기호도 바뀌어서 연간 50만 톤 정도 되는 다랑어를 소비하는 일본에는 미치지 못하지만 연간 2만 톤 정도가 소비되고 있다(《조선일보》, 2011년 8월 23일). 한국에서의 국내 소비분을 제외하고 자원 보호를 위해 어획 할당제가 실시되어 다랑어류가 부족해진 일본으로 수출되고 있는 것이다.

2위인 활어는 넙치(3,100톤), 붕장어(2,000톤)가 중심이다. 넙치에 대해서는 나중에 자세히 언급할 것이다. 3위인 전복은 활어, 선어, 냉장을 합친 양이 표시되어 있는데 그 가운데에서도 활어 전복이 차지하는 비율이 높다. 전라남도 완도 일대에서 양식된 것이 활어차에 실려 일본으로 운반되고 있다.

10위인 바지락은 일본에서는 1980년대까지 연간 14만 톤이 생산되었는데 연안부 개발에 따른 환경 변화 등의 영향으로 현재는 3만 톤으로 격감하고 있다(바지락 자원 전국협의회). 일본의 바지락 소비량 가운데 60퍼센트 정도는 한국에서의 수입에 의존하고 있다고 한다.

나아가 2011년 수입 실적(표 4)을 동일본 대지진 전년인 2010년 통계 자료와 비교해보면 개별적인 품목에 따라서는 거래량에 변화가 보이지만 이는 대지진과 원전 사고의 영향에 따른 것이 아니며, 대지진 뒤에도 그전까지 한국에서의 수입에서 전체적인 틀에 큰 변화는 생기지 않고 있다.

여기서 활어, 선어라는 표현에 대해 간단히 설명해두겠다. 시장 관계자들 사이에서 상거래 관습상 '활어'는 활어차 등으로 운반하는 문자 그대로 '살아 있는 생선'을 말하고, '선어'는 하역한 어항(항구) 등지에서 얼음을 채워 운반되는 생선을 가리킨다고 한다. '얼음 채우기'란 저온의 얼음물로 생선을 보관함(죽임)을 말한다. 숨이 끊어진 물고기를 발포 스티로폼 상자에 얼음과 함께 넣어 항구에서 1, 2일 만에 시장에 배달한다. 활어, 선어 모두 신선도는 잘 유지되지만 살아 있느냐 죽어 있느냐의 차이가 있다.

얼음을 채워 죽게 하는 방법 외에 '산 채로 숨통 끊기'라는 생선 보관 방법도 있다. 물고기를 죽이면 사후경직이 일어난다. 그때부터 얼마간 시간이 지나면 생선 살이 부드러워지기 시작하고(이를 해경解硬이라고 한다), 조금 더 지나면 부패하기 시작한다. '산 채로 숨통 끊기'는 순간적으로 물고기의 신경을 절단한 다음 피를 빼내 사후경직을 늦추려는 행위이기 때문에 활어와 비슷하게 신선도가 유지된다. 선어는 이미 사후경직이 일어나고 있는 상태를 말한다. 그러나 사후경직에서 해경 사이에 생선 살의 단백질이 분해되어 맛은 더 좋아진다. 초밥집에서 내놓는 생선은 주로 이 단계에 있는 것이다. 경험과 감이 곧 실력인 장인들이 어종마다 어떤 타이밍에서 회로 만들지를 판단하고 있다. 살아 있는 물고기가 반드시 가장 맛있다고 단정할 수는 없다고 한다.

이제 이어서 일본에서 한국으로 수출되는 주요 수산물 품목에 대해 2010년과 2011년으로 나누어 표를 만들어보겠다.

표 5 일본에서 한국으로의 수출 품목(농림수산성, 〈양국 간 무역 실적〉, 2010)

	거래액	거래량
총거래액	174억 3700만 엔	
1. 명태	48억 100만 엔	2만 4800톤
2. 도미	22억 2200만 엔	3,000톤
3. 고등어	11억 2800만 엔	1만 200톤
4. 가리비	5억 8500만 엔	1,800톤

표 6 일본에서 한국으로의 수출 품목(농림수산성, 〈양국 간 무역 실적〉, 2011)

	거래액	거래량
총거래액	118억 4900만 엔	
1. 명태	23억 엔	1만 3600톤
2. 도미	22억 3700만 엔	2,700톤
3. 고등어	12억 3000만 엔	1만 1700톤
4. 가리비	4억 5500만 엔	1,500톤

명태는 앞에서도 언급했듯이 한국에서는 없어서는 안 될 생선이다. 그러나 2001년 이후 한국에서의 명태 연간 어획량은 1,000톤에 못 미쳐 수요를 맞출 수 없는 난관에 부닥쳤다(《수협뉴스》, 2011년 5월 19일). 한국 연안부에서 잡히는 어획량이 격감하고 있는 현재 러시아에서 연간 20만 톤이 넘는 명태가 수입되고 있다. 일본에서의 수입도 그러한 부족분을 충당하기 위해서다. 한편 일본 어업 종사자 입장에서 보면 명태를 어묵 같은 데에 쓰이는 가공원료로 일본에서 판매하기보다 한국에 선어나 냉동으로 판매하는 편이 가격도 비싸다. 이렇듯 양자의 이익이 합치해 일본에서의 수출이 현저하게 늘어났다. 그러던 차에 대지진과 원전 사고가 일어난 것이다. 도호쿠 지방에 있는 어항이 쓰나미로 파괴되었고, 또 홋카이도에서 잡히는 명태도 원전 사고에 따른 방사능 오염 검사 대상이 되어 수출에 제동이 걸린 상태다. 일본에서는 2010년에 연간 2만 8400톤(선어, 냉장, 냉동 모두 거의 같은 양) 정도가 수출되었는데 2011년에는 1만 3600톤밖에 안 되어 전년 대비 48퍼센트로 절반 이상 줄어들었다.

수출액 2위인 도미는 그 대부분이 시코쿠, 규슈 지방에서 양식된 활어다. 수출량에 큰 변화는 없다. 대지진과 원전 사고의 영향은 서일본에서는 크게 나오지 않았다. 에히메愛媛현, 가가와香川현, 나가사키長崎현 등지에 있는 양식장에서 활어 운반 전용선과 페리(활어차)에 실려 한국으로 수송되고 있다. 한국 사람들도 일본 사람들과 마찬가지로 도미회를 선호한다.

또한 통계에는 나오지 않지만 2011년의 멍게(활어, 선어) 수출량도 크게 줄었다. 전년에 7,300톤이었던 데 비해 1,000톤에도 미치지 못하는 어려운 상황이다(재무성, 〈무역통계〉). 멍게는 일본에서는 산리쿠 지방이 주요 산지다. 한국에서 인기가 많아 도호쿠 지방에서 시모노세키를 거쳐 활어차로 활어 멍게가 운반되었다. 일본 전체를 보면 멍게는 일반적인 식재료라고 할 수 없을지 모른다. 간사이關西에 거주해온 필자는 부산 자갈치시장에 가보기 전까지는 멍게를 먹어본 적이 없었다. 그래서 시장에 있는 가게 여기저기마다 쌓여 있는 붉은 빛이 감도는 노란 것이 무엇인지 처음에는 알지도 못했다. 시장 아주머니가 '멍게'라고 가르쳐주었다.

멍게는 그 모양 때문에 '바다의 파인애플'이라고 일컬어진다 (제1장 속표지 사진 참조). 크기는 파인애플보다 훨씬 작지만 비슷하기는 하다. 얼핏 보기에 동물 같지 않지만 척삭동물脊索動物(척추동물과 미삭동물을 통틀어 이르는 말 — 옮긴이)로 분류된다. 독특한 향기가 나기 때문에 싫어하는 사람도 있지만 술안주로 날로 먹으면 맛있다. 부산에 몇 번 가다 보니 그 맛이 그리워지게 되었다. 멍게는 양식 기술이 확립되어 한국으로의 수출도 미야기현을 중심으로 왕성해졌다. 그러나 원충의 기생으로 인해 생기는 질병이 양식장에서 퍼져 문제가 되고 있던 차에 쓰나미가 엄습했다. 양식 멍게의 종묘 생산이 재개되었다는 뉴스는 들었지만(2013년 1월), 멍게 생육에는 3~4년이라는 기간이 걸린다. 예전만큼 수가 늘어나려면 시간이 필요할 것이다.

한일 수산물 무역 현장을 가다

필자는 부산항 국제여객 부두에서 활어 하역과 선적 작업을 견학한 뒤(〈책머리에〉 참조) 수산물 무역업자인 안광국 씨의 안내로 국제수산시장(부산국제수산물도매시장)이 있는 감천항을 방문했다(2009년 8월). 안벽에서는 크레인이 바쁘게 움직이고 있었고, 접안해 있는 러시아 수산물 운반선에서 짐을 내리고 있었다. 한국에서 수요가 많은 명태, 바다참게(대게) 따위를 블라디보스토크나 하바롭스크에서 싣고 왔다가 돌아갈 때에는 어구, 일용품, 라면이나 과자 같은 식품을 싣고 간다고 한다.

안광국 씨(1958년생)가 이 일을 시작한 것은 20년 정도 전이라고 한다. 때마침 그 무렵에 필자는 안씨를 알게 되었다. 안씨는 도쿄에 있는 대학에 유학 가서 일본어를 습득한 뒤 그대로 일본에 남아 제약 회사와 통신판매 회사에서 일했었다. 하지만 결혼해 자녀가 태어나면서 한국에서 할 수 있는 일을 생각하게 되었다. 그는 부산에서 항구를 보고 자랐기 때문에 우선 든 생각이 일본과의 수산물 무역이었다. 그때까지 익혀온 일본어 실력과 영업 능력을 살릴 수도 있었다. 그는 부산에 있는 수산물 무역 회사에 근무하면서 기본부터 업무를 익혔다. 그리고 5년 뒤에 독립했다. 그는 홋카이도에서부터 규슈에 이르기까지 일본에 있는 어항과 어시장을 다리가 붓도록 돌아다녔다. 그리고 그가 방문했던 모든 어시장에서 업자를 소개받았다. 지금도 해마다 두세 번은 동일본, 서일본으로 크게 나누어 영업 '행차'를 한다고 한다. 처음 3년이 고비였다. 거래에서는 먼저 수산물을 현금으로 사들여야 해서, 일본에서 주문이 들어와도 매입 자금이 부족해 융통하느라 고생도 했다. 그래도 그의 업무 태도를 보고 지원을 아끼지 않은 일본인 업자가 생겨서 몇 번의 위기도 극복할 수 있었다고 한다. 감천항을 안내해주는 중에도 안씨의 휴대전화로 부산에 있는 사무실에서, 또는 일본의 거래처에서 쉴 새 없이 연락이 왔다. 그는 일본이로 통화를 하는가 싶으면 다음에는 한국어로 통화를 했다. 그는 "일본어를 하는 건지 한국어를 하는 건지 스스로도 알 수 없을 때가 있습니다"라고 말하면서 쓸쓸하게 웃었다.

맨 처음에 감천항 한 모퉁이에 있는 수산물 배송 센터를 견학했다. 러시아 배와 나란히 일본에서 수산물을 싣고 온 전용선이 접안해 있었다(그림 5). 시모노세키와 부산 사이를 대림해운(본사 부산) 소속 수산물 전용 운반선 두 척이 날마다 운항하고 있다. 그 운반선은 오후 10시에 부산 감천항에서 출항해 이튿날 아침 9시쯤 시모노세키에 입항한다. 또 한 척의 배는 같은 날 오후 6시에 시모노세키에서 출항한다. 그리고 부산 감천항에는 이튿날 새벽 5시에 도착한다.

운반선에 실린 짐은 팰릿 단위로 대형 크레인을 이용해 싣거나 내린다. 팰릿이란 하역 작업을 효율적으로 하기 위한 짐 받침대를 말한다. 그 위에 선어 같은 짐이 들어 있는 발포 스티로폼 상자를 얹어 팰릿째로 화물 전체를 한번에 들어올린다. 팰릿 위에 서른여섯 상자를 실으면 그 무게는 1톤 정도가 된다. 팰

그림 5 **수산물 전용 운반선**
시모노세키항에서 출발해 감천항에 도착해 있는 대림해운 소속 운반선. 크레인으로 실은 짐을 팰릿 단위로 내리고 있다. (안광국 씨 촬영)

릿은 지게차의 발판을 끼워서 들어 올릴 수 있는 구조로 되어 있다. 배에서 바구니에 매달린 짐은 지게차로 팰릿째 그대로 냉장·냉동창고로 운반되거나, 또는 도매업자가 인수하러 올 때까지 배송 센터에서 정해준 위치에 일시적으로 머무르게 된다. 부관/관부 페리를 이용하는 선어 수송은 팰릿 수송이 아니고 컨테이너 수송이기 때문에 선적 작업에 시간과 수고가 드는 데다가 컨테이너 안에서 짐이 무너지는 일이 발생하는 경우도 있다. 그래서 선어나 냉장·냉동 제품 수송은 이 팰릿 수송이 가능한 전용선을 이용하는 일이 많다고 한다.

항구에 인접하여 키 큰 냉장·냉동창고 빌딩이 몇 동 서 있다. 유통업자들이 창고 안의 일정 구획을 빌려서 수입한 상품을 보관하는 곳이다. 그들은 시장가격 추이를 봐가면서 출하 시기를 결정한다고 한다. 필자는 배송 센터에 그대로 놓여 있는 팰릿 화물을 둘러보았다. 팰릿에 실린 발포 스티로폼 상자에는 그 내용물이 표시되어 스티커가 붙어 있다. 스티커에는 제품명, 사업소 이름과 소재지, 제조 일자, 보관 조건, 내용량, 성분, 원산지, 제조 회사 같은 한국 식품위생법으로 의무화된 여덟 개 항목이 기재되어 있다. '냉장 명태'라고 표시된 스티로폼 상자 옆면에는 내용 표시 스티커와는 별도로 출하한 일본 업자 이름과 하역 어항이 크게 인쇄되어 있다. "무로란室蘭에서 온 겁니까?"라고 필자가 놀라서 묻자 안씨는 "예. 오타루小樽에서 페리로 마이즈루舞鶴(교토부府)까지 싣고 가서 거기서 트럭으로 옮겨 싣고 시모노세키까지 가지고 오는 겁니다"라고 대답했다. "구시로釧路, 네무로根室, 아바시리網走에서 많이 오지요." 명태 옆에 쌓여 있는 갈치는 '미노시마箕島(와카야마和歌山)'에서, 그 옆에 있는 고등어는 '마쿠라자키枕崎(가고시마鹿児島)'에서 온 것이었다. 그 선어들은 냉장 트럭에 실려서 부산 자갈치시장이나 서울 노량진수산시장, 가락시장 등지로 운반된다. 그리고 일부는 대형 마트로 직접 배송되는 경우도 있다고 한다. 생선을 매개로 한 한·일 두 사회의 깊은 유대를 보는 듯했다.

넙치 양식장에서

감천항을 방문한 이튿날 안광국 씨는 필자를 기장에 있는 넙치 양식장으로 안내했다. 제주도에 많이 있는 넙치 양식장이 규모도 더 크고 거래량도 훨씬 많지만 기장은 부산에서 지척에 있으니 가보자는 것이었다.

기장은 부산 북동쪽에 위치하며 1995년에 '부산광역시 기장군'으로 부산시에 편입되었다. 부산에서 해운대를 지나 동해안을 따라 북쪽으로 가면 정어리잡이로 알려진 대변항이 나오고, 일광해수욕장에 인접한 학리항으로 이어진다. 부산에서 북동쪽으로 25킬로미터 정도, 그 학리항을 내려다보는 언덕 위에 넙치 양식장이 있었다(기장군 기장면 학리). 양식장에는 둥그런 천막을 친 건물이 몇 개 늘어서 있다. 밖에서는 안이 보이지 않는 데다가 육상에 시설이 있어서 그곳이 넙치 양식장이라고 가르쳐주기 전에는 채소 따위를 재배하는 비닐하우스처럼 보이는 곳이었다.

이 양식장을 경영하는 사람은 '이진수산'의 강철효 씨(1958년생)다. 그는 1995년부터 이곳에 자리를 잡고 넙치 양식을 시작했다고 한다. 양식장 부지 면적은 1,000평(3,300제곱미터) 정도이고, 수조가 열여덟 개 설치되어 있다. 해수는 해안에서 펌프를 이용해 끌어올린다. 몸길이 6센티미터 정도 되는 치어용 수조의 크기는 8×8미터이고, 60센티미터까지 큰 성어용 수조는 20×17미터다(그림 6). 이렇게 넙치 생육에 맞게 수조를 바꿔준다고 한다. 치어가 부화하면 처음 3개월 동안에는 하루 세 번 배합사료를 주고 그 뒤에는 냉동 고등어, 정어리, 까나리 따위를 다진 생사료를 밤 8시쯤에 주면서 사육한다. 넙치는 야행성 물고기이

그림 6 **넙치 양식장**
성어용 양식수조는 넓다. 해안부에서 해수를 펌프로 끌어올리고 있다. 사진에서는 보이지 않지만
회유어回遊魚가 아닌 넙치는 수조 바닥에 몇 마리씩 포개지듯 뭉쳐 있었다.

기 때문이다. 건물 끝에 '하야시카네林兼 산업'(마루하니치로 수산
관련 회사)이라고 표시된 일본 회사의 사료 봉지가 놓여 있는 것
이 눈에 들어왔다. 한국 것에 비해 가격은 조금 비싸지만 치어
성장이 빨라지기 때문에 그것을 사용한다고 한다. 생육이 빠른
것은 1년 정도, 평균적으로는 15개월 정도부터 18개월이면 출
하가 가능한 1킬로그램까지 성장한다.

　넙치의 생육 상태(무게)를 구별하는 간단한 기준이 있다
고 한다. 손바닥만 한 크기는 300그램, 사람 얼굴 정도 크기는
600그램, 그보다 조금 더 큰 것이 800그램에서 1킬로그램으로,
출하되는 상품의 중심이 되는 성어 크기라고 한다.

"양식을 하면서 가장 힘든 일은 뭡니까?"라고 필자는 강철효 씨에게 물어보았다. "기장의 수온은 연간 섭씨 10도에서 25도 사이라서 넙치 양식에는 문제가 없지만 여름에 해수 온도가 비정상적으로 올라가는 경우가 있습니다. 그리고 적조 문제가 있지요. 정기적으로 해수를 채취해 유해 플랑크톤 발생 상태를 현미경으로 조사하는데, 많이 발생하면 솔직히 손쓸 방법이 없습니다. 자연 소멸을 기다리는 수밖에 없지요"라고 그가 대답했다.

일본에서도 적조가 발생해서 연안부에 있는 양식장 어패류가 궤멸할 지경에 이르는 피해를 입은 일이 있다. 유해 플랑크톤 때문에 물고기의 아가미 조직이 손상되어 호흡기능 상실을 일으키기 때문이다. 한국에서도 남해와 황해(서해), 그리고 동해 남부에서 적조가 자주 발생해서 큰 피해가 발생한다. 더 심각한 문제는 1980년 무렵까지는 적조 발생이 7, 8월 여름에 한정되었는데 그 뒤로는 계절에 관계없이 발생하고, 게다가 그 규모도 커지고 있다는 점이다.

이야기가 일단락되어 강씨와 안씨는 넙치의 시장 상황 등에 대해 이야기하기 시작했다. 안씨는 감천항을 통해 어패류 수출입 거래를 하고 있을 뿐 아니라 부산항에서 일본으로 향하는 국제 페리를 이용해 한국의 양식 넙치를 규슈와 히로시마, 그리고 오사카에 있는 업자에게 도매로 넘기는 일도 하고 있었다. 동해 안에도 기장 외에 감포, 구룡포(모두 경북) 등지에 넙치 양식장이 있는데 거기서 생산되는 넙치는 대부분 국내 판매용인 모양이다. 안씨가 거래하는 품목은 주로 제주도와 완도(전라남도)에서 나는 양식 넙치다. 특히 제주도 넙치가 거래량 가운데 90퍼센트를 차지한다고 한다.

안씨 회사에 있는 활어 트럭은 총중량이 25톤이고, 수조는 네 개로 해수를 채우면 그것만으로도 11톤 정도가 된다. 그 수조에 1킬로그램짜리 넙치 2,800장에서 2,900장 정도를 넣는다. 넙치 같은 경우는 몸이 납작해서 다른 어종과는 달리 '마리'가 아니라 '장'으로 헤아린다. 넙치 총중량은 3톤 정도다. 그 정도가 대략 1회분 거래량이라고 한다.

양식장에서 한국 차로 넙치를 부산항까지 싣고 가서 일본 활어차에 옮겨 싣는 경우도 있지만, 부관 페리(선적은 파나마)나 팬스타크루즈(선적은 한국) 같은 경우는 한국 트럭도 일본 법규에 규제를 받지 않고 승선할 수 있기 때문에 일본 항구까지 그대로 활어를 싣고 가는 경우도 있다고 한다. 그러나 〈책머리에〉에서 언급했듯이 한국 트럭은 일본 도로를 주행할 수 없기 때문에 일본 항구의 보세 지역에서 일본 트럭에 옮겨 싣는다. 또한 일본 활어차는 한국 도로도 주행할 수 있기 때문에 한국 양식장까지 직접 인수하러 가는 경우도 있다. 어떤 방법을 선택할지는 일본의 시장 상황이나 환율, 그리고 자동차 사정 따위를 보고 정한다. 일본 활어차가 부산에서 한국 차에 실린 넙치를 옮겨 싣는 경우 수주 상대에 따라 시모노세키행 관부/부관 페리, 하카타행 카메리아라인, 또는 오사카행 팬스타크루즈 가운데 하나에 승선한다. 페리로 오사카에 도착해 그대로 메이신名神이나 도

메이東名 고속도로를 갈아타면서 도쿄에 있는 쓰키지築地 시장까지 주행하는 활어차도 있다. "긴 여행이군요."라고 필자가 말하자 "여행은 되지 않아요. 도중에 계속 수온 관리를 하는 등 세심하게 신경을 써야 하는 일이니까요."라고 안씨는 말했다. 수온이 약간 달라져서 수조 안에 있던 넙치가 스트레스를 받으면 넙치의 빛깔이 검게 변해 값도 떨어진다. 또 폐사율도 억제해줘야 한다. 운전사는 운전석 수온 모니터 같은 계기들을 계속 살피면서 운행해야 한다.

그런 긴 '여행'을 하면서 연간 4,000톤 남짓 되는 넙치 활어가 한국에서 일본으로 옮겨진다(쿠도아충 문제가 나오기 전해인 2010년 실적). 일본의 연간 넙치 소비량은 1만 5000톤 정도인데 그 가운데 자연산이 절반 정도이고, 나머지 절반인 양식 넙치를 일본산과 한국산이 거의 비슷하게 차지하고 있다. 일본에서 유통되는 넙치 가운데 4분의 1 정도가 한국산이라는 뜻이다.

한국 양식사를 살펴본다

앞에서 살펴보았듯이 현재 한국에서 양식 넙치가 일본으로 많이 수출되고 있는데 해방 뒤 한국에서 어류 양식은 어떻게 진전해왔을까. 부경대학교(옛 부산수산대학교)에서 양식학 강좌를 맡았던 전임기 씨(1947년생)에게 그 이야기를 들었다. 지금부터 그 '강의'를 정리해보겠다.

해방 뒤 한국에서의 어류 양식 역사는 1960년대부터 시작된다. 1964년에 한국 동해안에 있는 포항, 감포(모두 경상북도)의 어부가 가을에 회유해오는 중간 크기 방어를 잡아 해면에 설치한 가두리 수조에서 생육을 시도했다. 1968년부터는 한국 남해안 여수(전라남도)에 있는 국립수산진흥원 지소(현재 국립수산과학원)에서도 방어, 자주복, 참돔 등의 양식 시험이 이루어졌지만 성공한 예를 볼 수가 없었다.

그 무렵 고도성장기에 접어든 일본에서는 초밥 재료인 새끼 방어에 대한 수요가 많아져서 방어 양식이 각지에서 왕성하게 이루어지기 시작했다. 방어 양식은 그 치어인 자연산 '모자코'를 연안에서 잡아다가 해면에 설치된 가두리에서 생육한다. 2세어가 되면 5~6킬로그램 정도까지 큰다. 방어 양식이 보급되자 '모자코'가 부족하게 되었다. 1960년대 중반 일본에서는 모자코 남획에 따른 방어 자원 고갈이 염려되기 시작했다. 그래서 일본에서는 나중에 치어 채집 할당제가 생겼는데 이러한 상황에서 1970년대가 되자 일본에서 부족한 모자코를 한국에서 수입하는 움직임이 시작되었다.

한국 남해안에는 6월쯤 조류를 타고 방어 치어가 모여든다. 이것을 잡아 해면 가두리에서 1, 2개월 사육한 다음 일본으로 수출한다. 그 중심지였던 통영에는 일본에서 활어선이 사육 치어를 실으러 왔다. 그러나 치어 수출이 왕성해지자 이번에는 한국 측에서도 자원 고갈 문제가 발생했다. 1976년에 한국 정부는 치어 자원을 보호하고자 몸길이 20센티미터 이하인 치어 수출을 금지하는 자원보호령을 제정했다. 치어 몸길이는 평균 5센티미터에서 10센티미터 정도이기 때문에 이 법령으로 한국의 치어 축양업자는 판로를 잃었다. 그러나 이 위기 때문에 그 뒤에 더 큰 전환기를 맞게 되었다. 치어 수출이 불가능하면 성어로 키우고 나서 판매하면 된다. 이렇게 한국 양식업계에서는 단기적으로 사육하는 '축양'에서 치어를 성어까지 일관되게 사육하는 '양식'으로의 전환이 이루어진 것이다.

1980년대는 방어를 중심으로 한 양식이 이루어졌다. 그러나 식감이 좋은 흰 살 생선회를 선호하는 한국에서는 그 무렵 방어나 새끼 방어 같은 붉은 살 생선회의 수요는 별로 크지 않았다. 게다가 한국에서는 방어 양식을 하기에 자연조건에 제약이 따랐다. 한국 연안부에서는 쓰시마해류(난류)가 흘러드는 일부 지역을 제외하고 겨울철 해수 온도가 섭씨 10도 이하가 되기 때문에 난류의 회유어인 방어 폐사 한계 수온을 넘어버린다. 겨울이 되기 전에 방어를 싼값에 팔아 치워야 했던 양식업자들은 방어를 대신할 '월동' 어종을 찾고 있었다.

1980년대에 접어들어 수산진흥원의 각 시험장에서는 다양한 노력이 시작되었다. 거제도, 여수에 있는 각 시험장에서는 거의 같은 시기에 넙치의 종묘(치어) 재배 기술 개발에 성공했고, 또 부안 시험장에서는 조피볼락(우럭) 양식에 성공했다. 넙치도, 조피볼락도 한국 사람들이 선호하는 흰 살 생선이다. 또한 식감도 좋다. 조피볼락은 한류어이기 때문에 겨울철 낮은 수온에도 잘 견딘다. 한편 넙치는 수온 변화에 내성이 있는 데다가 자연 상태에서는 모래 밑으로 파고들어가 가만히 있는 습성이 있다. 그래서 해면에 넓은 가두리를 설치해 그 안에서 회유시킬 필요도 없고, 육상에 있는 양식 수조에서 계절을 불문하고 사육 관리를 안정적으로 할 수가 있다. 다른 어종에는 없는 양식 경영상의 큰 이점이 있는 것이다. 이렇게 하여 넙치 양식 기술이 확립된 1990년대에 접어들자 국내 소비뿐만 아니라 일본으로의 수출도 본격적으로 시작되었다.

물론 이러한 양식 기술의 연구 개발에 대해서는 한국보다 앞서 양식 연구에 뛰어들었던 일본 대학이나 수산시험장 같은 연구기관으로 한국의 많은 연구자가 파견되어 선진 기술을 공부해갔다. 처음에는 넙치도 그 종묘를 일본에서 수입했다. 수산시험장끼리의 교류 등 다각적인 차원에서 일본과는 매우 깊은 관계가 있다. 한국 측은 한류어에 관심을 갖고, 일본 측은 난류어에 관심을 갖고 있다. 그래서 "서로 교류하면서 각자 독자적인 과제를 갖고 연구나 기술 개발을 추진해야겠지요"라고 하면서 전임기 선생은 그 강의를 마쳤다.

후쿠시마 원전 사고와 한일 수산물 무역

2012년 8월, 몇 번째인지 모를 취재 때문에 부산을 방문한 필자는 안광국 씨의 초대로 오래전부터 부산에서 영업을 해왔다는 초밥집에서 식사를 했다. 최근에는 일본어 '스시'라는 단어를 그대로 한글로 표기하는 상점이 많아지고 있지만 '초밥'이라고

하는 경우도 있다. '초'는 한자 '醋'의 한국어 음이며, 식초를 뜻하는 '酢'를 말한다. 거기에 '밥' 자를 붙여서 '초밥'이라고 하면 '스시 밥'이라는 뜻이 된다. 우리가 식사를 한 초밥집은 개업한 지가 오래되어 'ㅇㅇ스시'라고 하지 않고 'ㅇㅇ초밥'이라는 이름을 붙인 점포였다. 참고로 최근 한국에서 사업을 전개하고 있는 일본의 회전 초밥 체인점들은 모두 일본에서와 마찬가지로 '스시スシ'라는 일본어가 들어간 점포 이름을 사용하고 있다.

"안 선생, 한국에서는 보통 도미나 넙치 한 마리를 통째로 회를 떠서 먹지요. 주먹밥이랑 작은 개인 접시에 서너 가지 생선회를 조금씩 담아내는 일본의 방식은 쩨쩨해 보입니까?"라고 필자가 물어보았다. "한국에서는 외식을 한다고 하면 일반적으로 친한 사람 몇이 모여 이야기를 하면서 한 가지 요리를 같이 먹는다는 의미가 있습니다. 그래서 '1인분'이라는 개념이 지금까지는 별로 통용되지 않았던 게 아닌가 싶은데요." 하지만 일본 여행이 많아지면서 일본 식문화를 접하기도 하고 또 혼자 사는 사람들도 늘어나서 생활양식이 바뀌기 시작하면서 자기가 먹고 싶은 것을 단품으로 여러 가지 주문할 수 있는 '일본식 스시'를 받아들일 여지가 점점 많아지고 있지 않나 싶다고 안씨는 생각하고 있다(그림 7). "최근에는 주먹밥 몇 개를 모은 1인분을 팩에 담아 파는 슈퍼마켓도 있으니까요."

식사가 진행됨에 따라 이야기는 자연스럽게 한일 수산물 거래 현황으로 흘러갔다. 안씨는 이렇게 말했다. "작년(2011년) 3월에 일어난 도호쿠 지방 지진과 쓰나미(동일본 대지진) 때문에 우

그림 7 서울에 있는 회전 초밥 식당
서울 시내에 점포 다섯 곳, 시외에도 분점 한 곳을 내고 있는 한국인 경영 회전 초밥집. 다랑어류도 인기가 있어 메뉴에는 '붉은 살', '중토로中卜ㅁ', '대토로大卜ㅁ'가 있고 또 '황새치 토로'도 있었다. 일본 술인 음양주吟釀酒*도 마실 수 있다.

리 일에도 큰 영향이 있었습니다." 안씨가 하는 업무와 도호쿠 지방과의 접점은 주로 '산리쿠산 멍게'에 있었다. 도호쿠 지방에서 생산된 양식 멍게를 한국으로 수입하고 있었던 것이다. 거래처로는 일본에서 멍게 생산량 1위인 미야기현에 있는 이시노마키石巻, 오나가와女川, 우타쓰歌津, 게센누마気仙沼, 그리고 이와테岩手 현에 있는 오후나토大船渡 등이었다. "거래처 사람 가운데 돌아가신 분도 있어서 가슴이 아픕니다." 지진 전에는 미야기산

---

* 일본 술 가운데 60퍼센트 이하로 정미한 백미를 원료로 저온 발효시켜 주조한 청주를 말한다.

과 이와테산 멍게를 활어차 한 대에 8톤에서 10톤까지 싣고 시모노세키를 경유해 부산으로 운반했다고 한다. 일본에서 한국으로 수입되는 수산물 주력 상품 가운데 하나였던 것이다. 그러나 쓰나미 때문에 양식장이 궤멸되는 피해를 입고 연간 7,000톤이 넘던 멍게 수입은 격감했다.

그러나 영향은 그 정도로 그치지 않았다. 도쿄 전력의 후쿠시마 제1원자력발전소 사고도 일본 수산물 수입에 제동을 걸고 있다고 한다. 안씨는 가방에서 자료 한 장을 꺼내 보여주었다. 그 자료의 제목은 〈일본 수산물 수입 금지 품목 현황〉이라고 되어 있었다. 농림수산검역검사본부 영남 지역 본부에서 보내온 팩스였다(2012년 7월 16일자). 후쿠시마 원전 사고와 냉각수 해류 방출과 함께 방사성 세슘 따위가 검출된 어패류, 농산물 수입에 엄격한 조치가 취해지기 시작했다. 일본 후생노동성이 원자력재해대책특별조치법을 토대로 실시하고 있는 출하 제한 지정과 연동한 한국 측 수입 규제였다.

후쿠시마현에서 생산되는 것 가운데 쥐노래미, 가자미, 조피볼락, 감성돔, 명태, 동갈민어, 넙치, 대구 등 39종, 이바라기茨城현에서 생산되는 돌돔, 볼락, 뱀장어 등 8종, 미야기현의 감성돔, 농어 등 7종, 그리고 이와테현의 대구, 곤들매기, 황어 등 3종이 각각 수입 금지 품목으로 지정되어 있다. 그리고 내륙부인 군마群馬현, 도치기栃木현산 담수어(곤들매기 같은 민물고기)도 수입 금지 조치 대상이 되어 있다. "여기에 기재되어 있는 모든 생선이 한국에 수입되고 있지는 않지만 이러한 조치 이상으로 풍문으로 나도는 이야기 때문에 일본산이라는 이유로 그 상품이 기피 대상이 되고 있다는 점이 문제입니다. 같은 생선이 있을 경우에도 일본산이 아니고 중국산을 구입하려는 분위기입니다."

한국 정부는 후쿠시마 원전 사고 이후 이러한 개별 품목의 수입 금지 조치에 덧붙여 일본에서 수입하는 식품 전체에 대한 규제도 강화하고 있다. 기준치를 넘는 방사성 물질이 검출된 사례가 있는 아오모리青森현, 이와테현, 미야기현, 후쿠시마현, 이바라기현, 도치기현, 군마현, 지바千葉현, 도쿄도都, 가나가와神奈川현 등 10개 도현과 한국 측 검사에서 기준치를 초과한 사례가 있는 홋카이도, 미에三重현, 에히메현, 나가사키현, 구마모토熊本현 등 모두 15개 현에서 생산된 식품에 대해서는 일본 관할 당국이 발행하는 방사성물질에 관한 증명서 제출이 요구되기 시작했다. 또한 그 밖의 지역 식품에 대해서도 산지 증명서 첨부가 필요하다(2012년 현재). 그리고 한국에 수입될 때 또 한 번 한국 식품의약품안전처에서 검사가 이루어진다.

이러한 행정 조치에 대해 안씨는 "그들(행정 당국)은 아무것도 모릅니다"라며 한탄한다. 거래가 처음인 산지에서 수입하는 경우 그 검사 결과가 나올 때까지 대략 일주일이나 걸린다. 토요일, 일요일이 끼면 수입 허가가 내려지기까지 9일이나 걸린다. "우리가 취급하는 건 살아 있는 어패류입니다. 일본에서 신선한 A급 물건을 기껏 수입했는데 그사이에 B급이 되어버리지요. 일본 측에서 이미 검사를 하고 있기 때문에 한국 측에서 다시 한번 검사할 필요는 없을 겁니다. 소비자에게 신선한 상태의 생선을 가장 먼저 먹게 해야 하는데 말입니다. 난감한 일이지요."(그러나 원전 사고 후 감추기에 급급했던 일본 정부의 사례를 보아서도 일본 측이 한 방사능 검사를 신뢰할 수만은 없는 것이 한국 소비자의 입장일 것이다. — 옮긴이)

이렇듯 일본 수산물을 한국에 수입할 때의 문제뿐 아니라 오래전부터 일본으로 넙치 수출을 해온 안씨에게는 최근 골치 아픈 문제가 또 있다. 식중독을 일으킨다고 알려진 기생충 '쿠도아'* 문제다. 쿠도아는 '쿠도아 셉템푼크타타'의 줄임말이다. 양식 넙치에도 기생한다고 한다. 2011년 전후로 뜬소문 피해도 일어났고, 일본에서의 수주가 줄어든 적도 있었다.

"한국산 넙치를 일본에 수출할 때 기생충 쿠도아 문제가 있고 일본 수산물을 한국에 수입할 때에도 방사능 문제가 있어서 힘듭니다. 앞으로 한일 수산물 무역은 어떻게 될까요?"라고 필자는 조금 걱정이 되어 물어보았다. "저는 크게 비관하지는 않습니다"라고 안씨는 대답했다. 쿠도아충 문제가 발생하고 나서는 일본 소비자들이 안심하고 한국산 넙치를 먹을 수 있도록 생산업자와도 의논하면서 기존 검역 증명서에 덧붙여 넙치의 상품 이력서(생산자, 치어 이력, 양식 이력, 투약 이력 따위를 적어넣은 서류)와 쿠도아 검사 증명서를 첨부해 일본으로 수출하고 있다

* 쿠도아Kudoa septempunctata : 쿠도아는 점액포자동물Myxozoa문 점액포자충강 다각목 Multivalvulida 쿠도아속 기생충으로, 넙치의 근세포 안에 기생한다. 쿠도아에 오염되기 쉬운 식품은 넙치회이며, 특정 조건 아래에서 양식된 넙치에 감염된다고 확인되어 천연에서 감염될 가능성은 낮다고 여겨지고 있다.

고 한다. 페리가 태풍 때문에 결항되었을 때 딱 한 번을 제외하고 10년 동안 빠짐없이 주 1회 한국산 넙치를 일본으로 출하해왔다고 한다. 그런 긍지도 있는 것이다.

한 사람 한 사람을 보지 않고 '당신네 나라 사람들은 ······' 하고 한국인을 싸잡아 나쁘게 말하는 일본인 업자도 있기는 했지만, 반대로 자금 융통이 힘들어졌을 때 도와준 사람도 있었다고 한다. "안 선생, 지금부터 한국어로 노래를 부를 테니까 잠깐 들어줄래요?" 이런 식의 국제전화가 한밤중에 불쑥 걸려올 때도 있다고 한다. 한국인 가운데에도 싼값을 내세워 거래에 끼어들려는 동업자도 있었다고 한다. 싼 것이 비지떡이다. 이익은 별로 나지 않아도 신용 제일주의로 오래 교류해나갈 수 있는 상대와의 거래를 안씨는 소중하게 여기려고 한다. "일본도, 한국도 생선을 먹는 나라입니다. 일본에서 먹는 생선이 한국에 있고, 또 한국에서 먹는 생선이 일본에도 있습니다. 부족한 것을 서로 보충하는 현재의 수산물 거래 흐름을 이제 막을 수는 없을 것입니다." 도호쿠의 멍게 양식이 다시 궤도에 오르면 꼭 그 수입을 재개하고 싶다고 안씨는 말한다.

제 2 장

먹장어구이의 생활문화사

— 그 기원을 찾아

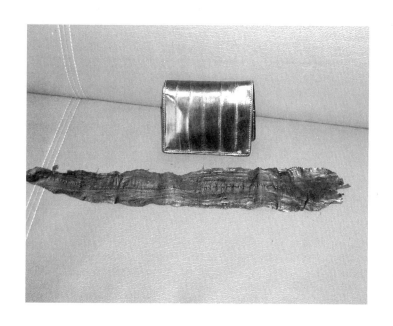

먹장어 가죽과 피혁 제품

앞쪽이 먹장어 한 마리분에 해당하는 가죽, 길이는 40센티미터 정도다. 이것
을 여러 장 마주 이어서 지갑(사진 위쪽)이나 핸드백, 벨트 같은 피혁 제품을
만든다.

자갈치시장의 먹장어구이

어떤 지역에나 그곳의 '명물 요리'가 있다. 이 장에서 거론할 내용은 부산의 명물 요리로서 이름 하여 '곰장어구이'라고 일컬어지는 먹장어구이다. 그러나 이를 '향토 요리'같이 거창하게 말하기란 어울리지도 않고 민망하다. 부산 사람 가운데에도 이를 '싸구려 음식'으로 여겨 눈길도 주지 않는 사람이 있다.

부산을 대표하는 어시장 가운데 자갈치시장이 있다. 그 지역 사람들은 물론이고 관광객도 많이 찾아오는 부산의 명소다. 시장과 큰길을 낀 맞은편에는 어패류 음식점이 즐비하다. 생선회나 구이, 전골을 파는 식당에 섞여 먹장어구이를 파는 집이 눈에 많이 띈다. 간판에 "산 꼼장어", "꼼장어구이"라고 크게 적혀

그림 8 자갈치시장의 곰장어 골목
오른쪽 줄에 곰장어구이 전문점이 나란히 있다. 점포 밖은 곧바로 해안이다. 추운 계절에는 비닐 시트를 쳐서 바람을 막는다. 왼쪽 줄은 생선 따위를 파는 노점.

있다. 그리고 시장에서 서쪽으로 조금 가면 길이 좁아지면서 그 좁은 길 양옆에는 파라솔을 펼치고 어패류를 파는 노점들이 빈틈없이 이어진다. 그 노점 거리 안에서도 먹장어구이를 파는 작은 식당들이 즐비한 한 모퉁이가 있다(그림 8). 이곳을 '곰장어 골목'이라고 하는 사람도 있다. 식당이라고 해도 판자로 칸막이를 한 노점식 간이 점포로 네 명이 앉는 탁자 서너 개가 고작인 좁은 공간이다. 그 안에서 어깨를 부딪으며 탁자를 가운데 두고 앉은 손님들이 야외용 가스레인지 위에서 구운 먹장어를 열심히 먹고 있다. 가게 안에서는 '아지매'들이 음식 장만을 하면서 이따금씩 거리를 향해 목소리를 높여 손님을 부르곤 한다.

부산에서는 자갈치시장에서 일하는 아주머니들을 '자갈치 아지매'라고 친근감을 담아 부른다. 어패류를 파는 노점도, 먹장어 골목 안에 있는 식당도 전에는 자갈치시장 주변에서 노점 영업을 했다. 1990년대 말부터 자갈치시장과 주변 지역에 대한 정비 사업이 추진되면서 노점상들은 1999년에 '자갈치상인연합회'를 설립했고, 시와 구 등 지자체와 협의하면서 영업을 계속할 수 있는 길을 모색했다. 연합회 회장 김윤원 씨(1950년생)가 이야기한 바에 따르면 연합회에 가입한 사람들은 현재 400명 정도인데 자갈치 아지매들이 많고, 그 가운데 먹장어 전문점(일부에서는 고래 요리도 판다)은 60여 개가 넘는다고 한다. 이 수치도 먹장어구이가 부산의 명물 요리임을 말해주고 있다.

필자에게는 자갈치시장에서의 특별한 추억이 있다. 25년 정도 전에 필자는 부산을 처음 방문했다. 이듬해에 열릴 서울 올림픽을 앞둔 1987년 여름, 일본에서 오는 관광객도 서서히 늘어나던 무렵이었다. 그해 6월에는 한국에서 '6월 민주 항쟁'이라고 일컬어지는 민주화 운동으로 분위기가 고양되어 있었고, 그전까지 이어져오던 군사정권은 대통령 직접선거제와 반체제 정치가 김대중 씨의 복권 등을 공약한 민주화 선언을 발표했다. 이러한 한국 안의 정세 변화도 일본에서 오는 관광객 증가에 박차를 가했을 것이다.

그 무렵에는 지금처럼 충분한 가이드북이 없었고, 또 당시 필자는 한국어를 전혀 몰랐기 때문에 아는 사람을 통해 안내인을 찾을 수 있었다. 지금 생각하면 조금 지나친 조심성이었는지도 모르지만 일본이 저지른 식민지 지배 역사를 생각하니까 한국에서 섣불리 일본어를 말하기는 망설여져서 영어를 할 줄 아는 대학생에게 안내를 부탁했다. 시내버스를 갈아타면서 몇 군데 관광지를 둘러본 다음 저녁나절이 되어 직장인들이 일을 마치고 술 한잔하러 가는 곳으로 데려가 달라고 부탁하자 안내인은 자갈치시장으로 안내해주었다.

그때까지는 자갈치시장이라는 이름조차 몰랐지만 나중에 돌이켜 생각해보니까 자갈치 해안에 즐비하게 나와 있는 노점으로 갔던 모양이다. 맥주나 소주 상자를 탁자 삼아 술을 마시는 노천 주점이었다. 메뉴판 같은 것이 있을 리 없었다. 화로 위에서 어패류를 굽거나 볶느라 연기와 냄새가 주위에 감돌았다. 칸막이도, 아무것도 없는 개방된 노천 주점에서 퇴근길인 듯한 남자들이 저녁나절에 부는 바닷바람을 맞으면서 동료들과 술잔을 주고받고 있었다.

우리도 빈자리를 찾아 해안 벽으로 밀려오는 파도 소리를 들으면서 알전구 밑에서 소주로 건배했다. 필자가 일본에서 온 관광객이라는 사실을 알았는지 '아지매'는 가져온 요리를 가리키며 "아나고, 아나고!" 하고 일본어로 말해주었다. 얼핏 보니까 붕장어를 잘게 썰어 볶은 모양새였다. 고추장이 들어갔는지 전체적으로 붉은 색이었다. 먹어보니까 붕장어치고는 육질이 쫄깃하면서 조금 질긴 느낌이었다. 그런데 그때는 몰랐지만 그것은 아마도 먹장어(곰장어)구이였던 듯하다. 해도 저물고 저 멀리 보이는 섬의 윤곽이 점점 짙어졌다. 자갈치 노점에는 푸근한 분위

그림 9 **먹장어구이**
잘게 썰어 양념을 한 먹장어와 양파, 파 따위를 섞어 알루미늄 포일 위에서 볶는다. 이러한 요리법이 부산에서는 일반적이다.

기로 어딘가 그리운 옛날 생활 냄새가 있었다.

필자는 먹장어 골목에 있는 어떤 가게로 들어가 먹장어구이 조리법을 견학했다. 우선 먹장어 껍질을 벗겨 2~3센티미터 정도로 잘게 썬다. 그것을 따로 마련한 양념장에 담가 밑간을 한다. 그 양념에는 고추장, 된장, 간장, 참기름, 고춧가루, 마늘, 생강 따위가 들어갔다고 한다. 이러한 양념은 불고기 재는 데에도 이용된다. 가게마다 넣는 재료의 종류나 분량이 미묘하게 다른 모양이다. 이어서 먹장어를 담은 그릇에 잘게 썬 양파, 파, 고추를 넣어 섞는다. 그다음에 석쇠 위에 알루미늄 포일을 깔고 그 위에서 볶는다(그림 9). 살아 있는 먹장어는 잘라놓아도 잠깐 동안 꼬물꼬물 움직인다. 징그럽게 느끼는 사람도 있을지 모른다. 한바탕 볶으면 완성. 마늘, 고추장을 얹고 상추나 깻잎으로 싸서 먹는 방식이 일반적이다.

먹장어 요리에서 찾을 수 있는 재미는 한 가지가 더 있다. 손님이 요리를 다 먹었을 때쯤 되면 '아지매'가 밥을 담은 그릇을 가지고 온다. 그것을 알루미늄 포일 위에 쏟아놓고 남은 국물로 볶음밥을 만들어주는 것이다. 김, 깻잎, 김치를 섞어 능수능란하게 볶는다. 뜨거운 볶음밥으로 곰상어구이를 마감한다.

먹장어라는 물고기

부산에서는 '곰장어'라고 하지만 정식 이름은 먹장어다. 일본 이름은 '누타우나기ㅈ夕ウナギ'(미끌미끌한 뱀장어라는 뜻 — 옮긴이)라고 한다. 하지만 그 이름과는 달리 이 물고기는 뱀장어도 아니고, 그렇다고 그냥 물고기도 아니다. 조금 특별한 생물이다.

우선 먹장어는 턱이 없다. 이빨이 나 있지 않은 동그란 입을 벌려 바닷물을 들이마시면서 바다 밑바닥에 가라앉아 있는 물고기 시체 따위를 포식한다. 그래서 '원구류圓口類'라고도 한다. 혀 위에는 이빨 모양으로 생긴 돌기가 있다. 그리고 꼬리지느러미는 있어도 배지느러미나 가슴지느러미가 없기 때문에 바다 밑바닥을 기듯이 이동한다(그림 10). 이 '무악류無顎類'에서 턱을 갖고 지느러미를 발달시킨 '어류(경골어류硬骨魚類)'가 4억 년 정도 전에 갈라져 나타난 것인데, 그보다 1억 년 이상 앞서 바다에

그림 10 먹장어(곰장어)
자갈치시장에 있는 먹장어 전문 판매점의 수조. 칠성장어 같은 무악류다. 몸길이는 60센티미터 전후다. 수조에는 '원산지 일본'이라고 표시되어 있다. 미국, 캐나다, 뉴질랜드에서도 수입된다.

처음 나타난 척추동물 가운데 하나가 먹장어인 것이다. 생긴 모습도 어딘지 모르게 '원시 생물'처럼 보이는 이 생물은 '살아 있는 화석'이라고도 일컬어지며, 생물학이나 유전학 연구 영역에서는 인류로 이어지는 척추동물의 진화를 해명하기 위한 귀중한 자료가 되고 있다고 한다.

먹장어의 일본어 '누타우나기'에서 '누타'는 미끌미끌하다는 뜻인데 그런 이름이 붙여진 까닭은 먹장어의 몸 전체가 점액으로 덮여 있고 또 몸 안에 있는 방출공에서 반투명 점액을 다량으로 분비하는 성질이 있기 때문이다. 그 점액으로 잡은 물고기를 질식시키기도 하고, 또 적에게서 스스로를 방어한다고도 알려져 있다. 먹장어는 그물에 걸렸을 때에도 같이 잡힌 다른 물고기를 먹기도 하고, 방출한 점액이 그물에 달라붙기 때문에 어부들에게는 말썽꾸러기였다. 실제로 필자가 먹장어 거래 현장을 견학했을 때 수조에서 양동이로 옮겨 담는 순간 먹장어가 점액을 방출하기 시작해서 물과 섞인 반투명 점액으로 양동이가 가득 차는 모습을 보고 놀란 적도 있다.

먹장어는 온대 대륙붕에서 널리 보이며, 종류에 따라서 다르기는 하지만 수심 10미터에서 250미터 정도 되는 바다 밑바닥에 서식한다. 일본에서 먹장어 어장은 태평양 쪽과 동해 쪽은 물론이고 규슈 지방에서부터 도호쿠 지방까지 넓은 범주에서 서식한다.

먹장어구이의 기원을 찾아서

먹장어구이는 부산이 발상지로 알려져 있다. 하지만 먹장어가 언제부터 어획되어 식용으로 쓰이기 시작했는지를 기록한 자료는 찾아볼 수 없었다. 원래 '장어'류는 뱀장어, 갯장어, 붕장어 모두 구불구불하고 기다란 모양이 '뱀'을 연상시켜서 일본과는 달리 한국에서는 일반적으로 널리 선호되지 않았다.

일본에서 한반도 주변 해역으로의 '출어'가 시작된 1893년에 일본 어업자를 대상으로 《조선통어사정 朝鮮通漁事情》이라는 안내서가 나왔다. 이는 조선 어업을 개관한 일본어 문헌 가운데에서는 오래된 부류에 속한다. 그 안에 있는 '해만 海鰻'(일본 발음으로는 '하모' 갯장어 또는 붕장어) 항목에는 이렇게 기록되어 있다.

…… 경상도 도처에 있다. 가을철 부산 근방에서 본방인(일본인) 이 드리운 낚시에 걸리기도 한다. 오로지 거류인의 식용으로 제공 하는 데 그치며, 조선인은 이것을 먹지 않는다. 그래서 값이 싸다. 조선인은 이것이 갯장어海鰻, 뱀장어鰻, 메기鱧 같은 모양을 하고 있어서 뱀과 비슷한 생김새라 먹기를 꺼려한다.

또 《한국수산지》(1909)는 붕장어에 대해 이렇게 기술하고 있다.

붕장어는 연안에서 널리 나지만 남해에 특히 많다. 이 물고기는 본방인(조선인)의 기호에 맞지 않기 때문에 일부러 이것을 어획하 지 않고 이에 종사하는 사람은 일본인뿐이다. 일본인이라고 해도 대부분은 히로시마, 가가와, 오카야마岡山 등지에서 고기잡이하러 오는 업자가 늦가을 무렵에 잡으며, 전업자는 매우 적다.

이 책에 있는 '갯장어', '뱀장어' 항목에도 '본방인(조선인)의 기호에 맞지 않음'이라는 기술이 나온다. 이처럼 어떤 자료에서 도 아무 언급이 없는 먹장어는 물론이고 장어류는 적어도 그 시 대까지 조선에서는 식용으로 일반적으로 쓰이지 않아 잡지 않 았다고 생각해도 되지 않을까.

그렇다면 도대체 언제부터 먹장어잡이가 시작되었고, 또 식용 이 되기 시작했을까. 이에 대해 부산에서 몇 사람에게 물어보았 더니 "식민지 시절에 일본 사람들이 먹장어 가죽으로 나막신에

쓰이는 끈을 만들었다고 하더라" 또는 "해방이 된 뒤부터 한국
전쟁 전후에 발생한 식량난 시대에 식용이 되기 시작하지 않았
을까"라는 이야기를 들을 수 있었다. 또한 국립수산과학원이 편
찬한 《수변정담水邊情談》(2005)의 '먹장어(곰장어)' 항을 보면 먹
장어구이는 '자갈치시장이 원조다'라고 한 다음, 해방 뒤 일본
에서 귀환한 '동포들'이 자갈치에서 어류 판매를 시작했을 무렵
에 먹장어구이가 등장했고, 한국전쟁을 전후한 시기에 서민들
사이에 퍼지기 시작했다는 기술이 있다. 하지만 이런 기술도 그
전거가 표시되어 있지는 않고 구전으로 전해지는 영역을 벗어
나지 못한 사항이다. 궁중 요리 같았으면 기록에 남기도 했겠지
만 먹장어구이는 서민 음식 가운데에서도 서민 음식이었다. 그
래서인지 문서 세계에서는 조금 동떨어진 곳, 서민 생활 한복판
에서 그 '역사'를 새겨왔다. 아마 굳이 기록으로 남길 필요도 없
었을 것이다.

그럼 지금부터라도 필자가 직접 조사를 해볼까 하는 호기심이
생겼다. 곰장어구이의 기원을 더듬는 작업은 그 요리를 만들어
낸 부산이라는 도시와 거기서 살아온 사람들을 이해하는 데에
도 도움이 될 것이다. 이에 필자는 암중모색하듯 자료를 찾아보
기 시작했다.

니가타에서의 먹장어 조사

먹장어잡이와 그 요리에 관한 자료를 찾기 시작하면서 처음

눈에 띈 것은 태평양전쟁 말기인 1944년에 니가타新潟 지방에서 먹장어를 식용으로 개발하고자 실시된 조사에 대한 기록이었다. 오카다 야이치로岡田弥一郎와 구로누마 가쓰조黑沼勝造, 다나카 고조田中光常가 쓴 〈니가타 및 사도가시마佐渡島 근해의 구로메쿠라우나기(예보) I〉이라는 논문이 그것이다(이하 〈조사 보고〉). 참고로 구로메쿠라우나기는 먹장어를 가리키는 다른 이름이다. 여기서 구로메쿠라우나기는 '검은 장님 뱀장어'라는 뜻이다.

구로메쿠라우나기(먹장어)는 종래 심해성 희귀어로 알려져 있고 그 어업적인 가치에 대해서는 거의 확인되지 않았다. 그런데 수년 전부터 니가타현 사도가시마 근해에서 많이 난다는 사실이 밝혀지고 그 이용 가치도 시국적으로 중요시되어서 예전 어업법의 극히 쉬운 사업이 요인이 되어 근년에 같은 지방에서 중요 수산물이 되기에 이르렀다. 수자원과학연구소 동물학부는 미쓰이 물산주식회사의 위촉에 따라 이 종의 자원적인 가치 조사를 실시하게 되었고, 쇼와昭和 19년(1944) 6월부터 우선 이 조사의 기초가 될 생물학적 조사에 착수했다. …… 중략 …… 일본 이름은 구로메쿠라우나기 또는 메쿠라우나기로 되어 있고, 방언으로는 니가타 지방에서는 우나기(뱀장어) 또는 아나고(붕장어), 또 시판할 경우에는 '심해 메기', '사도佐渡 메기' 등으로 일컬어진다.

— 〈조사 보고〉, 《자원과학연구소 휘보》 11, 12호, 1948.

조사기관인 '자원과학연구소'란 태평양전쟁이 발발한 이튿날인 1941년 12월 9일에 발족한 국립 연구기관이다. 천연자원의 조사·연구를 '내지, 조선, 사할린, 대만 등 일본 국토는 물론 대동아공영권 전반에 걸쳐' 실시할 목적으로 여덟 명의 연구원과 조수 스물다섯 명으로 이루어진 연구진을 갖추고 설립되었다 (다케다 고이치竹田伍一, 〈자원과학연구소의 창립과 그 사명〉, 1942). 나아가 〈조사 보고〉를 쓴 대표 집필자인 오카다 야이치로는 어류학을 전공하는 연구원이었다.

이 논문이 간행된 시기는 전쟁 이후였지만, 조사 자체는 1944년 6월에 실시되었다. '먹장어 이용 가치도 시국적으로 중요시되어'라고 되어 있듯이 전쟁 말기에 발생하는 식량난을 조금이라도 해소하고자 그때까지 일반적으로 식용으로 어획한 적이 없었던 먹장어에 관한 '생물학적 조사'가 이루어진 것이다.

〈조사 보고〉에는 (먹장어의) '어업사漁業史'라는 항목이 있다.

니가타 지방에서 이 종(먹장어)의 어업은 상당히 오래전부터 이루어진 듯하지만 종래는 여름철 외에 어업이 부진할 때 소수 어선이 어획한 데 불과하고 먹이 확보 곤란, 어법 불충분, 어획물의 저렴함에 원인이 있어서 모두 소규모 어업이었다. 그러나 최근 들어 일반 어류가 부족해지자 이 종의 식용으로서의 가치가 갑자기 올라갔고, 또 그 피혁이 이용되기에 이르러 수요가 급증했기 때문에 쇼와 17년(1942)부터 각지에서 이에 종사하는 사람 수가 늘어났으며, 또 종래 6월부터 9월까지로 한정적으로 하던 어획이 겨울철을 제외한 대부분의 계절에도 이루어지기에 이르렀다. 1944년 현재 이 어업의 중심은 니가타시(도미오카 수산가공소)와 이와후네岩舟초(가와사키 수산 회사)에 집중되어 데라도마리寺泊와 이즈모자키出雲崎 지방에서의 어업은 소규모가 되었다.

"니가타 지방에서 이 종의 어업은 상당히 오래전부터 이루어진 듯하"다는 기술에 우선 눈이 간다. 데라도마리(현재 나가오카長岡시 데라도마리초)는 이즈모자키(현재 미시마三島군 이즈모자키초) 바로 북쪽에 위치한다. 모두 예전에는 기타마에부네北前船*가 기항하던 곳이었다. "데라도마리와 이즈모자키 지방에서의 어업은 소규모가 되었다"라고 쓰여 있는 점에서 먹장어잡이는 전쟁 이전부터 데라도마리와 이즈모자키를 중심을 이루어지고 있었음을 알 수 있다. 현재도 먹장어를 통째로 구워 파는 가게가 이즈모자키에 있다고 한다. 그리고 "그 피혁이 이용되기에 이르러 수요가 급증했기 때문에 1942년부터 각지에서 이에 종사하는 사람 수가 늘어났다"고 쓰여 있듯이 전쟁 시기에 먹장어 가죽 이용이 동시에 시작되었다는 점에도 주목해야 한다. 식량뿐 아니라 모든 물자가 부족한 시기였다. 피혁 원재료와 식용을 겸해 먹장어가 그때까지 이상으로 주목 받기 시작했다는 이야기다.

---

* 에도 시대부터 메이지 시대에 걸쳐 활약했던 상품 화물선 이름이다. 상품 화물선이란 상품을 맡아 수송하는 배가 아니라 항해하는 선주 자신이 상품을 사서 그것을 팔아 이익을 올리는 배를 말한다. 나중에 이 선주들이 주축이 되어 무역업을 시작했다.

니가타와 조선을 잇는 '선'

〈조사 보고〉에는 먹장어 분포에 대해 이러한 기술이 있다.

먹장어의 본방 분포는 매우 광범위하다고 여겨지지만 조사 불충분 때문에 그 상황은 명확하지 않다. 현재까지 명확하게 판명된 산지는 사가미 相模만湾(Dean, 1904)과 구마노熊野 탄灘(마쓰하라松原, 1937), 남선南鮮*(우치다 게이타로内田惠太郎의 편지私信), 니가타시 및 나가사키시 근해 등이다.

이 한 구절을 읽었을 때 "南鮮(우치다 게이타로의 편지)"이라는 기술에 잠시 눈길이 머물렀다. 우치다 게이타로는 도쿄제국대학교 농학부 수산학과에서 연구 생활을 시작하다가 1927년부터 1942년까지 조선총독부 수산시험장 기사로 근무하면서 조선 어류 연구에 큰 공헌을 한 어류 생활사 전문가다(제5장에서 상세히 언급하겠다). 필자는 먹장어에 관한 기술이 조금이라도 나오지 않을까 해서 당시 총독부 수산시험장 자료도 훑어보았지만 그 단서는 찾지 못했다. 그래서 이 기술은 뜻밖의 것이었다.

〈조사 보고〉 집필 대표자인 오카다 야이치로는 도쿄제국대학교 농학부 수산학과 조수로 근무한 뒤 도쿄고등사범학교(현재

---

* 일제 강점기에 한반도 남쪽 또는 조선 남부를 가리키는 용어.

쓰쿠바대학교) 등에서 수산학과 분류학 연구를 했던 인물이다. 오카다와 우치다는 같은 대학 출신으로 교류가 있었고,《일본어 류도설日本魚類圖說》(1935)을 공동 집필했다. '우치다 게이타로의 편지'라고 되어 있으니 오카다가 조선에서의 먹장어 서식 등에 대해 우치다에게 문의를 했고, 조선 남부 해역에서 먹장어 서식 이 확인되었다는 답장이 있었을 것이다.

자원과학연구소의 오카다가 부산에 있는 총독부 수산시험장 의 우치다(1942년 말부터 규슈제국대학교에서 근무)에게 문의를 했 듯이 수산자원의 '개발'이라는 시대적인 요청은 수산 연구자들 의 공통 과제였고, 일본과 조선 사이에서도 연구자 상호 간 정 보 교환이 이루어졌을 테니까 부산에서도 니가타와 마찬가지로 연구가 이루어지고 있었다고 해도 이상하지 않다. 더구나 일제 강점기에 부산에서는 먹장어 가죽으로 나막신 끈과 혁대를 만 들었다는 이야기도 전해지고 있는 것이다.

그러나 조선총독부 수산시험장이 발간한 연구 보고서를 다시 한 번 읽어봐도, 그리고 당시 부산에서 발행되었던 일본어 신문 《부산일보》 등을 훑어봐도 먹장어에 관한 기록은 눈에 띄지 않 았다. 더 이상 조사를 진행하기가 무리일지 모른다는 생각에 포 기하려고 했을 때, 부산에는 분명히 총독부의 수산시험장 말고 도 경상남도가 관할하는 수산시험장이 있었으리라는 생각이 퍼 뜩 떠올랐다. 일본에서도 각 도도부현都道府県에 수산시험장이 설 치되어 있듯이 조선에서도 각 도에 수산시험장이 설치되어 있 었다. 따라서 도 시험장 쪽에 뭔가 기록이 없을까 싶었다. 경상

남도 수산시험장의 간행물은 '수산강습소'의 뒤를 이어 도쿄해
양대학교에 있다. 그《수산시험 보고》안에 〈먹장어 이용 시험〉
이라는 제목을 단 먹장어에 대한 연구 기록이 있었다.

부산에서 이루어진 먹장어 이용 연구

경상남도 수산시험장은 1932년에 부산부 남부민초(현재 부산
시 서구 남부민동)에 설립되었다. 연구 내용을 보니까 총독부의
수산시험장에 비해 어업과 양식, 수산 가공 같은 수산업 현장과
밀접하게 연결된 실용적인 연구를 실시했던 것 같다. 〈붕장어
통조림에 관한 시험〉, 〈정어리 통조림 시험〉 같은 '먹음직스러운
실험' 보고도 이어진다. 그런데 먹장어 이용 시험은 오카다 야이
치로 팀이 니가타에서 조사를 했을 때보다 앞선 시기, 그러니까
1936년부터 1939년에 걸쳐 이루어졌다. 가장 먼저 보고된 연구
는《경상남도 수산시험장 쇼와 11년도(1936) 수산시험 보고》(이
하《11년 시험 보고》)에 게재되어 있다. 이 보고에서는 처음에 먹
장어 생태에 대해 소개한 다음 부산 주변에서 즐겨 먹게 된 상
황을 이렇게 기록하고 있다.

(먹장어는 생김새가 좀 징그러워서 불쾌감을 주고) 그 살 역시 이상
한 냄새를 풍기기는 해도 식감과 씹는 맛이 매우 좋아 이 점에 관
한 한 필적할 어류가 없다. 내지에서는 이것을 식용으로 하지 않
아도 최근 부산부 또는 울산군 부근에서 먹기 시작해서 하급 음식

점에서는 어디에서나 이것을 제공한다.

"최근 부산부 또는 울산군 부근에서 먹기 시작해서"라는 구절이야말로 필자가 줄곧 찾고 있었던 대목이다. '최근'이라고 하니까 1930년대 중반에는 먹장어가 식용이 되어 있었다고 생각해도 좋을 것이다. 또 '하급 음식점'이란 조선 서민이 이용하는 간이음식점을 말하는 듯한데, 그곳에서는 '어디에서나' 먹장어 요리를 내놓았다고 하니 이미 이 시기에 부산 주변에서는 먹장어 요리가 상당히 널리 퍼져 있었음을 엿볼 수 있다.

이 기술에 이어 먹장어 '식용법 개략'이 소개되어 있다. 여기에는 네 가지 조리법이 있다. 첫 번째는 솔잎과 함께 그대로 구운 다음 껍질과 내장을 제거하고 먹는 법이고, 두 번째는 껍질과 내장을 제거한 다음 '가바야키蒲燒'*로 하는 법이다. 세 번째는 껍질과 내장을 제거하고 '회'를 떠서 먹는 법이고, 네 번째는 뜨거운 물에 데친 다음 껍질과 내장을 제거하고 고추장에 버무려 먹는 법이다.

첫 번째 조리법은 현재 기장 방면에서 자주 볼 수 있는 먹장어 요리 방식이다. 산 먹장어를 짚 위에 얹고 솔잎으로 덮어 통째로 굽는다. 그리고 검게 그을린 먹장어 껍질을 벗기고 살을 발라 먹는다. 기장은 당시 '부산부' 북쪽 동래군에 속했고, 거기서

---

* 뱀장어나 붕장어 종류의 뼈를 발라내고 잘게 토막을 쳐서 꼬치에 끼워 양념을 발라 굽는 방법을 말한다.

더 북쪽에 울산군이 있었다. 《11년 시험 보고》에는 '울산군 부근'이라고 나와 있으므로 이 조리법은 부산에서 볼 때 북동 방면에 있는 기장에서 울산까지 많이 해왔던 방법이라고 봐도 좋을 것이다. 두 번째 조리법은 현재의 곰장어구이 조리법에 가깝다. 단지 현재는 꼬치에 끼워 가바야키로 하지는 않는다. 알루미늄 포일을 깔고 볶는 방법이 주로 사용된다. 나머지 두 조리법은 현재는 일반적으로 볼 수 없는 방법이다. 아마도 새로운 식재료를 어떻게 조리하면 맛있게 먹을 수 있을지를 이리저리 시도해봤을 것이다.

《11년 시험 보고》는 먹장어 이용 사업을 추진하는 이유에 대해서도 설명하고 있다. 먹장어는 경상남도에 널리 분포하며 그 수도 '거액에 이를 것으로 추산'된다고 되어 있다. 또한 어부들에게는 그물에 걸린 다른 물고기를 잡아먹는 해로운 물고기로 취급되었기 때문에 그것을 처리하는 이점도 있고, 또 서식하는 장소가 연안에서 가깝고 잡는 방법도 간단하기 때문에 노인이나 어린아이도 잡을 수 있다는 이점이 있어서 그 이용 사업을 추진함으로써 '빈곤한 어촌에 막대한 복리를 가져올 수 있다'고 기록되어 있다. 이렇게 먹장어의 '살코기 이용 실험'과 '껍질 이용 실험'이 수산시험장에서 시작되었다.

너무 장황해지는 듯해 자세한 내용은 생략하지만 '살코기 이용 실험'에서는 먹장어 조리법과 그것을 건제품이나 어묵 같은 반죽 제품, 통조림으로 만들 수 있을지를 시험하는 실험이 이루어졌다. 물고기는 보통 등뼈를 따라 칼을 넣어 살을 발라낸다.

그러나 먹장어에는 등뼈가 없다. 그래서 배 쪽 중앙에 있는 하얀 선을 기준으로 해서 그 선을 따라 가르는 방법이 능률적이고, 또 껍질도 고스란히 벗겨낼 수 있다는 사실이 확인되었다. '살 및 껍질을 이용하는 조리법으로서는 최상이다'라고 이 방법을 권장하고 있다. 참고로 이 방법은 현재도 자갈치시장 안에 있는 먹장어 소매점 같은 데에서 일반적으로 이용하는 방식이다. 또 제품화 실험에서는 건어물이나 통조림으로 가공해도 모두 먹장어의 쫄깃한 '식감'이 상실될 뿐 아니라 때로는 냄새도 나기 때문에 '부적당'하다고 판단되었다. 한편 '껍질(가죽) 이용 실험'에서는 탈지법이나 무두질, 나아가 착색 시험 따위가 이루어졌지만 연내에 시험이 완료되지 않아 다음 연도에 계속하게 되었다.

《11년 시험 보고》의 속보續報 〈먹장어 이용 시험〉은 경상남도 수산시험장에서 발간한 《쇼와 13년도(1938) 시험 보고》(이하《13년 시험 보고》)에 게재되어 있다. 그 보고 내용을 이루는 대부분은 껍질 이용 시험에 대해서다. 무두질법으로는 크로뮴 이욕 무두질법이 먹장어의 '박피 무두질법으로서는 최선'임을 알았다. 원피를 중크로뮴산 염액에 담근 다음 다른 환원액에 다시 한 번 담그기 때문에 '이욕二浴'이라고 한다. 또 산성 염료와 크로뮴 염료를 이용해서 염색 시험도 실시되어 '상당히 좋은 질의 제품'을 얻을 수 있었다. 전시 체제로 접어드는 '시국 관계상 국내에 피혁 생산을 기다리고 바라'는 목소리에 따라 상품화에 이르고 '무두질법에 대해서는 이곳(경상남도 수산시험장)의 지도에 따라 업자가 특허권을 얻을' 정도로 성과가 있었다. 부산에서 전해지고 있는 '식민지 시기에 일본인들이 먹장어 껍질로 나막신 끈을 만들었던 모양'이라는 이야기는 이 시기에 부산에서 피혁 제조가 왕성하게 이루어졌다는 사실을 토대로 한 것이다.

그런데 전쟁이 끝나고 얼마 지나지 않아 '제2수산강습소'(시모노세키시, 현재 수산대학교)에서 제조학과의 교관이 되어 피혁 제조 강좌를 담당했던 마쓰자와 데이고로松沢定五郎가 쓴 〈먹장어에 관한 자원적 조사와 그 고찰〉(1960)이라는 논문이 있다. 시모노세키에 있었던 수산강습소는 부산에 있던 '부산고등수산학교'의 뒤를 잇는 학교다. 그 논문에서 전쟁 전까지 경상남도 수산시험장의 기관技官이었던 마쓰자와는 "부산에서 수년 동안 이 종류(먹장어)의 이용적 조사 연구를 실시했다"라고 기술한 뒤 다음과 같이 쓰고 있다.

이의(먹장어의) 피혁 사업은 다이쇼 8년(1919) 무렵 조선 통영 및 부산에서, 또 쇼와 14년(1939) 다시 부산으로, 또 나가사키현 이사하야諫早시에서 실시되었고 나중에 니가타현 북쪽에서도 기업화를 보았다. 그러나 현재는 모든 곳에서 속행되지 않고 있다.

매우 흥미로운 내용이다. "쇼와 14년 다시 부산으로"라고 되어 있음은 경상남도 수산시험장에서 마쓰자와가 중심이 되어 먹장어 이용 시험을 했던 시기와 일치하기 때문에 수산시험장의 지도를 받는 형태로 피혁 사업에 종사하는 업자가 '다시' 나왔다는 뜻이 된다. 또한 마쓰자와가 쓴 글에 있는 "나중에 니가타현 북쪽에서도 기업화를 보았다"라는 부분에도 주목해야 한다. 이 내용은 니가타현에서 실시된 자원과학연구소가 실시한 먹장어 조사 보고에 '그 피혁이 이용되기에 이르러 수요가 급증했기 때문에 쇼와 17년(1942)부터 각지에서 이에 종사하는 사람 수가 늘어났다'는 기록(72쪽)과도 부합한다. 경상남도 수산시험장에서 우선 이루어진 이용 시험에 대한 보고는 니가타에서 조사에 참여했던 자원과학연구소의 오카다 야이치로에게도 당연히 전달되지 않았을까.

먹장어구이의 보급

다시 《13년 시험 보고》로 돌아가자. 이 보고의 마지막 부분에 '살코기 이용법'에 대한 짧은 기술이 있다. 먹장어는 일반 어류의 '척추에 해당하는 부분이 골수처럼 또는 연고처럼 되어 있어서 많은 기름이 들어 있기' 때문에 '건제품'으로 만들기는 어렵다. 또 그 살은 점착성이 부족해서 '어묵류의 반죽 제품'으로도, '통조림'으로도 만들 수가 없다. 그렇다면 어떻게 이용해야 할까. 이 보고는 이렇게 결론짓고 있다.

이 물고기 살의 이용법은 이미 부산 부근에 사는 조선인들 사이에 보급되고 있다. 생고기를 적당히 잘라 꼬치에 끼워 굽는 방법 등 생선으로서 이용하는 방법을 최선책으로 여겨야 하고 …… 중략 …… 장아찌처럼 건조도, 강한 열도 필요로 하지 않는 종류를 목표로 함이 합리적이다.

《11년 시험 보고》에도 있듯이 1930년대 후반부터 부산과 주변 지역에 사는 조선인들 사이에서 먹장어 식용이 서서히 확산되었다는 사실을 확인할 수 있다. 이 보급 현상은 경상남도 수산시험장이 '살코기 이용 시험'을 실시한 사실과는 직접 관계가 없는 듯하다. 그 시험은 조선인이 식용으로 하기 시작한 먹장어에 주목하면서도 그 살을 건어물이나 통조림으로 제품화할 수 있는지, 보존식으로 만들 수 있는지에 대한 실험이었기 때문이다. 또 장아찌를 합리적인 조리법이라고 소개하고 있지만, 그 시험이 그 뒤에도 실시된 흔적은 없다.

결국 먹장어의 쫄깃한 식감을 살린 조리법으로는 이미 언급했듯이 '생고기를 적당히 잘라 꼬치에 끼워 굽는 법' 등 생선으로 이용'하는 방법뿐이다. 다시 말해 조선식 조리법이 '최선책'이라는 결론에 도달한 것이다. 부산 먹장어구이의 원형에 해당하는 방법이 그 무렵 완성되었다고 생각해야 할 것이다.

그런데 필자는 '곰장어구이'라는 요리 이름을 처음 들었을 때 철판이나 알루미늄 포일 위에서 '볶는' 조리법을 가리켜 '구이'라는 말을 붙이는 데에 의문을 가졌다. 구이는 보통 '갈비구이', '생선구이'처럼 식재료를 불에 구워 조리하는 데 붙이는 말이다. 곰장어구이처럼 알루미늄 포일에 볶는 조리법은 분명 '볶음'이다. 부산 명물 요리 가운데 '낙지볶음'이 있다. 먹장어구이 같은 경우 낙지볶음처럼 조리하는데, 먹장어인 경우에만 어째서 '구이'라고 할까.

《13년 시험 보고》에 쓰인 문구에서 이 의문도 풀 수 있었다. 먹장어 요리는 처음에 양념에 잰 먹장어 살을 꼬치구이로 하거나 석쇠에 굽는 '구이' 요리로 시작한 것이다. 그리고 그 뒤에 살에서 나오는 지방분을 좋은 맛으로 살리고자 현재처럼 철판이나 알루미늄 포일 위에다 볶는 요리법이 보급되었다. 그리고 남은 국물로 맛있는 볶음밥도 만들게 되었고, 요리가 다양해졌다. 단지 이름만은 옛날 이름 그대로 곰장어구이로 남은 것이다. 그런 먹장어 요리의 '역사'를 상상해본다.

또한 《13년 시험 보고》에는 '조선인들 사이에서 보급되고 있다'라고 나오는데 《11년 시험 보고》에는 '하급 음식점'에서 다루는 음식이라고 쓰여 있듯이 일정한 계층 사람들 사이에서, 또는 일정한 지역에서 '보급'되었다고 생각해야 할 것이다. 부산에서 태어나고 자란 한국 사람들 가운데에도 1960년대가 되어서야 처음 먹장어구이를 알았다는 사람도 있다. 앞에서 소개한 마쓰자와 데이고로의 논문에는 이러한 기술이 있다.

식용 자원으로서 전기前記에서처럼 각 지방 어촌에서는 그것을 식용한다. …… 중략 …… 부산 노동자는 '속이 든든하고 기운이 난다'고 하며, 본류(먹장어)의 식용적 특질은 좋게 인식되면서도 그 식용은 좀처럼 보급되지 않는다.

이 문구에 따르자면 먹장어구이는 부산 주변에 있는 어촌이나 부산에서 육체노동에 종사하는 사람들 사이에서 저렴한 가격 때문에 '보급'되기 시작했을 것이다. 그러나 '식용적 특질은 좋게 인식되면서도 그 식용은 좀처럼 보급되지 않는다'라고 되어 있듯이 부산 전체에 단번에 퍼지지는 않았다. 또한 부산에 거주하던 일본인은 먹장어구이를 먹는 사람이 없었던 듯하다. 굳이 입에 맞지도 않는 먹장어를 먹지 않아도 다른 생선을 구입할 수가 있었기 때문이라고 할 수도 있지만, 그 이상으로 일본인들은 먹장어를 어떻게 조리하면 맛있게 먹을 수 있는지 몰랐기 때문일 것이다. 경상남도 수산시험장에서 실시한 먹장어의 '살코기 이용 시험'에서도 그 제품화는 실패했다.

한편 조선의 조리법에는 '양념'이라는 강력한 맛내기 비법이 있었다. 그것이 있으면 먹장어의 쫄깃한 식감을 그대로 살려 조리해서 맛있게 먹을 수 있는 것이다. 그러나 관점을 바꿔 생각해보면 마쓰자와 데이고로를 비롯한 일본인 기사들이 들였던 노력이 먹장어 요리 보급에 한몫을 했다고 할 수도 있다. 그들이 3년에 걸친 먹장어의 '살코기 이용 시험'을 계속함으로써 그 제조법을 확립했기 때문에 먹장어 피혁 제품이 기업화되었다. 사업화된 이상 원료가 되는 먹장어 껍질이 안정적으로 공급되어야 하므로, 어쩌다가 그물에 걸린 먹장어를 모으는 방법으로는 수요를 따라잡을 수가 없었다. 당연히 원료를 조달하고자 먹장어를 어획하는 목적을 가진 고기잡이도 시작되었을 것이다. 그리고 먹장어 껍질을 벗긴 다음 조선인 요리점에 싼값에 팔아

넘기는 유통 과정도 동시에 생겨나지 않았을까. 현재 먹장어구이와 먹장어 피혁 제품이라는 상호 의존 관계에 있는 '두 바퀴'는 어쩌면 1930년대 후반부터 이렇게 서서히 굴러가기 시작했을 것으로 여겨진다.

피혁 공장을 찾아서

현재 부산에서 먹장어 피혁을 제조하고 있는 공장은 모두 네 군데가 있다. 그 가운데 '남도실업'의 공장(부산시 사하구)을 찾아가 사장 김철호 씨(1955년생)에게 이야기를 들었다.

김 사장의 출신지가 전라남도라 '남도'라는 회사명이 생겼다고 한다. 그는 1977년에 친척이 경영하던 가죽 공장을 인수했다. 그때까지는 자갈치시장에서 일을 했기 때문에 업무 내용은 대략 전해 듣고 있었다. 김 사장의 형은 현재 먹장어 활어 도매상을 하고 있다.

가죽 원료는 자갈치시장이나 먹장어 전문점에서도 나오지만, 이 공장에서는 원료를 안정적으로 확보하기 위해 주로 미국이나 캐나다에서 수입한 냉동 먹장어를 사용하고 있다. 미국에서는 캘리포니아 연안에서, 또 캐나다에서는 동부 대서양 연안에서 먹장어가 잡힌다. 남도실업의 공장 밖에는 냉동 먹장어를 담았던 스티로폼 상자가 산더미처럼 쌓여 있었다. 거기에는 'FROZEN HAGFISH PRODUCT OF CANADA'라고 적힌 내용 표시 스티커가 붙어 있었다. 태평양을 건너 북아메리카에서

그림 11 **먹장어 가죽 벗기기 작업**
해동한 먹장어 대가리를 작업대에 고정시키고 빠른 손놀림으로 껍질을 벗긴다. 숙련 작업자는 한 시간에 500마리를 처리한다고 한다.

공수해오는 것이다. Hag에는 '마귀할멈'라는 뜻도 있어서 먹장 어는 영어로 '마귀할멈 생선'이라는 이름이 된다. 영어권 사람들 도 먹장어의 생김새에 대해서는 그다지 좋은 인상을 갖지 않았 던 것이다.

공장에서는 우선 북아메리카산 냉동 먹장어를 해동한 다음 가죽과 살을 분리한다(그림 11). 가죽을 벗기고 난 살은 식재료 로 이용된다. 벗겨낸 원피原皮는 '회전 드럼 안에서 세척 → 수산 화칼슘를 이용한 탈지 → 수산화칼슘 제거(脫灰) → 산酸에 담 그기(산성도 조정) → 크로뮴 무두질(크로뮴액으로 무두질) → 염 색'의 순서로 작업이 이루어진다(그림 12). 이 무두질은 앞에

그림 12 **먹장어 가죽 무두질과 염색**
회전 드럼 안에서 원피를 세척하고 무두질, 염색 같은 작업을 한다. 공장에서는 '나메시(무두질)'라
는 일본어도 사용되고 있었다. 〈그림 11, 12〉 모두 남도실업에서 촬영.

서 언급되었던 옛 경상남도 수산시험장이 '박피 무두질법'으로
서는 최선'이라고 결론지은 크로뮴 이욕 무두질법을 이어받고
있다. 숙련 장인인 공장장 김기섭 씨(1961년생)는 "이 무두질 작
업을 '니타닌'이라고 합니다"라고 가르쳐주었다. '타닌'은 영어
tanning(무두질), 그리고 '니'는 일본어로 '2'를 말한다. 크로뮴
이욕 무두질법에서의 '2'를 뜻한다. 무두질법의 이름에도 일본
어가 남아 있는 점이 재미있다. 빨강, 노랑, 파랑, 검정의 네 계
열로 서른 가지 정도 색으로 염색한 가죽을 건조시킨 다음 색깔
별로 묶어서 포장한다.

공장에서의 작업은 여기까지이고, 그 뒤 서울이나 중국에 있

는 피혁 제품 제조 공장으로 보내진다. 그곳에서 제품 크기에 맞게 먹장어 껍질 몇 장씩을 재봉틀로 이어 붙여 코트, 치마, 가방, 벨트, 지갑, 구두나 부츠 같은 피혁 제품으로 완성된다고 한다(제2장 속표지 사진 참조). 그런 공장이 서울에 다섯 군데, 중국 칭다오靑島에 두 군데(한국 진출 기업) 있다. 먹장어 가죽은 사람 살갗에 가깝고 또 쇠가죽에 못지않은 강도도 있다. 이 제품은 미국, 멕시코, 이탈리아, 독일, 홍콩을 비롯해 북미, 유럽을 중심으로 수출된다.

냉동 먹장어가 북미 대륙에서 한국으로 수입되고, 그 먹장어에서 나오는 피혁 제품이 한국이나 중국에서 다시 구미로 수출되는 셈이니까 먹장어는 모습을 달리하면서 태평양을 왕복하는 것이다. 참고로 서울에 있는 백화점에서 판매되는 먹장어 가죽 가방은 80만 원에서 100만 원 정도라고 한다. 돌아올 때 김 사장에게서 먹장어 피혁 색견본을 받았다. 하나같이 색깔과 윤기가 좋다. 일찍이 경상남도 수산시험장이 뛰어들었던 '이용 시험'이 이루어낸 성과가 이 한 장 한 장에 살아나고 있었다.

자갈치시장

곰장어구이 보급에 대해 논하려면 그 본고장이라고 할 수 있는 자갈치시장(부산시 중구 남포동)에 대해 언급해두어야 한다. 물고기와 사람이 만나는 그 '무대'에서 부산 사람들은 곰장어와 어떻게 조우했을까.

자갈치시장은 유리로 된 7층 건물인 '(사단법인)부산어패류처
리조합시장'(부산시의 부산시설공단이 관리한다)을 가리키는 말이
기도 하지만, 주변에 있는 다른 수산시장이나 많은 수산 관련
상품들이 밀집한 이 지역 전체를 일컫는 말이기도 하다. 앞으로
이 책에서 자갈치시장이라고 할 때에는 전자인 '부산어패류처
리조합시장'을 말하며, 지역 통칭은 '자갈치'로 표기하겠다.

그런데 자갈치라는 이름은 무엇에서 유래하는 말일까. 자갈
치시장이 있는 남포동 해안 일대는 원래 자갈이 많은 곳이었다.
일제 강점기에 이 해안에 '미나미하마 해수욕장'이 개설되었
는데 자갈투성이라 많은 사람이 미나미하마(현재 남포동)에서
배를 타고 모래밭이 있는 송도해수욕장(현재 부산시 서구)까지
갔다. 이처럼 자갈이 많은 '곳'이라는 뜻에서 자갈치라는 이름이
되었다는 설이 있다. 또는 멸치, 갈치, 꽁치 식으로 물고기의 한
국어 이름은 '치'로 많이 끝나므로 자갈이 많은 곳에서 멸치나
갈치를 판다는 뜻에서 자갈치가 되었다는 이야기도 있는 등 여
러 설이 있다(《자갈치축제 10년사》, 2002).

자갈치에 오는 관광객이 반드시 들르는 곳이 2006년에 유
리창이 밝은 빌딩으로 다시 태어난 '자갈치시장'일 것이다(그
림 13). 1층에는 활어를 비롯해 어패류를 취급하는 도·소매상
점 300곳 이상이 서로 경쟁하듯 영업하고 있다. 가게 앞에 진열
된 생선이나 수조 안에서 헤엄치는 활어를 보면서 통로를 걷다
보면 "넙치가 맛있어요!""오징어, 어때요?"하고 일본어로 말을
걸어온다. 2층에는 횟집과 건어물 상점이 영업하고 있다. 1층에

그림 13 현재 자갈치시장 모습
곡선형 지붕은 갈매기가 날개를 펼친 모습을 형상화했다고 한다. 갈매기는 부산항의 상징이다.
1982년에 크게 유행했던 대중가요 〈부산갈매기〉는 현재도 이 지역 야구 구단인 '롯데 자이언츠'의
응원가로 경기 때마다 불리고 있다.

서 산 활어를 2층에서 회로 손질해주면 부산항과 대안인 영도를
바라보면서 회를 즐길 수 있다.

자갈치시장이 있는 남포동은 일제 강점기에는 '미나미하마'라
고 일컬어졌다. 관부 연락선 부두에서 북쪽(초량, 부산진 방면) 매
립지인 '기타하마北浜'를 기준으로 미나미하마南浜가 된 것이다.
지금의 '북항', '남항'이라는 이름과도 대응하고 있다. 특히 '미나
미하마 1초메丁目'(1가, 현재 남포동 일대)는 부산어시장(1935년에
'오하시大橋초'로 이전)과 대기업 수산 회사 '하야시카네 상점'의
부산 지점을 비롯해 건어물을 거래하는 상점, 어구를 판매하는
상점 따위가 다수 모여 있던 수산 관련 구역이었다. 그러나 현
재 자갈치 지구(남포동 4가, 5가, 6가)는 쇼와(1925) 전에는 바다

였다. 1932년(쇼와 7년)에 매립 공사가 완료되어 '쇼와 거리'라는 이름이 붙었지만, 상업적인 발전을 보이지 못한 상태에서 일본이 패전을 맞았다.

8·15 해방 뒤에 일본을 비롯해 국외에서 조국으로 귀환한 100만 명이 넘는 조선인들이 부산의 부두에 내렸다. 드디어 조국 땅을 밟았지만 재산도 없이 고국행을 선택한 그들은 자신이 태어난 고향으로 돌아갈 수 없는 처지가 많았다. 하지만 부산 중심가에 있었던 일본인 주택 대부분은 '적산가옥敵産家屋'으로 몰수된 뒤 소유자와 연고가 있던 한국 사람에게 이미 팔려버렸다. 그래서 옛 일본인 거리에 남은 요정 따위가 귀환한 사람들의 '임시 수용소'로 할당되었다. 부산 인구가 28만 명 정도였던 이 시기(1945년)에 귀환한 사람들 가운데 8만 명 정도가 이런 임시 시설에서 구호를 받았다고 한다(박원표,《부산의 고금》, 1965).

그리고 옛 미나미하마의 수산 관련 지구에 인접한 옛 쇼와 거리의 해안이 그러한 귀국자들의 생활 터전 가운데 하나가 된다. 이곳 부산에서 어떻게든 자리를 잡아야 하는 사람들에게 즉각 시작할 수 있는 일은 밑천이 들지 않는 어패류 소매상이었다. 그들은 점포를 가지고 있지도 않았기 때문에 매립지 해안에 있는 공터에 판자를 놓고 그 위에 생선을 늘어놓고 팔았다. 비와 햇볕을 가릴 지붕도 없는 문자 그대로 노천 장사였다. 그런 '아지매'들이 운영하던 간이 노점이 그 일대에 많이 생겨나면서 자연 발생적으로 시장이 형성되었던 것이다(그림 14).

그림 14 **한국전쟁 시기의 자갈치**
있는 재료를 모아 만든 간이 노점이 해안에 즐비하게 나와 있다. 한 아지매가 노점 밑으로 내려가 물에 담가둔 바구니에서 생선을 꺼내고 있다. 노점에는 식사를 하는 사람이 있다. 식당인가?(정영태 시집, 《자갈치 아지매》).

부산과 곰장어

해방된 뒤 국외에 있다가 돈 한 푼 없는 몸으로 귀환해 자갈치에서 노점 장사를 시작한 사람들 가운데 먹장어구이로 눈을 돌린 사람들이 있었다. 아니, 처음에는 자신들이 먹으려고 먹장어를 받아왔을지도 모른다. 먹장어는 일반 생선과 달리 살이 조금 딱딱해서 소 곱창을 먹을 때처럼 양념으로 밑간을 해서 석쇠나 철판에서 일단 조리해보았다. 꼬치구이로 하기보다 손이 덜 가기 때문이다. 시험 삼아 노점에서 팔아보았더니 싼 가격 때문인지 자갈치를 드나드는 사람들 사이에서 차츰 소문이 나기 시작했다. 그런 '역사'가 있었던 것일까.

먹장어는 껍질을 벗긴 다음에도 한참 동안 계속 꿈틀거릴 정도로 강한 생명력이 있다. 잘게 썰어놓아도 잠깐 동안은 꿈틀꿈틀 움직인다. 게다가 단백질이 많고, 특히 피로 회복과 자양강장에 좋은 음식으로서 항만 노동 같은 일에 종사하는 남자들 입맛에 딱 맞는 '안주'가 되었다. 일을 마치고 나서 소주와 함께 곰장어를 먹으면서 하루의 피로를 풀고 내일을 위한 활력을 보충하는 것이다.

부산 노동자들이 즐겨 먹는 술안주였던 먹장어구이는 현재 서울에도 진출해 있다. 그러나 역시 항구 도시 부산의 뒷골목에 있는 포장마차에서 소주를 곁들이면서 먹어야 제맛이다.

가수 서유석이 부른 〈김 과장의 꿈〉이라는 대중가요가 있다 (1990년 발표). 산간에 있는 작은 학교 선생이 되고 싶은 꿈을 갖고 있던 청년은 나중에 도회지로 나가 직장인이 되었고 지금은 출세해서 과장으로 승진했다. 그러나 문득 청춘 시절 꿈을 돌이켜보는 밤이 있다. 먹장어구이가 잘 어울리는 포장마차 분위기도 잘 전해주는 노래다.

지친 발걸음, 별빛 없는 밤
곰장어 포장마차에서 딱 한 잔만
오.오.오, 거친 바람 속에
지금은 작아진 내 젊은 날의 꿈

아아아, 고개 넘어가는

늙은 그림자와 야윈 내 마음

　부산에서 먹장어 전문점이 많은 곳은 자갈치 말고도 초량동, 수정동(모두 부산시 동구), 동래온천(부산시 동래구) 등이 있다. 동래온천에서는 자양강장 요리로 온천 손님에게 먹장어구이를 제공했을 것이다. 한편 초량동, 수정동 쪽은 부산항과 부산역, 초량역에 가까워 항만과 철도 관계 운송 회사, 하역 회사가 많은 지역이라는 점에서 손님은 주로 하역 관계 노동자들이었다.

　항구에 드나드는 배에서 나는 기적 소리가 들려오는 초량동 한쪽 모퉁이, 큰길에서 조금 들어간 도로 양쪽으로 먹장어 전문점이 즐비하다. 해질 녘 일터에서 퇴근한 손님들로 북적인다. 어느 점포나 입구 간판에 한결같이 '원조'라고 써놓았다. 하지만 점포나 손님이나 어디가 진짜 원조인지 따위는 크게 개의치 않는 듯하다. 음식이 맛있으면 그만이고, 그 맛있는 음식에 입맛을 다시면서 손님이 모여들 뿐이다. 그 가운데 "50년 전통"이라고 쓰인 간판이 있는 '경북 꼼장어'가 있다. 주인은 이차연 씨. 1930년생이니 할머니다. 이차연 할머니가 가게를 시작한 때는 해방된 뒤 열여덟 살에 결혼해서 대구에서 부산으로 나온 해였다고 한다. 시댁 쪽 친척 누군가가 이미 초량에서 먹장어 노점상을 하고 있었다. 먹장어뿐 아니라 고래고기나 멍게도 메뉴에 들어 있었다. 할머니는 금세 일을 배워 자기 가게를 낸 것이다. 할머니의 출신지 대구는 경상북도 도청 소재지(였)다. 그래서 가게 이름을 '경북'으로 했다고 한다.

이차연 할머니가 가게를 열었던 1948년에는 이미 친척이 먹장어 노점을 초량에서 하고 있었기 때문에 그보다 전인, 그러니까 해방 직후에 이미 먹장어 음식이 자갈치 지역뿐 아니라 부산 여기저기로 확산되었음을 확인할 수 있다.

여기까지 먹장어구이의 '기원'을 더듬어오면서 알게 된 사실은 1930년대 후반인 태평양전쟁 시기부터 해방 직후의 혼란기, 그리고 부산에 피난민이 밀려들어온 한국전쟁 시기에 걸쳐 먹장어를 닮아 억척스러운 생명력을 가진 사람들이 식량난과 생활고 안에서 먹장어를 식재료로 '발견'했다는 것이다. 처음에는 먹장어가 좋아서 먹지는 않았을 것이다. 하지만 언제부터인가 먹장어를 좀 더 맛있게 먹을 수 있는 방법은 없을까를 어려운 생활 속에서도 이리저리 고민하다가 '레시피'를 고안해내서 요리 '창작'을 즐기게 된 사람들의 모습이 떠오른다. 또한 그 보급에는 먹장어 피혁 제품의 사업화를 추진한 일본인들의 간접적인 역할도 있었다. 그리고 먹장어구이가 더욱 널리 보급되는 배경에 있었던 한국전쟁 시기의 부산. 그 격동기를 사람들은 부산 거리에서 어떻게 살았을까. 다음 장에서 살펴보겠다.

제3장

임시 수도
부산 피난민의 생활 기록
— 한국전쟁 외중에

물지게를 지고 가는 아이
2002년에 부산시 중구청이 40계단(110쪽 참조)을 중심으로 '40계단 문화 관
광 테마 거리'를 조성해서 한국전쟁 시절에 부산으로 피난 내려온 사람들이
겪은 생활 애환을 표현한 조각 등 기념물을 설치했다. 사진은 그러한 조각 가
운데 하나. (이현우 작품)

굳세어라 금순아

한국 록 가수 강산에(1965년생)가 부른 유명한 노래 가운데 〈라구요〉라는 곡이 있다. 한국전쟁 시절 지금의 북한에서 '남쪽'으로 피난 내려온 부모의 이야기를 담은 노랫말이다. 그 1절에서는 아버지가 고향을 그리워하는 마음을 소주로 위로하는 모습이 그려지고, 2절에서는 어머니의 마음이 그려진다.

눈보라 휘날리는 바람 찬 흥남 부두
가보지는 못했지만
그 노래만은 너무 잘 아는 건
우리 어머니 레퍼토리

그 중에 십팔번이기 때문에, 십팔번이기 때문에.

남은 인생이 남았으면

얼마나 남았겠니 하시고

눈물로 지새우시던 내 어머니

이렇게 얘기했죠.

죽기 전에 꼭 한 번만이라도 가봤으면 좋겠구나, 라구요.

— 〈라구요〉 노랫말 2절

이 2절 노랫말 서두에는 '어머니의 십팔번'으로 현인이 부른 〈굳세어라 금순아〉라는 노래 가운데 한 구절이 그대로 인용되어 있다. 그 노래는 휴전협정이 체결된 1953년에 발표되었다. 남쪽으로 피난 내려오는 도중에 헤어진 여동생 '금순'을 생각하며 마음 아파하는 주인공의 심경이 절절하게 그려진다. 그 노래는 한국전쟁 시절을 살았던 많은 사람의 마음을 대변함으로써 국민적인 인기곡이 되었다. 그리고 〈라구요〉에서의 어머니가 그 노래를 부른 이유다.

1.

눈보라가 휘날리는 바람 찬 흥남 부두에

목을 놓아 불러봤다. 찾아를 보았다.

금순아, 어디로 가고 길을 잃고 헤매었더냐.

피눈물을 흘리면서 1·4 이후 나 홀로 왔다.

2.

일가친척 없는 몸이 지금은 무엇을 하나.

이 내 몸은 국제시장 장사치기다.

금순아, 보고 싶구나. 고향 꿈도 그리워진다.

영도다리 난간 위에 초생달만 외로이 떴다.

3.

철의 장막 모진 설움 받고서 살아를 간들

천지간에 너와 난데 변함 있으랴.

금순아, 굳세어다오. 남북통일 그날이 오면

손을 잡고 웃어 보자. 얼싸안고 춤도 추어보자.

― 〈굳세어라 금순아〉(작사 강해인, 작곡 박시춘)

노래 〈굳세어라 금순아〉에는 전쟁과 피난 생활에 대한 기억이 아로새겨진 키워드가 몇 개 담겨 있다. 노랫말의 밑줄 친 부분 '흥남부두', '1·4', '국제시장', '영도다리'에 초점을 맞춰 한국전쟁 시절 '임시 수도 부산'과 사람들의 이야기를 더듬어가면서 살펴보겠다.

한국전쟁 '1·4후퇴'

강산에의 〈라구요〉 노랫말 2절에 〈굳세어라 금순아〉 1절 노랫말이 그대로 인용되어 있다. 그만큼 이 노래가 세대를 초월해 한국에서는 잘 알려져 있다는 반증일 것이다. 여동생 '금순'을 찾아다니는 오빠의 심정을 노래한 노랫말로 이해해야 한다. 이 노래가 너무나 유명해서인지 그 뒤에도 같은 제목을 붙여 영화나 텔레비전 드라마도 만들어졌다고 한다.

그러면 〈굳세어라 금순아〉 이야기를 이해하기 위한 배경으로 한국전쟁에 대한 간단한 관련 연표를 정리해보겠다(조선사연구회 편,《조선의 역사 신판》등).

1945년 8월 15일　일본 항복, 조선 해방

　　　　9월 2일　맥아더 장군, 38선을 끼고 미국·소련이 협의한 남북 분할 점령책 발표

1948년 8월 15일　대한민국 수립(대통령 이승만)

　　　　9월 9일　조선민주주의인민공화국 수립(수상 김일성)

1950년 6월 25일　한국전쟁 발발, 공화국 인민군이 38선 이남으로 남하

　　　　6월 27일　미 대통령, 미군에 출동 명령

　　　　6월 28일　인민군, 서울 점령

　　　　8월 18일　인민군의 남진이 계속되어 부산이 한국 '임시 수도'가 됨(10월 27일까지).

　　　　9월 15일　유엔군, 인천상륙작전

　　　　9월 28일　유엔군, 서울 탈환. 10월 이후 계속 북진

　　　　10월 25일　중국 인민지원군 참전

　　　　12월　유엔군, 평양·흥남에서 철수

1951년 1월 4일　인민군, 중국군, 서울 함락

한국 정부, 다시 부산으로 피난. 노랫말에
나오는 '1·4 이후'란 '1·4후퇴 이후'라는 뜻
이며 이때 일을 가리킨다.

　　3월 14일　한국군, 서울 재탈환

　　7월 8일　개성에서 휴전회담 시작

1953년 7월 27일　휴전협정 조인

　인민군이 처음으로 남하를 개시한 때가 1950년 '6월 25일'이
라서 한국에서는 한국전쟁을 '6·25 전쟁'이라고 하는 경우가
많다고 한다. 인민군이 갑자기 쳐들어오고 한국 정부가 서울 시
민에게 피난하라는 명령을 적절히 내리지 않은 데에서 생긴 혼
란, 그리고 한국군이 서울에서 철수할 때 서울 남쪽을 흐르는
한강에 있던 유일한 다리를 폭파했기 때문에 서울에서 피난하
지 못한 시민들이 많았다.

　8월 초에는 남하하는 인민군에 쫓긴 한국군과 유엔군이 부산
을 중심으로 한 한반도 동남단으로 밀리는 정세가 되었다. 그
열세를 만회한 계기가 유엔군이 펼친 인천상륙작전이었다. 서
울을 탈환한 유엔군과 한국군은 10월 초에 북위 38도 선을 넘어
평양에서 다시 북진을 계속했다. 그러나 10월 25일에 중국 의용
군(실제는 중국 정규군)이 참전하면서 중국 국경까지 밀어붙였던
유엔군과 한국군은 10월 28일에 다시 38선까지 전면 퇴각을 결
정했다. 이 와중에 서부 전선에서는 '평양 철수' 작전이, 동부 전

선에서는 '흥남 철수' 작전이 실시되었다.

〈굳세어라 금순아〉1절 노랫말에 나오는 '눈보라가 휘날리는 바람 찬 흥남 부두'란 바로 이 미군을 주체로 한 '흥남 철수 작전'에 얽힌 내용이다. 흥남은 함경남도(현재 북한)에 있는 임해 공업 도시다. 일본이 통치하던 1920년대 말에 '조선질소비료주식회사'의 화학비료 공장이 건설된 일을 계기로 조선 동북부의 중화학 공업 지대에서 중심 도시가 되었다.

흥남 철수

흥남 철수 작전은 흥남을 중심으로 한 지역에 방위선을 구축하여 진격을 계속하는 중국군을 저지하면서 그동안 동부 전선에 고립되어 있던 미군 제10군단과 한국군 제1군단 병력 약 10만 명과 전차, 장갑차 같은 군용 차량, 전략물자를 흥남 부두에서 해상 철수시키는 작전이었다. 흥남항에는 철수하는 병사들과 물자를 수용하는 200척의 수송선, LST(전차양륙함. 해안에 착안해서 전차, 차량, 병사 등을 적 앞에 상륙시킨다) 따위가 동원되었고, 한편으로 바다에는 미 해군의 항공모함 일곱 척 외에 전함, 순양함, 구축함 등이 배치되어 흥남을 포위하려고 다가오는 중국군 측에 함포사격과 함재기 폭격을 계속하면서 방위선을 가까스로 유지하고 있었다.

이런 가운데 유엔군이 '남'으로 퇴각한다는 소문을 들은 피난민들도 잇따라 흥남 부두로 밀려들어 그 수가 10만 명에 이르

그림 15 **흥남 부두**
흥남 해안에서 LST(왼쪽) 승선을 기다리는 피난민들. 목조선으로 피난해온 사람들 모습도 보인다.
촬영일은 1950년 12월 19일. (미 국립공문서기록관리국 NARA 공개 자료)

렀다(일설에는 30만 명이라고도 한다). 그러한 혼란 속에서 헤어
진 부모와 자식이 서로를 찾아 소리쳐 부르는 소리가 여기저기
서 들리면서 흥남 부두는 수습할 수 없는 상태가 되었다. 남쪽
원산도 이미 중국군과 인민군의 지배 아래에 들어갔다는 말을
듣고서 허둥지둥 어선 같은 목조선으로 남하하는 사람들도 있
었지만, 섭씨 영하 30도에 이르는 추위와 굶주림 속에서 며칠씩
배를 기다리다가 목숨을 잃는 사람들도 있었다. 군은 피난민들
도 군용 함선에 승선시켜 구출하기로 했다. 12월 12일부터 크리
스마스이브 전날인 23일까지 피난민을 포함한 철수 작전은 계

속되었다. LST 한 척에 정원의 열 배가 넘는 피난민들을 억지로 태웠다(그림 15). 마지막 철수가 완료되자 유엔군은 흥남 부두를 함포사격으로 파괴했다.

1958년에 서울대학교 법과대학(법학부)에 입학한 동창생들이 모여 자신들이 겪은 한국전쟁 체험을 모아 《6·25와 나》(2010)라는 책에 담았다. 전쟁 발발 당시 초등학교 5학년 전후였던 사람들이다. 그 가운데 한 사람인 김영희 씨가 쓴 글(〈개마고원에서 거제도까지〉)에 흥남에서의 피난 이야기가 나온다.

당시 열두 살이었던 김씨는 가족과 함께 흥남에서 LST에 탔다. 함포사격 빈도가 전보다 빨라지기 시작하고 있었다. 그 광경을 보고 중국군과 인민군이 포위망을 좁혀오고 있음을 알았다. 거리 여기저기에 포탄이 떨어지고 큰 폭발음도 이따금씩 들렸다. 해안에 정박한 LST 함수 문이 열리자 피난민들은 허리까지 바닷물에 빠지면서 물밀듯이 배로 뛰어들었다. 전차와 차량으로 가득 찬 갑판을 지나 병사용 선실로 들어갔다. 안에는 몸을 움직일 수도 없을 정도로 사람들이 빼곡하게 들어차 있었다. 그래서 병사가 입구에 서서 피난민들을 향해 공을 던지듯 주먹밥을 던져주었다. 너무 많은 사람을 태운 배는 다른 배로 견인하듯 끌려가서 겨우 부두를 벗어날 수 있었다. 배는 묵호항(현재 강원도 동해시)에 도착했고, 사람들은 거기서 모두 내렸다. 그제야 피난민들 사이에 안도감이 퍼졌다. 그 뒤 김씨 가족은 다시 통통배로 갈아타면서 포항, 부산을 경유해 수용소가 있는 거제도에 도착했다. 연초면에 있던 수용소 주변에는 피난민들의 사정을 알고 방을 빌려주거나 식사를 넣어주는 마을 사람들도 있었다. 거제도는 '구제도救濟島'였다고 김씨는 당시를 회상했다.

판잣집

피난민들이 밀려든 부산은 당시 어떤 상황이었을까. 부산의 인구 추이에 대해 먼저 살펴보자(부산시 통계연보).

1945년   28만 1160명
1949년   47만 750명(1950년 통계는 없다.)
1955년   104만 9363명

해방 뒤 10년 동안 부산 인구가 두 배로, 또 그 두 배로 불어났음을 알 수 있다. 1949년 수치는 일본 패전과 더불어 국외에서 귀환한 사람들 가운데 상당수가 부산에 정착했음을, 그리고 1955년 수치는 1950년부터 시작된 한국전쟁에서 부산으로 피난 온 사람들 가운데 상당 부분이 휴전이 된 뒤에도 그대로 부산에 눌러앉았음을 보여주고 있다.

한국전쟁이 시작되면서 부산으로 피난 오는 사람들이 급증했지만, 특히 1950년 12월에 있었던 '평양·흥남 철수' 뒤에는 남쪽 피난민뿐 아니라 함경도, 황해도, 평안도 같은 '북'에서 온 피난민도 합세해서 부산 인구는 더 늘었다. 이듬해인 1951년 2월에 실시된 조사에 따르면 일반 시민은 88만 9000명, 그리고 구호 대상이 된 피난민은 40만에서 50만 명을 헤아렸다고 한다(앞의 책, 〈부산의 고금〉). 일제 강점기 말 인구가 일본인을 합쳐서 30만 명이 채 안 되었던 부산은 밀려드는 피난민들을 받아들이면서 단번에 100만 명이 넘는 '대도시'가 되었다. 도시 기능을 초월하는 그러한 과도한 인구밀도는 주택, 식량, 실업 같은 여러 가지 심각한 문제를 야기했다.

정부와 시는 합동으로 시내에 있는 모든 주택을 조사해서 피난민들을 받아들일 수 있는 집을 확보했지만 그 수가 절대적으로 부족했다. '아카자키赤崎'(당시에는 일제 강점기 때 쓰던 이름이 그대로 사용되었다. 현재 남구 우암동)와 영도, 서면, 범일동, 동래 등지에 있는 창고나 공장이 임시 수용 시설이 되었고, 거기에다 공터를 이용해 새로 수용 시설을 만들었다. 그 가운데에서도 전에 일본군이 쓰던 병영이나 가축 검역소가 있었던 아카자키 지구는 이용할 수 있는 시설도 비교적 많았기 때문에 수용소 규모도 커서 3만 명 정도가 생활했다고 한다. 시내에 있던 수용 시설은 전부 40군데 남짓, 수용 인원은 7만 명 정도에 머물렀다(부산일보사, 《비화 임시수도 천 일》, 1983).

수용소에 들어가지 못한 많은 피난민들은 빈 땅이 있으면 길가든 산 중턱이든 가리지 않고 어디든지 땅을 파서 움막 같은 가건물을 짓기 시작했다. 미군이 버리고 간 '레이션ration'(야전음식) 상자와 기름종이, 그리고 기둥 대용이 되는 자재나 판자 따위를 이용해서 비와 이슬만 피할 수 있는 '주거'를 지었던 것

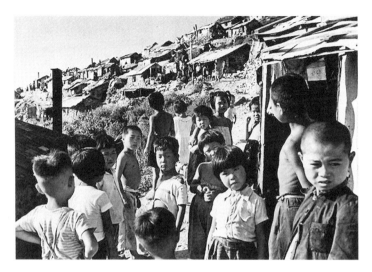

그림 16 피난민촌에 있는 판잣집
산자락에 다닥다닥 달라붙듯이 판잣집이 서 있다. 산 위에 있는 마을이라 '달동네'라고도 했다. (사
진작가 정인선 작품, 〈피난민촌 아이들〉, 1952년, 부산시립미술관 소장)

이다. 이런 집을 '판잣집'이라고 한다. 빈 상자를 이용해서 지은
상자처럼 생긴 작은 주거라고 해서 일본어 '하코箱'에다 한국어
'방'을 붙여 '하코방'이라고 하기도 했다.

부산 시가지는 부산항 근처까지 산자락이 뻗어 내려오는 지형
이라 평지가 적다. 피난민들이 판잣집을 지은 곳은 주로 시가지
의 배경처럼 에워싸고 있는 산의 경사면이었다. 천마산(서구 남
부민동, 초장동 방면), 아미산(서구 아미동 방면), 구덕산(서구 서대
신동 방면), 보수산(중구 보수동, 영주동 방면), 구봉산(동구 초량동,
수정동 방면) 등지의 산자락에는 빈틈이라고는 찾아볼 수도 없을
정도로 다닥다닥 판잣집이 세워졌다(그림 16). 지금도 부산을 찾

그림 17 **산 중턱 도로**
산 경사면에 있는 피난민촌 사이를 이어주던 길을 나중에 확장해서 정비했다. 사진은 '망양로'라는 이름이 붙은 현재의 산 중턱 도로. 지금도 산의 급경사면에 집들이 빼곡하다. 부산시 동구 수정동.

그림 18 **40계단**
한국전쟁 시기에 이 계단을 지나 사람들이 물동이를 이거나 물건을 짊어지고 산 위에 있는 피난민촌까지 왕래했다. 계단 위에 있는 길에는 당시 자료를 전시한 '40계단 문화관'이 있다. 부산시 중구 중앙동.

는 사람들의 눈길을 끄는 광경이라면 산자락에 빼곡하게 들어찬 집들일 것이다. 또한 산 경사면 중간쯤에 등고선을 그리듯이 '산 중턱 도로'가 뚫려 있다(그림 17). 주택은 현대식으로 바뀌었지만 그 지역 대부분은 '판자촌'이었던 곳이다.

김창수가 쓴 《내가 겪은 6·25》(2007)에 판자촌에 대한 글이 나온다. 김씨 일가는 교사였던 아버지와 함께 휴전 뒤인 1954년

6월에 거제도의 피난민 수용소를 나와 부산으로 옮겼다. 자갈치에 도착한 다섯 식구는 얼마 되지 않는 가재도구를 손수레에 싣고 아미산 중턱에 있는 판자촌으로 가는 언덕길을 올라갔다. 도착한 집은 여섯 평 정도 되는 작은 판잣집이었다. 나중에 알게 된 사실이지만 남의 땅에 불법으로 지은 집이었다. 그런 사실도 모르고 아버지가 아는 사람을 통해 구입한 것이다. 피난민을 상대로 불법 주택을 싼값에 파는 장사가 그 무렵 성행했다. 아무튼 살아남는 일이 최우선인 시대였다. 부산의 산자락에 있던 판잣집 대부분은 그런 무허가 건축이었다. 무허가 판잣집을 지어 파는 장사를 하는 사람들은 잡히지 않으려고 낮에는 조용히 있다가 밤이 되면 집을 지었다. 한밤중에 망치 소리가 한바탕 들리고 나서 다음 날 아침에 일어나 집 주위를 둘러보면 어제까지 없었던 집이 몇 채나 지어져 있는 경우도 자주 있었다고 한다.

김씨 일가는 좁은 방에 짐을 풀고 일단 숨을 돌렸다. 밤이 되어 창문을 열면 부산의 야경이 화려하게 보였다. 이튿날 아침 그들은 이웃에 인사를 하러 나갔다. 주민들은 모두 피난민이고 경상도 사람도 있었지만 북한의 함경도, 평안도, 황해도 출신 사람들이 가장 많았다. 전국의 모든 사투리가 한자리에 모인 듯했다.

이윽고 겨울이 되었다. 차가운 바닷바람이 판잣집에 불어닥쳤다. '겨울에도 따뜻한 부산'이라고는 하지만 그래도 판잣집에서 맞는 겨울은 추웠다. 일본어가 그대로 남아 있는 '유단포'

(뜨거운 물을 채워 넣은 고무로 된 주머니 ─ 옮긴이)가 없이는 잠을 잘 수가 없었다. 남 탓 잘 하는 사람들이 '피난민들이 북에서 추위까지 몰고 왔다'고 할 정도로 그해 겨울은 추웠다. 산자락에 있는 상점에서 연탄을 사 오는 일이 열두 살이었던 김창수 씨가 맡은 '일'이 되었다. 익숙해지자 한쪽 어깨에 빨래판을 얹고 그 위에 연탄을 한꺼번에 열두 장이나 쌓아서 운반할 수 있을 정도가 되었다. 그 연탄으로 가족들은 따뜻하게 지냈고, 음식을 하기도 했다. 판잣집에서는 빼놓을 수 없는 연탄이었지만 연탄에서 나오는 일산화탄소 중독으로 일가가 사망하는 사고도 판잣집 여기저기서 일어났다. 또 방화 대책이 없는 판잣집에서는 작은 불씨로도 마을 전체가 모조리 타버린다. 그런 큰불이 부산에서는 몇 번이나 일어났다. 화재가 자주 일어나는 까닭은 '부산'이라는 지명에 '가마(釜)'라는 글자가 들어 있기 때문이니 '釜' 자를 '富' 자로 바꾸는 편이 좋지 않겠느냐는 논의가 진지하게 벌어질 정도였다고 한다(조선 시대에는 '富山浦'로 표기되기도 했다).

김씨 일가가 사는 판잣집은 그 이듬해에 토지 불법 점거를 이유로 부산시 당국이 철거해버렸다. 가족들은 시가 건설한 영도의 '후생주택'으로 옮겼다.

1952년 8월 26일, 《아사히 신문》 석간에 실린 〈최근 부산의 표정〉이라는 기사가 있다. 도미시게富重 특파원이 취재한 기사다.

시가지를 에워싼 산들은 어디를 봐도 중턱까지 가건물로 지은 작은 판잣집으로 채워져 있다. 도시 한복판에 있는 용두산 등 푸른 나무들로 덮여 있던 옛 모습은 찾아볼 수 없고 꼭대기까지 빼곡하게 오두막이 가득하다. 어떻게든 살아내려는 인간 본능이 이룬 억척스러운 장관이다. 시내에 있는 집은 대부분 다세대로 만원이다. 여관조차 붙박이 여행자가 묵는 상황이라 좀처럼 방을 찾을 수가 없다. 교외에 있는 집단 수용소 10여 곳에서 10만 명 정도 되는 피난민을 수용했지만 턱없이 모자라다. 밤에 뒷골목을 걷다 보면 하늘 아래 멍석 한 장으로 처마 밑에 모여 자는 부랑자들 모습이 어둠 속에서 꿈틀거려 흠칫 놀랄 때도 있다.

시민들은 물 부족으로 고생하고 있다. 인구 40만 명을 먹일 급수 능력밖에 없는 수도 시설이니 무리도 아니다. 시내를 몇 구역으로 나눠 3, 4일에 한 번꼴로 돌아가면서 급수를 하고 있다. 공동 수도 앞은 동그란 양동이를 든 여자들이 이룬 장사진이 아침부터 저녁까지 끊이지 않는다. 높은 언덕 위에 있는 판잣집까지 머리 위에 양동이를 이고 물을 길어 가는 여자들의 모습은 안타깝다(그림 18 참조). 큰 수레에 드럼통을 실은 물장수도 보인다. 석유통 하나(1말, 약 18리터)에 1,000원이 여름 시세. 겨울에는 500원 정도 내린다고 한다.

식량 배급이 있어도 물이나 연료 부족 때문에 취사도 만만치 않았다. 또 부족한 전력 사정도 심각했다. 부산에 중앙정부가 옮겨와 있었던 약 '1,000일' 동안 부산에서 일어난 일을 기록한

《비화 임시수도 천 일》에 '전력난'에 대한 기사가 있다. 그 기사에 따르면 전쟁이 일어나기 전부터 한국의 전력 사정은 이미 부족했다고 한다. 1948년 5월에 '북'에서 보내던 전기가 정지되었기 때문이다. 당시 조선에서는 수력발전소 대부분이 '북'에 있었고('수풍댐'이 유명하다.), 조선 전체 발전량 가운데 87퍼센트 정도를 '북'이 차지하고 있었다. 그곳에 전쟁이 일어나서 '남'에 남아 있던 얼마 안 되는 발전소도 점령당하거나 파괴되었기 때문에 한때는 부산에 있는 화력발전소에서 생산하는 2만 5000킬로와트와 미군 발전함 네 척에서 생산하는 1만 킬로와트에 의존해야 하는 사태가 되기도 했다. 한국전쟁에서 격전 가운데 하나로 알려진 '백마고지 전투'(1952년 10월, 강원도 철원군)는 '화천 수력발전소'를 둘러싼 쟁탈전이기도 했다고 한다.

부산에서는 당시 탄약이나 군수물자를 제조하는 공장으로 가는 전력 공급을 최우선시하여 일반 가정으로의 공급은 뒷전으로 밀려났다. 일반 가정에서는 급수 제한뿐 아니라 전력 공급도 제한되었다. 부산을 다섯 지구로 나누어 그 가운데 한 지구의 전력 공급을 24시간 멈춘다는 '5부제 배전'이 윤번제로 실시되었다. 그러나 배전되는 지구에도 하루 종일 전기가 공급되지는 않았다. 해가 지고 어두워진 시간부터 전기 공급이 시작되었다. 그러나 밤 10시나 11시쯤부터 20분, 30분 정도의 정전이 하룻밤 사이에도 몇 번이나 일어나는 일이 다반사였다. 물론 판잣집에는 전기가 들어오지도 않았다. 석유램프에 의지했는데 이 또한 되풀이되는 화재 원인 가운데 하나가 되기도 했다.

영도다리

〈굳세어라 금순아〉 2절 노랫말 가운데 "영도다리 난간 위에 초생달만 외로이 떴다"라는 부분에 나오는 '영도다리(영도대교)'는 부산의 중심가와 마주한 영도(절영도)를 잇는, 전체 길이 214미터에 이르는 교각이다. 일제 강점기인 1934년에 준공되었다(그림 19). 남포동(당시는 미나미하마초)과 영도 사이는 선박이 빈번하게 왕래하는 수로로 되어 있었기 때문에 항해에 지장이 없도록 다리 중간이 들리는 '도개교'로 시공되었다. 조선에서 유일한 도개교라는 이유도 있어서 영도다리는 부산의 관광 안내서나 그림엽서에 반드시 나올 정도로 명소가 되었다.

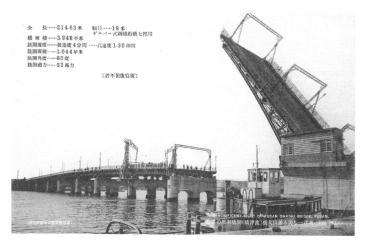

그림 19 **영도다리**
현재는 노후한 영도다리를 해체하고 도개교 복원 공사가 이루어지고 있다. 2013년 안에 준공 예정. 사진은 일제 강점기에 발행된 그림엽서다. '동양 제일을 자랑하는 부산대교 개교 찰나의 위용'이라는 설명이 붙어 있다.

여기서 '영도다리'라는 호칭에 대해 조금 설명을 덧붙여보겠다. 영도다리는 1934년 준공 시에는 '부산대교'가 그 정식 명칭이었다. 그리고 시대는 더 흘러 1980년에 교통량 증대와 차량 중량화에 대응할 수 있도록 영도다리와 병행해서 또 하나의 새로운 대형 다리가 건설되어 그 다리에 '부산대교'라는 이름을 붙이고 영도다리, 그러니까 옛 '부산대교'는 '영도대교'로 개칭되었다. 1953년에 유행했던 〈굳세어라 금순아〉에서도 그 다리를 '영도다리'라고 했기 때문에 일제 강점기(해방 이전)부터 부산에 사는 조선인들은 그 다리를 일본인이 붙인 '부산대교'라는 거창한 이름이 아니라 영도에 놓인 다리라는 소박한 뜻에서 '영도다리'라고 했을 것이다. 나중에 영도다리가 '영도대교'로 개칭된 이유는 호칭의 실태에 맞춘 변경이었다고 여겨진다.

〈굳세어라 금순아〉에 영도다리가 나오는 까닭은 한국전쟁 시기에 전쟁의 화를 면하고 부산을 향해 떠나온 피난민들 대부분이 '만약 도중에 헤어지게 되면 영도다리에서 만나자'고 약속한 특별한 장소였기 때문이다. 누구나 아는 장소라면 부산역도 좋았을 텐데 굳이 영도다리를 약속 장소로 정한 이유는 '여기'와 '저기'를 잇는 다리에 자신들도 보이지 않는 뭔가가 이어져 재회할 수 있으리라는 희망을 의탁했기 때문인지도 모른다.

'영도다리 난간 위에 초생달만 외로이 떴다.' 여동생 금순이를 만날 수 있을지도 모른다는 생각에 오늘 밤에도 약속 장소인 영도다리를 찾아온 오빠. 그러나 금순이를 다시 만날 수 없었다. 난간 위에 뜬 초승달은 헤어진 두 사람의 심정을 암시하고 있는 듯하다. 푸르고도 외로이 뜬 초승달을 향해 오빠는 '금순아!' 하고 불러보는 것이다.

재회를 약속한 장소인 영도다리에는 당시 찾는 사람을 적은 쪽지가 난간 여기저기에 붙어 있었다고 한다(그림 20). 또 가족과 재회할 수 없다는 슬픔과 '북'에 있는 고향으로 돌아갈 수 없다는 사실을 비관해서 다리에서 뛰어내려 자살을 기도하는 사람도 있었기 때문에 투신자살을 만류하는 내용이 적힌 표지판이 설치되어 있

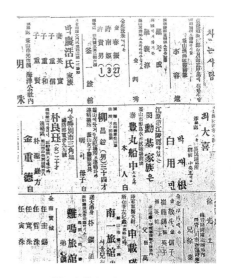

그림 20 '찾는 사람' 신문 광고
한국전쟁 시기에 일간지 《부산일보》에는 '찾는 사람'이라는 광고가 연일 게재되었다. 헤어진 가족과 친척의 이름, 출신지와 광고주 연락처가 적혀 있다. 연락처가 '태풍호 배 안'이라고 되어 있는 광고주는 '영도 수산시험장 앞'에 정박 중인 배 안에서 피난 생활을 하고 있었을 것이다(《부산일보》, 1950년 8월 10일 광고란).

었다고 한다. 《내가 경험한 6·25》에는 다음과 같은 이야기가 나온다.

1957년쯤 영도로 이사 와서 살고 있던 김창수 씨는 학비를 보태고자 《동아일보》 신문 배달을 시작했다. 이른 아침에 부산 시청(당시 시청은 영도다리 북단에 있었다. 현재 롯데백화점 광복동점이 있는 장소. 중구 중앙동) 쪽에서 영도다리를 건너 돌아갈 때면 술에 취해 다리 난간에 기대듯 웅크리고 있는 사람들이 몇 명이나 있는 광경을 자주 보았다. "단순한 취객이라고 보면 아무렇지도

않겠지만 모진 설움을 견디는 피난민들의 마음속을 상상해보면 그들이 웅크리고 있는 그 모습은 내 가슴에도 아픔으로 다가왔다."

또한 영도다리 밑에는 점술사들이 많이 모여 있었다. 유명한 점술사에게는 피난민들이 줄을 설 정도로 모여들었다. 이북에 있는 가족은 잘 있는지, 고향으로 돌아갈 날은 언제가 될지, 그리고 피난지 부산에서의 생활 중에 직면하고 있는 불안과 고뇌 같은 걱정거리를 상담하면서 미래를 물어보기 위해서였다. 자신도 피난민인 김씨는 "슬픔이 넘칠 정도로 새겨진 영도다리다"라고 그 단락을 마치고 있다.

국제시장

〈굳세어라 금순아〉노래에서 여동생 금순이를 찾아다니는 오빠는 피난지 부산에 있는 '국제시장'에서 장사를 하며 살아가고 있다는 설정이다. 분명 이 노래처럼 국제시장(그림 21)과 피난민은 떼려야 뗄 수 없는 관계에 있었다. 한국전쟁 시기의 부산을 말하려면 자갈치시장과 나란히 부산을 대표하는 또 하나의 시장인 국제시장에 대해서도 언급해야 한다.

현재의 국제시장(사단법인)은 건평 3,881평에 이르는 상업 빌딩 두 동과 1,500개에 가까운 점포에 입주자가 들어 있는 대규모 시장이다. 이곳은 취급하는 상품 종류별로 '공구'라고 일컬어지는 구획으로 나뉘어 있는데 1공구에는 가방, 문구, 공예품

그림 21 **국제시장**

대화재(1953년 1월) 이후 국제시장이 재건된 시기에 찍은 사진이 아닐까 여겨진다. 넓은 도로(옛 방화대) 양옆으로 상점이 늘어서 있고 거리 중앙에서는 노점상을 에워싸듯 사람들 무리가 형성되어 있다(박원표, 《부산의 고금》).

이, 2공구에는 주방 기기, 금속기, 안경점이, 3공구에는 침구, 의류가, 4공구에는 원단, 직물이, 5공구에는 가전제품, 기계 공구 같은 전문점이 각각 입주해 영업을 하고 있다. 자갈치시장과 마찬가지로 국제시장을 중심으로 주변 지구 전체가 상업지로 되어 있기 때문에 그 지역 전체를 '국제시장'이라고 하는 경우도 있다.

국제시장은 어떻게 형성되었을까. 이상섭이 쓴 《군세어라 국제시장》(2010), 차철욱이 쓴 논문 〈한국전쟁 피난민과 국제시장 로컬리티〉(2010), KBS 부산 재발견 제작 팀이 발간한 《부산 재발견》(2012) 등을 인용하면서 스케치해보겠다.

국제시장 빌딩이 있는 신창동(부산시 중구) 일대는 일제 강점기에 '니시西초'이라고 일컬어진 주택가로서 그 서쪽에는 '부평富平초 공설 시장'(현재 부평시장)이 있었다. '부산부釜山府'(일제 강점기 때의 행정기관)는 전쟁 말기에 미군 공습으로 발생한 화재 연소를 막고자 니시초 한 구획에 있는 주택을 철거해서 남북으로 길게 뻗은 넓은 공터를 만들었다. 일본 패전이 결정되자 부산에 살던 일본인들은 가지고 갈 수 없는 가재도구를 처분해서 조금이라도 많은 현금을 확보하려고 했다. 그래서 이 방화 띠 거리로 물건을 가지고 나와 공터 전체가 한동안 노천 시장이 되었다. 일본인이 경영하는 공장에서 생산되던 전시 통제 물자도 이 시장에서 대량으로 방출되었고, 또 9월에 주둔해온 미군 부대에서 흘러나오는 암시장 물자도 거래되기 시작해서 시장은 더욱 활기를 띠었다. 조국 해방을 맞아 일본을 비롯한 국외에서 귀환한 사람들 가운데에서도 여기서 장사를 시작하는 사람들이 생겼다. 이렇게 해서 화재 예방이 목적이었던 넓은 공터, 다른 말로 하자면 해방 직후 '질서의 틈새'에 시장이 자연 발생적으로 생긴 것이다. 현재의 국제시장 빌딩 전체가 남북으로 길게 뻗은 모양이 된 까닭은 그곳이 일찍이 방화 띠였기 때문이다.

이 시장은 해방 직후에는 구입자가 물건을 다투듯 서로 잡는 광경을 볼 수 있었다는 데에서 일본어 '도루取る(집다)'라는 말이 들어간 '돗테取って기 시장' 또는 '돗타取った 시장'이라는 이름으로 일컬어진 적도 있었다. 공유지와 불법 점거 점포에는 철거

명령이 자주 내려졌지만 상인들은 시 당국과 교섭을 하면서 영업을 계속했다. 그리고 1950년 5월에 '자유시장'이라고도 일컫어지던 시장 이름을 '국제시장'이라고 고쳤다. 미군 불하물자나 구호물자, 나아가서는 외국 항로 선원들이 가지고 들어오는 외국 제품들이 이 시장으로 흘러들어왔다. 명실공히 '국제' 시장이 된 것이다. 그러던 와중 1950년 6월에 한국전쟁이 발발했다. 부산에는 미군 파견 부대가 일본에 있던 주둔지에서 잇따라 도착했고, 전략물자가 부산항을 통해 들어왔다. 물론 암시장 물자도 그만큼 늘었다. 피난민 일부도 시장에서 장사를 시작하면서 국제시장은 더욱 활기를 띠기 시작했다.

앞에서 언급했던 《아사히 신문》 특파원이 취재한 부산 기사(1952년 8월 26일) 뒤에는 국제시장을 포함한 부산에 있는 암시장의 활기찬 모습이 생생하게 기록되어 있다.

거리 모퉁이에 돈다발이 들어 있는 자루를 든 아주머니들이 서 있다. 암달러상이다. 미 본국 달러는 1달러에 약 1만 6000엔(공정 환율 6,000엔). 외국 배가 입항하면 달러 가치는 대번에 오른다(외국 제품을 사려고 달러 수요가 높아진다). 그만큼 밀무역이 성행하고 있는 것이다. 시내에서 가장 번화가인 광복동(옛 헨텐弁天초)에는 카메라, 시계, 옷감, 장신구 같은 고급 외국 물건을 파는 상점이 즐비하게 있다. 물건이 적은 곳인 만큼 돈벌이 기회는 어디에나 굴러다닌다. 돈이 좀 있는 사람들은 비싼 옷에 고급 차를 타고 다니기도 한다. 빈부 차가 심하다. 신창동(옛 니시초)에 있는 국제시장은 수천 개에 이르는 노점상과 북적이는 사람들로 장관을 이룬다. 이곳 물건 가운데에도 밀무역이나 미 군용품, 유엔 원조물자가 불법으로 유출된 것들이 많다. 이곳 상인들은 대부분이 피난민으로서 절박한 상황에서 하는 거래이기 때문에 지금 부산 경제력의 대부분은 이 사람들이 쥐고 있다.

전쟁에 따른 사회질서 혼란 속에서 부산 거리에는 무질서한 틈새를 타고 일종의 혼돈에 휩싸인 '삶의 열기'가 넘치기도 했다. 패전 직후에 일본 각 도시에도 있었던 '암시장' 모습이다. 작가 사카구치 안고坂口安吾는 1948년에 "특공대 용사는 한낱 환영에 지나지 않고 사람의 역사는 암거래 장사에서 시작되지 않을까.'(〈타락론墮落論〉)라고 썼다. 어쨌거나 그렇게 해서 사람은 전쟁 폐허에서 살아남은 것이다.

배달되지 않은 편지 – 북쪽 사람들의 육성

그런데 지금까지는 부산에 피난 온 사람들의 생활을 주로 한국 측 자료에 의거해 서술해왔지만, 북쪽 사람들은 그 똑같은 시대를 어떻게 살았을까.《1950년, 받지 못한 편지들 조선인민군 우편함 4640호》(2012, 이하《조선인민군 우편함 4640호》)라는 책이 있다. 이 책을 엮은 이흥환은 2006년 1월부터 미국 국립공문서기록관리국(NARA)에서 한국전쟁 때 미군이 북한에서 노획한 문서를 보관 상자에서 하나씩 꺼내 목록을 만드는 작업에 몰두하고 있었다. 관계 문서가 보관되어 있는 상자 수는 1,000개가 넘었다. 끝이 없어 보이는 작업을 계속하던 2008년 11월 어느 날, 한국전쟁 당시에 조선인민군 병사가 고향에 남기고 온 가족에게 보낸 편지와 가족에게서 전선으로 보내진 편지 따위가 가득 들어 있는 상자를 발견했다. 그때 이씨는 "편지 다발 안에서 사람들이 쏟아져 나온 듯" 느꼈다고 한다. '아무리 방대하게 편찬된 전사戰史라 해도 뻔한 문구로 굳어진 역사서 따위가 흉내를 낼 수조차 없을 생생한 증언을 이 편지들은 들려준다.' 이렇게 생각한 이씨는 1,000통이 넘는 편지 하나하나를 훑어본 뒤 그것들을 《조선인민군 우편함 4640호》로 정리한 것이다. 이 편지들은 1950년 9월부터 10월에 걸쳐 발송된 것이 많았고, 평양 중앙우편국 소인이 찍혀 있는 점으로 보아 인천상륙작전 뒤에 미군이 평양을 점령했을 때 중앙우편국에서 노획된 것으로 추정되었다. 여기서는 《조선인민군 우편함 4640호》 가운데에서 두 통을 소개하겠다. 그 하나는 평양에 있던 군관학교에 다니는 아들이 평안남도 남포시에 있는 어머니에게 보낸 것이다.

어머님 그동안 어린 자식들을 시중하시기에 얼마나 큰 고생을 하십니까. …… 중략 …… 제 부탁은 어머님 어린 자식들 잘 기르시기에 힘드시겠지만 공습에 몸들을 주의하시고 병에 걸리지 않게 하고 있다 평화가 오면 씩씩한 몸으로 돌아갈 때는 반가이 만나길 꼭 약속합니다. …… 중략 …… 그리고 쌀 배급은 꼭 수속하세요. 리장한테도 부탁하였습니다. 증선 동무와 원섭 동무에게 소

식을 전하시오. 1950년 10월 7일

이 편지 봉투에는 어머니에게 보내는 편지 말고도 네 통의 짧은 편지가 들어 있었다. 어머니에게 보내는 편지에 나오는 친구 증선 앞으로 보내는 편지 내용은 이러하다.

만나지 못한 채 헤어지게 되어서 정말로 유감이네. …… 중략 …… 자네에게 하고 싶은 부탁은 어머니는 아들 셋을 (군대에) 보내고 많이 불안해하고 계실 테니까 (어머니를) 잘 위로해주면 고맙겠네. 한동안 공부한 뒤에 다른 곳으로 가게 되면 알려주겠네. 1950년 10월 12일

아들 셋을 군대에 보내고 어린 동생들을 혼자 키우는 어머니를 걱정하는 마음이 강하게 나타나 있는 편지다. 또 소개하고 싶은 편지 한 통은 평안북도 정주에 있던 공장에서 일하는 누나가 자강도에 있는 남동생에게 보낸 것이다.

어머니가 병환이 나셨다는 소식에 눈물이 앞을 가려 편지를 읽을 수가 없었다. 밤낮없이 어머니만 생각하고 있다. 정주가 폭격을 당해 공장은 납천으로 옮겼다. …… 중략 …… 나는 폭격을 세 번이나 경험하면서 죽는가 보다 싶었는데 다행히 무사하다. 지금도 하루 종일 비행기가 상공을 날아다니고 있단다. 그래도 전지에 있는 오빠(병사들)를 생각하면서 마지막 피 한 방울도 아끼지 않고

싸울 것이다. 이 낙천에도 폭격이 두 번이나 있었고, 일을 하다가 방공호로 들어갔다가 다시 나오는 일의 반복이다. 내 옷은 모조리 잿더미가 되어버렸다. …… 중략 …… 너는 몸조심하고 공부 열심히 하도록 해라. 1950년 9월 18일

《조선인민군 우편함 4640호》의 엮은이 이흥환은 그 안에서 "체제, 이념, 사상도 사람 앞에서는 때로 겸허해져야만 한다는 사실을 알고 있다"라고 썼다. 분명 이 편지들은 정권이 내세우는 전쟁의 대의명분이 어떤 것이든 북쪽 사람들 역시 가족을 생각하는 우리와 똑같은 '보통 사람들'이며, 전쟁에 시달리는 사람들이었음을 전하고 있다.

어느 실향민 2세의 이야기 – 피난민의 생활 기록

1953년 7월, 휴전협정이 체결되었고 한국 정부는 8월에 접어들어 부산에서 다시 서울로 돌아왔다. 그와 더불어 부산을 떠나는 사람들도 많았다. 〈굳세어라 금순아〉가 유행한 때와 같은 1953년에 남인수라는 가수가 부른 〈이별의 부산 정거장〉(작사 호동아, 작곡 박시춘)도 유행했다.

보슬비가 소리도 없이 비 내리는 부산 정거장
'잘 가세요' '잘 있어요' 눈물의 기적이 운다.
한 많은 피난살이 설움도 많아 그래도 잊지 못할 판잣집이여.

경상도 사투리의 아가씨가 슬피 우네.

이별의 부산 정거장

이러한 이별의 정경은 당시 부산역 플랫폼에서 수천수만 번 되풀이되었을 것이다. 그러나 이북 땅, 38선 북쪽에 고향이 있는 사람들은 그 고향으로 돌아갈 수가 없었다. 그러한 피난민에게 휴전협정 성립은 고향을 잃는 일이었다. 따라서 피난민은 '실향민'이라고도 일컬어지게 되었다.

이제부터 스스로를 '실향민 2세'라고 하는 A씨(본인 의사를 존중해 이니셜로 한다)에게 들은 이야기를 써보려고 한다. 한국에서는 김대중 정권이 탄생한 시기(1998년)에 '386세대'라는 말이 자주 사용되었다. '3'은 1990년대 말 당시에 나이가 30대이며, '8'은 1980년대에 대학생이었던 사람들, 그리고 '6'은 1960년대에 태어났다는 뜻을 지닌 조합이다. 컴퓨터의 CPU '펜티엄 386'을 빗댄 신조어였다고 한다. '1980년대에 대학생'이었다 함은 한국 민주화 운동에서 큰 역할을 했던 학생운동을 주도한 세대라는 뜻이다. A씨도 그 '386세대' 가운데 한 사람이다. 그는 1965년에 부산 영도에서 태어났다. 아버지는 평안북도 출신, 어머니는 경상남도 출신이다. 서울에 있는 대학에 진학한 이후로 부산을 떠나 서울에서 살고 있다. 현재 광고 관계 사무실을 운영하는 한편, 실향민인 아버지와 그 가족의 다큐멘터리 작품을 제작하고 있다.

필자는 서울 강남에서 A씨를 만나 이야기를 들었다. 차분하게 이야기를 할 수 있도록 A씨는 회의실을 빌려 인터뷰 장소로 준비해두었다. 빌딩 한 층에 반투명 유리로 칸막이를 한 밝은 방이 여러 개 있었다. 우리는 그 가운데 4인용 소회의실로 들어갔다. A씨는 노트북 컴퓨터를 인터넷 회선에 접속하고 나서 이야기를 시작했다. 모니터에는 한반도 전체 지도가 떠 있었다.

월남 – 평안북도 용천에서 서울까지

A씨의 아버지는 1934년생이다. 해방된 지 2년쯤 지난 1947년 7월, 열세 살 때 형제들이 모두 함께 38선을 넘어 남쪽으로 왔다.

할아버지는 1907년생으로 평안북도 용천(북한에서는 '룡천'이라고 한다)에서 지주였다. 용천은 중국과의 국경 도시, 신의주 바로 남쪽에 위치한다. 300정보(1정보는 1헥타르 정도)나 되는 넓은 논밭이 있었고, 게다가 가족이 기독교도였기 때문에 해방된 뒤 북에 들어선 정권 아래에서는 갈수록 운신이 힘들어졌다. 토지개혁으로 땅을 모조리 몰수당한 뒤 할아버지 가족도, 시집간 고모(아버지의 누나) 가족도 모두 신의주로 추방당했다. 그 뒤 다시 압박이 심해져서 장래를 걱정한 할아버지는 해주 출신 사람을 길안내로 고용해서 먼저 아이들을 남쪽으로 보내기로 했다. 교사를 하던 큰아버지(아버지의 형, 1947년 당시 21세)는 이미 서울 근교에 있었고, 조부모도 나중에 남쪽으로 갈 생각이었다. 큰고모(당시 25세) 부부, 둘째 고모(당시 24세) 부부와 아이, 막내 고모(당시 17세)와 삼촌(당시 14세) 그리고 아버지(당시 13세) 이렇게 10대부터 20대의 젊은 형제자매와 그 가족까지 여덟 명에다가 네 명이 더 가세했다. 열두 명으로 구성된 일행은 눈에 띄지 않도록 뿔뿔이 흩어져 각기 다른 역에서 경의선 기차를 탔다.

막내 고모는 부모와 헤어지기 괴로워 출발하는 당일 아침까지 울며 지냈다고 한다. 막내 고모는 배웅하러 나온 어머니와 남신의주역에서 기차를 탔는데 차 안에서는 탈출이 발각되지 않도록 서로 말도 나누지 않았다. 어머니는 기차가 다음 역인 양시역(현재 룡천역, 당시는 경의선의 지선에 속한 역)에 도착하자 혼자 내려 차창 너머로 눈길로만 막내딸을 보냈다. "조심해서 가라." "어머니, 건강하세요." 눈으로만 나눈 그 작별이, 그리고 어머니의 마지막 모습이 막내 고모의 눈에는 지금도 각인되어 떠나지 않는다고 한다.

각각 다른 차량에 나누어 타서 남하를 계속하던 일행은 미리 정해둔 대로 평양의 남쪽에 위치한 사리원에서 기차를 내렸다. 거기서 하룻밤을 보낸 다음 해주로 가는 기차로 갈아타고 황해에 면한 해주에 있던 어떤 안내인의 집으로 향했다. 해주에서 해안을 따라 38선을 넘을 예정이었다. 그런데 해주에서 막내 고모가 북쪽의 보안대 검문을 만나 '월남'을 의심받고 보안소에 연행되었지만, 큰고모가 '해주에 사는 친척을 방문하고 오는 길'이라고 극구 우겨 무사히 넘어갔다.

당시 해주는 남북 분단선 바로 북쪽에 있었다. 해주의 동쪽에 인접한 청단이라는 마을은 38선 남쪽이 된다. 앞장을 선 안내인의 뒤를 따라 형제자매는 분단선을 넘었다. 남자 형제는 산을 넘는 길이었다. 여자들은 간조가 되기를 기다렸다가 수건을 쓰고 조개를 캐는 것처럼 위장해서 해안을 따라 청단으로 향했다. 도중에 A씨의 아버지는 형과 함께 보안대에 잡혀서 일주일 구류를 살다가 석방되어 먼저 개성 수용소에 도착해 있던 여자 형제들과 합류했다. 개성은 한국전쟁 전에는 '남'의 관리 지역이었다(현재는 북한). 수용소에는 남으로 피난 온 사람들이 그 시기에도 이미 많이 있었다.

그 뒤에 아버지 동기간들은 모두 서울로 와서 서울역에 면한 남산 자락에 있는 후암동의 주택에서 셋방살이를 시작했다. 해방 전 후암동 일대는 일본인이 많이 살았던 곳으로서 해방된 뒤에 일본인이 살던 주택은 '적산가옥'으로 한국인에게 불하되었다. 지금도 일본식 주택이 군데군데 남아 있는 후암동을 해방 직후에 붙인 '해방촌'이라는 이름으로 말하는 사람도 있다. 둘째 고모는 후암동에서 남산으로 올라가 고향이 있는 북쪽을 멀리 바라보면서 부모님을 그리워하며 눈물로 나날을 보냈다. 형제자매는 남대문시장에서 사과 장사와 외국 담배 장사를 하면서 생계를 꾸렸다. 쉬는 날에는 영락교회에 다녔다(현재도 명동 근처에 있다). 이 교회는 월남해온 기독교도들이 모이는 교회였다. 신자들은 거기서 임시 주거를 정해 살거나 정보를 교환하는 등 서로를 도왔다. 교회는 낯선 땅에서 살아가야 하는 사람들에게는 유일하게 의지가 되는 곳이었다.

서울에서의 생활을 시작한 지 1년이 지났을 무렵(1948년) 할

아버지에게서 큰고모에게 편지가 왔다. 편지는 검열을 걱정해서인지 에둘러서 쓰여 있었다고 한다. '아버지(할아버지를 말함)는 몇 월 며칠에 묘울령(고개)을 넘어가다가 도적을 만나 부상을 입고 집으로 돌아왔다'는 내용이었다. 형제자매는 아버지가 38선을 넘으려다가 붙잡혀 북으로 돌려보내진 것이라고 그 편지를 해석했다. 그것이 할아버지에게서의, 아니 북에 있는 가족에게서의 마지막 연락이 되었다.

1950년 6월 25일에 한국전쟁이 발발했다. 서울 시민은 일제히 피난을 떠나기 시작했다. A씨의 아버지 동기간들은 경부선이 아니라 원주, 영주, 안동을 잇는 중앙선(서울-경주)을 따라 남하하지 않았나 하고 A씨는 생각하고 있다. 피난 도중에 자신들을 제치고 남하하는 인민군과는 반대로 북으로 퇴각하는 인민군 부대를 봤다는 이야기를 둘째 고모에게서 들었다. 전선이 복잡하게 움직이는 상황에서 큰아버지가 인민군이 눈엣가시로 여기던 교사를 했기 때문에 형제자매는 모두 신중하게 행동했다. 그들은 여기저기 숨어가면서 서서히 남하를 계속했다. 부산에는 최종적으로 1951년 '1·4후퇴' 때(101쪽) 퇴각하는 군인들과 함께 피난을 왔다고 한다.

피난민이 부산으로 밀려들 당시 부산에서는 큰 화재가 몇 번 있었다. 국제시장 대화재(1953년 1월), 부산역 앞 대화재(1953년 11월)를 비롯해 용두산 화재, 그리고 영주동 대화재. 그때마다 재난을 당한 사람들이 영도다리를 건너 영도로 많이 옮겨오기 시작했다. A씨의 아버지 식솔들도 부산으로 피난을 와서 바로 영도에 살지는 않았고 영주동이나 용두산 방면에서 살다가 화재가 있고 난 뒤에 영도로 옮겨왔으리라고 생각된다.

영도에는 여기저기 피난민들이 집단을 이루며 살았다. 그런 집단이 현재 부산대교 부근에 있는 대교동과 그 남쪽 구릉지대에 있는 영선동, 그리고 한진중공업에 가까운 봉학초등학교 뒷산인 청학동 등지에 있었다. A씨의 어머니가 이야기한 바에 따르면 '평안도 동네', '함경도 동네' 이런 식으로 동향인들이 모여 살았다고 한다. 집 부근에 청학시장이라는 곳이 있었는데, 지역 사람들은 이곳을 '천막시장'이라고 했다. 피난민들이 천막을 펼치고 시장을 시작했다는 데에서 그런 이름이 붙게 되었을 것이다.

부산 영도에 정착 – '요코' 공장의 일

A씨는 1965년에 영도 청학동에 있던 후생주택에서 태어났다. 그는 서울에 있는 대학에 진학할 때까지 거기서 살았다. 후생주택이란 부산시가 피난민들을 위해 건설한 규격 주택을 말한다. 연립주택처럼 몇 채가 이어져 있었다. 맞은편에도 같은 규격의 후생주택이 있어서 원산에서 피난 온 가족이 살았다. 한 가구당 건평은 일곱 평(23제곱미터), 집 앞에 두 평 정도 되는 마당이 있었다. 맞은편 집 앞에도 똑같은 마당이 있어서 하나로 연결된 마당은 아이들이 놀기에 좋은 공간이었다. 집은 방 두 칸이 일본식 장지문으로 나뉘어 있었다. 현관문에도 일본식 격자 유리

창이 있었다. 부엌은 안방 뒤에 한국식으로 만들어져 있었는데, 연탄용 아궁이와 장작을 때는 전통적인 부뚜막이 있었다.

A씨의 아버지는 스웨터를 짜는 작은 공장을 시작했다. 뭐가 되었든 의식주와 관련된 일을 하면 어떻게든 먹고살 수 있으리라고 생각했다고 한다. 결혼하기 전까지는 뜨개질 솜씨가 있었던 큰고모네 집에서 일을 했는데, 결혼 뒤에는 기계를 사들여 자기 집에 있는 방 하나를 작업장으로 만들었다. 나중에 집 뒤에 있던 판잣집을 사서 그곳을 작업장으로 만들었지만 규모는 말 그대로 '가내공업'이었다. 스웨터를 짜는 일을 한국어로는 보통 '편물'이라고 하는데 그 일을 하는 사람들은 모두 '요코'라고 말했다. 그 무렵 스웨터를 짜는 기계는 '수동 횡편기'였기 때문에 거기서 온 일본어일 것이다[일본어로 '가로(橫)'를 요코로 발음한다. — 옮긴이]. 요코 작업은 가이드레일을 탄 캐리어의 핸들을 두 손으로 잡고 좌우로 왕복시키면서 짜나가는 일이다. A씨는 아침부터 밤늦게까지 기계 앞에 서서 캐리어를 계속 움직이던 아버지의 모습이 떠오른다고 한다.

스웨터는 여성용이 많았는데, 아기 백일이나 돌 때 축하 선물로 주고받는 아기용도 있었다. A씨의 아버지는 일본에서 들어오는 패션 잡지를 참고로 해서 새로운 디자인을 고안해 히트 상품을 만들어낸 적도 있었다. 그러나 그것을 모방한 값싼 상품을 동업자들이 금방 만들어내기 때문에 장사로는 돈을 별로 벌 수가 없었다고 들었다. 또 미군에게 파는 스웨터도 만들었다. 부산에는 큰 미군 기지가 있었고, 함선도 자주 기항했다. 입항 예정 날짜가 정해지면 상륙하는 군인들이 쇼핑을 하러 들르는 국제시장 의류점에서 납품 의뢰가 들어온다. 그때부터 '요코' 공장이 갑자기 바빠진다. 국제시장에 점포를 내고 있는 사람들 가운데에도 북한 출신이 많았다. '다노모시賴母子講'(다노모시코의 준말, '계契'라는 뜻인데 일본어가 그대로 남아 있었다)를 만들어 장사할 자금을 융통하거나 같이 여행을 가는 등 단결심이 매우 강했다고 들었다. A씨가 첫돌을 맞았을 때 축하 잔치에도 국제시장에서 장사를 하던 이북 출신 상인들이 많이 와주었다고 한다.

1970년대도 막바지에 접어들면서 '요코' 일에도 그늘이 드리워지기 시작했다. 한국 경제도 성장해서 패션 기호도 많이 바뀌었기 때문이다. 공장 경영은 갈수록 어려워졌고, 폐업하는 동업자가 속출했다. 공장에서 일하던 사람들은 선원이 되거나 그 무렵에 시작된 외국 브랜드 수출용 운동화 제조 공장에서 노동자가 되기도 하면서 모두 뿔뿔이 흩어졌다. 그런 와중인 1980년에 A씨의 아버지가 세상을 떠났다. 마흔여섯 살이라는 젊은 나이였다. 마침 A씨가 고등학교 진학이 결정되었을 때였다고 한다.

아버지의 마음을 생각한다

A씨는 아버지에 대한 다큐멘터리를 제작하려고 가족에 관한 자료를 모았고, 또 고모들을 상대로 인터뷰를 해나갔다. 그 작업을 시작하게 된 계기 가운데 하나는 아버지의 출신지인 평안북도 용천에서 일어난 열차 폭발 사고였다고 한다. 2004년 4월

4일에 용천역 부근에서 초산암모늄(화성비료, 화약을 만드는 데 원료가 됨)을 실은 화물 차량이 대폭발을 일으켰다. 역을 중심으로 용천 거리는 큰 피해를 입었고, 161명에 이르는 사망자가 나왔다. 그 가운데 절반은 역 부근에 있는 용천초등학교에서 수업을 받고 있던 어린이들이었다. A씨는 그 뉴스를 보고 아주 기묘한 느낌이 들었다. 할아버지 사진조차도 본 적이 없어서 그 얼굴도 모르는 자신이 지금 사고로 일어난 참사를 전하는 위성사진으로 할아버지와 아버지가 살던 마을인 용천을 보고 있는 느낌이 들었던 것이다. 더구나 용천역은 둘째 고모가 할머니와 마지막으로 작별한 장소였다(옛 양시역). 이 사실 자체를 과연 어떻게 생각해야 할까. 만약에 아버지가 살아 계셔서 이 사고 보도를 보셨더라면 도대체 무슨 생각을 하셨을까. 60년이나 되는 세월 동안 전화 한 통, 편지 한 통조차 없이 조부모의 생사도 모르는 분단 현실. "아버지 고향을 보게 된 계기가 참사를 전하는 뉴스 사진이었다는 사실이 더욱 괴로웠습니다."

이 이야기를 듣는 필자의 마음도 왠지 찌릿해온다. 가족에게 큰 사건이 되어야 할 '고통'을 이런 식으로 아무 거리낌 없이 듣고 있어도 되나 싶은 생각도 들었다. 같이 와 있던 중학교 3학년이 되는 A씨의 아들이 회의실 접수처에서 커피를 받아다주었다. 그도 아버지 이야기에 말없이 귀를 기울이고 있다. 잠시 숨을 돌린 뒤에 필자는 다음 화제를 꺼냈다. "아버님은 고향에 대한 기억이나 할아버지에 대해 뭔가 이야기하신 적은 없었습니까?" 다시 A씨가 이야기를 시작했다.

할아버지 집은 경제적으로 여유가 있었기 때문에 막내이고 어렸던 아버지는 아무 걱정도 없이 밖에서 노느라 바빴다고 한다. 아버지에게 들은 고향 이야기 가운데에서 기억에 남는 부분은 일본 사람이 보수공사를 했다는 강에서 물놀이를 하던 일과 근처에 수정 광산이 있었다는 사실, 옥수수를 빻아 만든 국수를 동치미에 말아 먹었던 일, 겨울에는 추위로 소변까지 얼어버렸던 일 정도였다. 일본 사람과 교류가 있었기 때문에 아버지와 둘째 고모는 일본어에 능통했고, 일본 사람들처럼 자주 목욕을 하는 습관도 몸에 배 있었다. 고향 이야기는 아버지에게서 직접 들은 내용보다 명절에 가족과 친척이 모였을 때 고모들에게서 들은 이야기가 더 많을지도 모른다.

강산에가 노래한 〈라구요〉에 나오는 아버지처럼 소주를 마시면서 고향 이야기를 하는 일은 없었지만 고향에 한 번은 가보고 싶다는 아버지의 마음이 무의식중에 푸념으로 터져나왔지 않나 하고 돌이켜 생각하게 하는 사건이 몇 가지 있다.

그 하나는 1970년쯤에 있었던 일이다. 스웨터 공장에 있던 기계가 고장이 나서 부품을 사러 외출하는 아버지를 따라 범일동 방면으로 갔다. 1970년 7월에 경부고속도로가 전면 개통되어 때마침 한국에서 고속버스 운행이 시작되던 무렵이었다. 미국에서 대륙 횡단 장거리 버스를 운행하는 그레이하운드사가 출자하는 '코리아 그레이하운드 버스'도 한국 버스 회사에 섞여 영업을 시작했다. 본국에서 그대로 수송되어온 버스 차체에는 그레이하운드라는 개가 그려진 그림이 있었다. 바로 눈앞을 그레

이하운드 버스가 지나갔다. 아버지는 그 장거리 버스를 가리키며 "저 버스는 중간에 한 번도 멈추지 않고 이천 리를 달린단다"라고 어린 자신에게 가르쳐주었다. 그 기억을 오랜 세월 동안 잊고 지냈는데, 30대 중반인 어느 날 불쑥 떠올랐다. 그리고 아버지가 그때 말한 '이천 리'라는 거리가 부산에서 아버지 고향인 용천까지의 거리(780킬로미터 정도)와 거의 일치한다는 사실을 깨닫고 깜짝 놀랐던 것이다. 아버지는 늘 마음 어딘가에서 '이천 리 거리'를 의식하면서 부산에서 살았던 것이 아닐까.

또 하나는 아버지가 돌아가시기 얼마 전인 1978년인가 1979년쯤에 있었던 일이다. 스웨터 공장에서는 늘 라디오를 켜놓고 일을 했다. 어느 날 라디오에서는 보니엠Bonney M이라는 밴드가 부른 〈바빌론 강가Rivers of Babylon〉라는 곡이 흘러나왔다. 당시는 디스코 음악이 전성기였기 때문에 댄스 풍으로 편곡된 노래였다. 아버지는 중학생이었던 A씨에게 "이 노래는 〈구약성서〉 '시편' 내용이 그대로 노랫말에 담겨 있단다"라고 하면서 그 내용을 가르쳐주었다.

바빌론 강기슭,
거기에 앉아
시온을 생각하며 우네.
거기 버드나무에
우리 비파를 걸었네.
우리를 포로로 잡아간 자들이

노래를 부르라,

우리의 압제자들이 흥을 돋우라 하는구나.

"자, 시온의 노래를 한 가락

우리에게 불러보아라."

우리 어찌 주님의 노래를

남의 나라 땅에서 부를 수 있으랴?

......

―〈구약성서〉 '시편' 137편

바빌론이 침공을 받아 '포로' 신세가 된 이스라엘 백성이 고향 시온이 바라다보이는 바빌론 강가에서 고향으로 돌아가지 못하는 처지를 탄식하면서 언젠가 고향으로 돌아가리라 마음속으로 맹세하는 내용이다. 아버지 역시 긴 '타향살이' 가운데 남에게 말 못할 고민을 안고, 또 굴욕을 견딘 날도 있었을 것이다. 친한 친구들은 새로운 일을 찾아 하나 둘 서울로 떠나고 스웨터 공장 경영도 날이 갈수록 어려워지고 있었다. 신앙을 굳건하게 지키고 있던 아버지에게 또 하나의 고향이었을 교회 역시 더 이상 편안한 장소는 아니었을지도 모른다. 군사정권에 저항해 사회주의를 목소리 높이던 교회도 한국 경제성장과 함께 다투어 큰 성전을 건설하기 시작했고, 자산가가 그 자산을 발판으로 삼아 교회 장로로 선발되기도 했다. 아버지가 마음 편히 머물 곳은 어디에 있었을까.

A씨는 아버지가 눈물을 흘리는 모습을 한 번도 본 적이 없

었다. 그러나 아버지는 매일 아침 새벽부터 교회에서 기도하는 일을 일과로 삼고 있었는데 그 손에 쥐어져 있던 손수건은 늘 젖어 있었다고 나중에 어머니에게 들었다. 교회에서 만나 인연이 된 어머니와 결혼하기 전날 밤에 부모님의 행방도 모르고 형제자매도 결혼식에 참석하지 못하는 괴로운 상황에 놓여 있던 아버지는 빗속에 서서 말없이 울었다는 이야기도 들었다. 당시 한국에서는 경제적인 기반을 갖추지 못한 '월남민'은 결혼 기피 대상이 되기도 했고, 외가에서도 그 결혼을 탐탁지 않게 여기는 사람들이 있었다고 한다.

아버지와 함께 공장에서 일하던 사람들 가운데에도 '이북 사람'이 있었다. 1970년대가 되어도 여전히 공장에 있던 라디오에서는 '6·25'와 관계가 깊은 〈이별의 부산 정거장〉, 〈굳세어라 금순아〉, 〈단장의 미아리고개〉 같은 노래들을 자주 들을 수 있었다. 공장 종업원의 형은 미군 기지에서 흘러나온 미제 '야외 전축'을 공장으로 가지고 와서 다 같이 나훈아가 부르는 〈녹슬은 기찻길〉이라는 음반을 걸고 들었다. '휴전선 달빛 아래 녹슬은 기찻길. 전해다오. 고향 잃은 서러움을'이라는 노랫말이었던가. '녹슬은 기찻길'이란 휴전선으로 분단되는 바람에 기차가 달리지 않게 되면서 녹이 슨 레일을 말한다. 북에 있는 고향과 그곳에 있는 가족에 대한 그리움을 전할 길은 그 녹슨 철로밖에 없다. 아버지는 대중가요를 별로 좋아하지 않았지만 종업원들이 나훈아 노래를 듣고 향수를 달래는 그 마음만은 아플 정도로 이해했을 것이다.

실향민 2세로서

A씨와의 인터뷰는 어느새 세 시간 넘게 계속되고 있었다. 필자는 그 이야기를 녹음하면서 따로 기록도 했다. 필자가 이야기 내용을 잘 이해하지 못하고 있거나 한국어를 알아듣지 못하거나 하면 A씨는 그때마다 보충 설명을 해주면서 그 이야기를 반복해주었다. A씨 쪽이 훨씬 지쳤을 텐데도 그런 배려를 해줘서 송구스럽기도 했고, 또 기쁘기도 했다. 이제 필자가 듣고 싶은 이야기는 '실향민 2세'로서 A씨가 생각하는 바에 대해서였다. 한국전쟁 시대를 살고 그 뒤 타향에서 살아온 이북 사람의 경험과 생각은 현재 한국 사회를 살아가는 차세대에게 어떻게 받아들여지고 있을까.

"이북이라는 말이 있습니다"라고 A씨는 다시 이야기하기 시작했다. 다음은 A씨의 말을 옮긴 것이다.

어릴 때부터 '이북'이라는 말을 주위에서 수도 없이 들었다. '38선보다 북쪽'이라는 의미를 짧게 표현한 말일 것이다. '월남민', '실향민'이라는 말보다 '이북 사람'이라는 말을 훨씬 많이 들었던 것 같다. '실향'이라고 하면 이미 고향을 잃었다는 뜻이다. 현실적으로 분명히 그렇기는 하지만 언젠가 '북'에 있는 고향으로 돌아가고 싶은, 부모 형제를 만나고 싶은 작은 희망을 갖고 사는 사람들은 그래서 스스로를 '실향민'이 아니고 '이북 사람'이라고 하고 싶었던 것이 아닐까.

2006년에 이북 사람 가운데 한 명인 큰고모를 인터뷰한 적이 있다. 그때 고모가 "어느새 (남쪽으로 온 지가) 58년이나 지나 완전히 남한 사람이 되었지"라고 말하고는 바로 이어서 "하지만 부산 사람들과 어울릴 수가 없다"라고 덧붙였던 말이 잊히지 않는다. 부산에서 줄곧 살아왔지만 결국 자신은 '여기 사람'이 아니라고 생각하고 있는 것이다. 아버지 또한 이처럼 복잡한 정체성을 갖고 살았을까.

이북 출신 1세들은 자신들의 출신지별로 '평북도민회', '함남도민회' 같은 모임을 만들어 동향인 가운데에서 '도지사'나 '군수'를 선출했다. 이러한 도민회를 연합한 단체를 '이북5도민회'라고 한다(그림 22). '5도'는 '평안남·북도', '함경남·북도', '황해도'를 합쳐 일컫는 말이다. 또한 고향의 역사나 동향인 현황을 정리한 '군지郡誌'를 편찬하는 등 1세들은 강하게 결속했다. 부산에도 '재부평북도민회'가 있었고, 나아가 그곳에 속하는 '재부용천군민회'도 있었다. 아버지를 여읜 나는 고등학생 때 그 '용천군민회'에서 장학금을 받았다. 그러나 현재 1세들은 고령이 되거나 세상을 떠난 사람이 많다. 2세 이후에 태어난 사람들에게는 자신들이 태어난 곳도, 자란 곳도 아닌 '이북 땅'에 대한 생각은 1세들처럼 강하지 않다. 도민회에 참가하는 사람들도 차츰 줄어들고 있다.

'실향민 2세'라고 해도 모두 제각기 여러 가지 생각을 갖고 있을 테니까 내 이야기는 수많은 실향민 2세 가운데 한 사람의 이야기로 들어주었으면 한다.

어릴 때 집이 가난하다고 이웃 아이들에게 놀림을 당한 적이 있었다. 그럴 때 할아버지가 '넓은 논밭'을 갖고 있었다는 이야기를 떠올렸다. 나는 '이곳 사람'이 아니고 북에서 온 사람이다. 북에서는 풍족한 생활을 했다고 스스로를 타일렀다. 또한 추석이나 설날이면 주위 친구들은 부모를 따라 경상도나 전라도에 있는 농촌과 섬으로 귀향하는데 내 가족들은 늘 부산에 있었고 큰고모 집에 모였다. '우리에게는 고향이 없구나' 하고 어린 마

그림 22 **재부이북5도연합회**
부산에 있는 이북도민회 사무소. 황해도민회, 평남도민회, 평북도민회, 함남도민회, 함북도민회 이렇게 5도민회에다 전쟁 전에는 도의 일부가 38선보다 북쪽에 있었던 지역에 살던 경기도민회, 강원도민회까지 합쳐 '이북도민회 중앙연합회'(본부는 서울)가 결성되어 있다.

음에도 생각했다. 크고 나서도 마음속 어딘가에서 늘 '여기는 내가 있을 곳이 아니야'라는 느낌이 있었다. 지금은 어릴 때처럼 '이방인' 의식을 강하게 느끼지는 않지만 오래 살아온 이곳 서울에도 친근감이 별로 생기지 않는다. 이러한 의식은 때로 기분을 무겁게 하지만, 거꾸로 말하면 무언가를 소유하는 데에 집착하거나 보수적인 사고방식에 매달리거나 하는 일이 없이 객관적인 자세를 갖게 해주고 있는지도 모르고, 또 그렇게 되기를 바

란다. 나도 아버지처럼 신앙을 가진 사람이라 〈구약성서〉에 나오는 '너희도 한때는 이집트 땅에서 떠돌이 신세였으니 너희도 또한 떠도는 사람을 사랑해야 한다.'('신명기' 10장 19절)라는 한 구절을 자주 떠올린다. 이런 생각은 역시 어딘가에 내가 실향민 2세라는 생각이 있음과 관계가 있지 않을까 싶다.

1985년 9월, 한국전쟁 이후 오랫동안 남과 북으로 떨어져 살던 '이산가족' 재회가 서울과 평양을 번갈아 방문하는 형태로 처음으로 실현되었다. 그때 대학생이 되어 서울에 있던 나는 북에 있을 아버지 친척을 서울에서 맞이할 수는 없었지만 30여 년 만에 가족이 재회하는 장면을 텔레비전으로 보면서 흐르는 눈물을 참을 수가 없었다. 그 뒤에도 몇 번 이산가족 재회 사업이 이루어졌다. 그러나 가족의 생사를 알게 되고 실제로 만날 수 있었던 사람들은 남과 북을 합쳐 1000만 명이나 된다고 알려진 이산가족 가운데 극소수에 지나지 않았다. 그리고 광주민주항쟁(1980년 5월)을 탄압한 군사정권이 이산가족 재회 사업을 실시했다는 점에서 이 사업은 국민 여론을 어떤 방향으로 유도하고자 한 정치적인 '기획'이지 않았을까 생각할 때도 있다.

큰고모는 올해(2012년)로 아흔 살이 된다. 분단된 뒤 너무 오랜 세월이 흘렀다. 노환으로 힘든 나날을 보내고 있는 큰고모는 고향을 한 번이라도 가보고 싶다던 꿈은 포기한 듯해 보인다. 지금은 요양 시설에서 조용히 지내고 있다. 많은 실향민 1세인 '이북 사람'들도 한국에 생활 기반을 둔 지가 이미 오래다. 고향을 '방문'하고 싶은 마음만은 변함이 없겠지만 그곳에 '돌아가서

살겠다'는 생각을 하는 사람들은 많지 않을 것이다. 우리 2세,
3세는 더욱 그럴 것이다.

통일에 대한 생각

마지막 질의응답이 끝났다. A씨는 "오늘 제가 이야기한 내용
을 다시 한 번 잘 생각해서 정리해보겠습니다. 정리가 되면 다
시 메일로 보내드리지요"라고 말했다. "꼭 부탁합니다"라고 대
답하면서 필자는 녹음 정지 버튼을 눌렀다. 인터뷰를 했던 회의
실이 있는 빌딩 밖으로 나오니 토요일 저녁의 번화가는 낮보다
많은 젊은이로 넘치고 있었다. 같은 시각인데도 일본보다 훨씬
서쪽에 있는 서울 하늘은 아직 밝다. A씨 부자, 그리고 A씨의 친
구와 함께 지하철을 타고 한강을 건너 종로에 있는 재래시장으
로 갔다. 노점상들이 늘어선 거리 안쪽으로 들어간 곳에 있는
빈대떡집으로 들어갔다. 빈대떡은 녹두를 갈아 고명을 올려 구
운 '지짐' 같은 것이다. 해산물이나 돼지고기를 섞어 굽는다. 한
반도 북부 요리로 이북 사람이 가지고 온 요리라고 한다. 처음
먹어보았다. 바삭하니 식감이 좋다.
　A씨와는 지난 2년 동안 서로를 알게 해준 계기가 된 블로그를
통해 여러 가지 주제에 대해 이야기를 해왔다. 직접 만나서 하
는 대화는 아니었지만 음악에 대해, 영화에 대해, 부산에 대해,
한일 관계에 대해, 그리고 가족에 대해 많은 이야기를 나누었다.
공감할 수 있는 경우도 많았고, 배운 것 역시 많았다. 어느 날 A

씨의 아버지가 이북 사람이라는 사실, 그리고 A씨가 그 아버지를 중심에 놓고 실향민에 대한 다큐멘터리를 제작하고 있다는 사실을 알았다. 필자는 언젠가 그 이야기를 듣고 싶다는 생각을 했다. 그 생각이 이날 실현된 것이다. 필자가 A씨 이야기에 얼마나 공감할 수 있었는지, 또 이해할 수 있었는지는 잘 모르겠다. 그러나 너무 어렵게 생각하지 않아도 되지 않나 싶다. A씨와의 대화는 앞으로도 계속될 것이기 때문이다.

음악을 좋아하는 A씨는 홍대 근처에 있는 라이브하우스에도 안내해주었다. 젊은 사람들과 섞여 록 밴드 라이브를 즐겼다. A씨의 10대 아들과 함께 그곳에 있다는 사실도 기쁜 일이었다. 잊을 수 없는 하루가 되었다. 다시 만나기로 약속한 뒤 필자는 A씨가 잡아준 택시에 몸을 실었다.

서울에서 집으로 돌아온 지 사흘 정도 지나서 A씨에게서 메일이 왔다. 메일에는 '그날 이야기한 내용을 조금 정리해보았습니다'라고 되어 있었다. 그날은 시간이 부족해서 나누지 못했던 '남북통일'에 대한 이야기도 그곳에 쓰여 있었다. A씨가 쓴 글을 그대로 인용해보겠다.

내가 제작하고 있는 다큐멘터리는 민족이니 뭐니 하는 거창한 이야기가 아니라 부모님의 생사도 모른 채 타향 땅에서 살아온 이름 모를 실향민들의 가슴 아픈 심정에 대해 내 소박한 언어로 이야기하고 싶은, 그리고 그러한 실향민의 생각을 무시하고 심지어는 이용하기까지 해온 분단 정치에 대해 작은 목소리를 내고 싶다

는 생각밖에 없습니다. 남북 선수들이 하나의 깃발을 들고 참가하
는 국제 스포츠 대회가 있었습니다. 그때 애국가 대신 〈우리의 소
원은 통일〉이라는 노래를 불렀습니다. 그 노래는 분명 가슴에 와
닿았지만 왠지 통일이라는 이념이 더 우선시되어 실향민들의 마
음이 도외시되고 있지는 않나 하는 생각도 지울 수가 없었습니다.

김대중 정권이 추진한 '햇볕정책', 그리고 현재(2012년) 정권 아
래에서 살고 있는 남북 간 대립과 긴장 ……. 앞으로 어떤 정권이
들어선다 해도 재벌과 대자본이 미치는 영향 아래 통일이 자본의
입장에서 추진되지 않을까 염려됩니다. '아름다운 이미지'로 포장
되어 있어도 통일이 북한을 값싼 노동력 공급원으로 얕잡아보거
나 또는 북을 새로운 개발과 투자 대상으로 삼는 내용이라면 내가
바라는 통일과는 동떨어진 모습입니다. 내가 생각하는 통일이란
분단으로 말미암아 생이별을 한 사람들의 아픔과 마음의 상처가
치유되는 과정이어야 하고, 이를 제외한 다른 것은 없습니다. 지
나치게 순진한 생각일지 모르지만.

A씨의 온화하면서도 명석한 목소리를 떠올리면서 한 구절 한
구절을 음미하듯 읽었다. A씨가 만들고 있는 다큐멘터리 작품
이 완성되는 날도 그리 멀지 않을 것이다. 인터뷰를 통해 그 '예
고편'을 조금 보여준 것 같았다. 하루라도 빨리 그 작품을 보고
싶다.

제4장

명태와 북어
— 한국 재래 수산업의 과거와 현재

명태 주낙잡이

1950년대에 강원도 연안에서 이루어지던 명태 주낙잡이 광경. 주낙에 걸린
명태가 보인다. 해방 전에 이루어진 주낙 어업도 이런 형태였으리라(《옛 사진
으로 엮은 속초의 발자취》, 속초문화원, 2001, 이하 《속초의 발자취》).

명태 - 한국에서 사랑받아온 생선

부산을 방문한 여름 어느 날 아침, 주차장에 세워둔 차 앞에서 부지런히 몸을 움직이며 뭔가를 하는 사람들이 있었다. 차가 고장이 난 듯하지도 않았다. 무얼까 싶어 조금 다가가보니 그늘이 되어 보이지 않았던 자동차 앞에는 돼지머리와 과일을 차려놓은 상이 놓여 있었다. 막걸리도 있었다. 필자는 재일한국인 가정에서 이와 똑같은 제사 음식을 차려놓고 조상에게 제사를 지내는 모습을 본 적이 있어서 자동차 앞에서 무엇을 하고 있는지 대충 짐작이 갔다. 차가 방금 공장에서 나온 듯한 새 차인 것을 보니 아마 자동차를 구입한 가족이 무사고, 안전 운전을 빌며 제사를 지내는 모양이었다. 제사 음식을 차려놓은 상

그림 23 **제사상**
설날과 추석 때면 특별한 음식을 차려 그 앞에서 절을 한다. '차례를 지낸다'라고도 한다. 사진에서
는 왼쪽에 북어포가 오른쪽 위에는 조기가 보인다. (박경민 촬영)

앞에는 돗자리가 깔려 있었고, 가족이 무릎을 꿇고 큰절을 시
작한 듯했다. 그들은 무릎을 꿇고 바닥에 깊이 고개를 조아리
는 절을 하고 있었다. 신이 그 차에 내려와주기를 비는 것이리
라. 제사상에는 건어물도 놓여 있었다. 명태를 말린 '북어' 같
았다(그림 23).

그 뒤에 만난 한국 친구에게 그 이야기를 해보았다. 그는 '자
동차 고사'라고 가르쳐주었다. 차의 보닛을 열고 북어를 놓거
나 차체를 북어로 가볍게 두드리기도 하는 간략한 자동차 고사
도 있다고 한다. 고사는 한자로 '告祀'라고 쓴다. 제사 가운데 하
나인데, 설과 추석에 조상에게 바치는 '차례'와 구별해서 액운

을 막고 행운을 비는 제사를 '고사'라고 한다. 전통 사회에서는 고사를 지내면서 풍작에 감사하거나 풍어를 기원하기도 했다. 도시화된 현재에도 가게를 개업할 때, 시설물 기공식이나 개관식 때, 또 영화 촬영을 시작할 때에도 고사를 지낸다고 한다. 첨단 과학 기술이 집약된 자동차 앞에서 전통적인, 이렇게 말해도 된다면 '비과학적'인 고사를 지내는 모습을 보고 재미있다고 생각했다. 그러나 생각해보면 일본에서도 교통안전 부적 같은 것을 차 안에 두는 일을 자주 볼 수 있고, 신사에 차를 끌고 가서 정화 의식을 하는 사람도 있다. 한일 두 나라 모두 비슷한 행동을 하고 있는 것이다.

그런데 명태는 한자로 '明太'라고 쓴다. 일본어로 '가라시멘타이코 辛子明太子'라고도 하고, '멘타이'라고 친숙하게 이르는 일본식 이름은 아마도 이 '명태'라는 말에서 왔을 것이다. 일본어의 정식 명칭은 '스케토다라 スケトウダラ'라고 한다. 스케토다라는 '다라(대구)'과에 속하고, 참대구에 비해 체형은 가늘고 길이는 훨씬 작다. 그래서 '작은 대구'라는 뜻의 '고다라'라고 일컫기도 하는 모양이다(그림 24).《조선의 명태 어업에 대하여》(조선총독부 수산시험장, 1935)에 쓰여 있는 바에 따르면 "현재 (조선 연안에서) 어획되고 있는 것의 크기는 몸길이 35센티미터 내지 50센티미터가 대부분이다"라고 되어 있다. 몸무게는 700그램에서 800그램이다. 섭씨 10도 이하인 저온 해수 안에 서식하는 한류어 寒流魚인 명태는 베링해와 오호츠크해, 한반도 동북부, 그리고 일본에서는 홋카이도 해역, 특히 태평양 쪽 도난 道南, 도

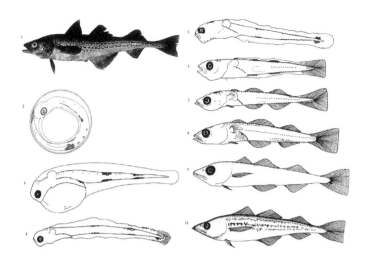

그림 24 **명태**
대구목 대구과에 속한다. 참대구에 비해 훨씬 작고 몸 옆에 반점이 있는 것이 특징이다. 영어 이름
은 Alaska Pollock. 사진과 성장 과정을 그린 그림은 조선 어류를 연구한 우치다 게이타로가 작업한
것이다. 우치다의 정밀한 스케치는 높이 평가되고 있다(정문기, 《한국어도보韓國魚圖譜》, 1977).

토道東 지방에서 어획된다. 북태평양에서 어획되는 것 가운데
에는 무게가 1킬로그램이 넘는 것도 있다고 한다. 현재 일본에
서는 지역에서 잡은 명태를 전골 요리에 이용하는 경우도 있는
모양이지만, 대부분은 냉동한 것을 짓이겨서 어묵이나 어육 소
시지의 원료로 쓰거나 내장과 뼈를 제거해 냉동 생선 살로 가
공한다. 그래서 그 가공식품을 입에 넣는다 해도 명태라는 생
선 자체는 일본 사람들의 의식에는 명란만큼은 친숙하지 않을
것이다.

한편 한국에서 명태는 제사상에서 빼놓을 수 없는 품목이고,
또 일상적으로도 매우 자주 먹는 서민 생선이기도 하다. 명태를

일본에서 먹는 생선에 비유하자면 신사나 제례에 사용되는 도미와 일상적인 반찬으로 쓰이는 전갱이나 고등어 역할을 합친 생선이라고 해도 좋을 것이다. 그러나 나중에 다시 언급하겠지만 명태 자체를 생선으로 먹기보다 그것을 말린 북어를 조리해서 먹는 경우가 훨씬 많다. 제사나 고사 때 쓰이는 것도 북어다. 명태잡이가 왕성했던 일제 강점기 때에 조선총독부 식산국殖産局 수산과에 근무했던 기사技師 정문기는 〈조선명태어朝鮮明太魚〉라는 논문을 발표했다(《조선지수산朝鮮之水産》 128·129호, 1936. 이하 〈정씨 논문〉). 그 '서언緖言'에는 이러한 말이 있다.

(명태의) 이용 방면은 조선 어류 가운데 가장 넓어서 농산어촌農山漁村 도처에 이것을 먹지 않는 사람이 없다고 할 정도로 보급되고 있다. 나아가 명태 이용은 살뿐 아니라 알, 내장, 간유 및 눈알에 이르기까지 우리 생활에 이용되는 보건 식품이다. 다시 말해 현재 명태는 조선인의 일상생활에서 필요 불가결한 보건 식료품일 뿐 아니라 장래에도 조선 수산업 가운데 항구적 중요성을 갖는 어류이므로 우리는 명태가 어떤 어족이며 어떤 어업으로 이루어지고 있는지, 어떻게 이용되고 있는지를 밝히는 작업은 필요한 일이라고 믿는다. (원문은 일본어)

일반적으로 생선 살은 단백질원이 되는데 명태 살은 다른 어류에 비해 아미노산이 더 많이 함유되어 있다는 사실이 확인되고 있다. 정씨가 명태를 '보건 식품'이라고 말하는 까닭이다. 알은 '명란젓'으로 만든다. 명란젓의 '젓'은 맵고 짠 '염장'을 뜻하며, 〈정씨 논문〉에서는 '명란염신明卵塩辛'이라고 쓰여 있다. 일제 강점기에는 이 명란젓이 조선 각지로 수송되었을 뿐 아니라 일본이나 중국 동북 지방(만주)에까지 보내졌다. 더구나 "가장 많이 소비되는 지방은 시모노세키이고 다음은 경성(서울), 부산, 도쿄, 함흥, 대구 순이다"(〈정씨 논문〉)라고 되어 있는 글을 보면 일본에서 소비되는 양이 많았다. 1934년 자료에서는 명란젓 취급량 1위가 시모노세키로 7만 1729통이고, 2위는 경성으로 1만 3295통을 크게 웃돈다고 되어 있다. 일본 사람들은 명태를 먹는 일이 거의 없었는데 시모노세키를 경유해서 이입되는 조선산 명란젓은 그 당시부터 즐겨 먹었던 것이다.

또한 명태의 간장肝臟에서는 간유를 추출한다. "명태 간유 공급이 부족했던 시대에는 생산지(함경도) 두메 방면에서는 등잔용 기름으로 소비되었을 뿐 그 외에는 특별히 이용되지 않았지만 최근 약용 간유를 제조하기 시작하고부터는 대부분 이 원료로 소비되기 시작했다"(〈정씨 논문〉). 명태 간유에는 비타민 A가 풍부하게 들어 있어서 야맹증에 효과가 있다. 옛날에 산간 지방 주민들은 영양 부족으로 눈이 잘 보이지 않게 되면 명태 간유를 복용하려고 어촌으로 갔다고 전해지기도 한다. 명태의 난소나 장 따위도 젓갈로 담그며, 또 눈알은 술안주로 이용되었다. 그래서 명태는 '버릴 것이 하나도 없는 생선'이라는 말이 있었을 정도다.

〈정씨 논문〉이 발표되었던 1936년과는 크게 달라진 현재 한국에서의 명태 어획량은 격감해서 통계상 '0'인 해도 있을 정도다. 그러나 정씨가 '장래에도 조선 수산업 가운데 항구적 중요성을 갖는 어류'라고 썼듯이 그 뒤 80년 가까이 지난 현재에도 근본적으로는 달라지지 않았다. 러시아에서 냉동 명태를 대량으로 수입해서 북어로 만들어 제사나 고사를 지내고 있기 때문이다. 그런 의미에서 명태는 지금도 여전히 '식품'이라는 틀에만 머물지 않는, 한국 사람들의 정신적인 영역에도 깊이 관계하는 중요한 어류로 남아 있다. 이는 이 장에서 명태를 따로 다루는 까닭이다.

이번 장에서는 우선 명태(북어)가 어떻게 고사 같은 데에 이용되기 시작했는지, 다른 어류에는 없는 어떤 문화적인 의미를 갖고 있는지 등에 대해 논하겠다. 명태잡이가 활기를 띠기 시작한 때는 18세기 중반 무렵부터라고 알려져 있다. 그 무렵부터 명태는 '농산어촌 도처에 이것을 먹지 않는 사람이 없다고 할 정도'(〈정씨 논문〉)라고 쓰일 정도로 보급되었고, 이와 보조를 맞추듯 명태가 '제물(제사 음식)'까지 되었을 것이다. 따라서 지금부터는 조선으로 진출한 일본인 어업이 끼친 영향을 별로 받지 않고 조선 시대의 명태 어업과도 이어졌다고 여겨지는 1920년대 중반까지 이용되어온 조선 재래의 명태 어업에 대해 설명한 다음 마지막으로 명태잡이와 북어 제조 현황에 대해 보고해보려고 한다.

민간신앙 속의 북어
— 그 영험한 힘은 어디에서 올까

한반도 동해안을 어장으로 하는 명태잡이는 황해안의 조기잡이, 남해안의 대구잡이와 나란히 조선 재래 3대 어업 가운데 하나로 여겨지며, 한반도 동북부인 함경도 연안부를 중심으로 예부터 활발히 이루어져왔다. 명태라는 이름의 유래에 대해서는 함경도 '명'천군 연해에서 '태' 아무개라는 이름을 가진 어민이 처음 어획했다는 데에서 '명태'가 되었다는 전승이 있다(《송남잡식松南雜識》). 이는 현재도 한국에서 널리 알려져 있는 내용이다. 박구병 씨는 〈한국명태어업사〉(1978, 이하 〈박씨 논문〉)에서 명태에 관한 기사가 나오는 고문헌을 종합적으로 검토한 다음 조선시대 후기(18세기 중반)에 명태잡이가 본격적으로 발전해서 '명태'라는 이름도 정착되었다고 주장하고 있다.

명태 어획기는 10월에서 이듬해 4월까지로, 특히 11월 하순부터 12월 말까지가 성어기다. 어획된 명태 대부분은 배를 갈라 내장을 꺼낸 다음 '덕장'이라고 하는 시설물에 매달아놓고 겨울철 차가운 바람을 맞히며 냉동건조 제품으로 가공한다. 얼었다 녹았다를 되풀이하면서 건조시키는 것이다. 북어는 수분이 없어 보존이 잘 되고 가벼워지기 때문에 운반하기도 편리하다. 이 제품은 한반도 구석구석 빠짐없이 보내졌다.

명태에는 산지나 어획 시기, 나아가 가공 단계에 따라 다양한 이름이 있는데, 이 또한 명태의 넓은 대중성을 말해준다고 하겠지만 여기서는 그 가운데에서 세 가지 이름으로 압축해 소개하려고 한다.

명태가 생선 상태인 것을 '생태'라고 한다. 현재 홋카이도에서 잡히는 명태는 대부분 스티로폼 상자에 얼음과 함께 담겨 한국으로 수출된다. 한국에서 생태로 판매되는 것은 주로 홋카이도산 명태다. 생태는 '생태탕'이라는 전골 요리로 이용되는 경우가 많다. 명태의 담백한 맛을 살린 요리다. 무와 함께 국물을 넣고 끓인다.

명태를 냉동한 것을 '동태'라고 한다. 러시아에서 한국으로 수출되는 것은 이 동태다. 동태를 이용한 요리 가운데 대표적인 것은 '동태찌개'일 것이다. 생태탕과 마찬가지로 무를 넣은 전골 요리지만 동태찌개에는 고추장과 고춧가루를 함께 넣어 끓인다. 고춧가루를 넣으면 국물이 빨개지고 매워지기는 하지만 몸 깊숙이까지 따뜻해지는 느낌이다.

그리고 명태를 건조시킨 것을 '북어'라고 한다. '말린 명태'를 말하는데 '간태干太' 또는 '건태乾太'라고 하는 경우도 있지만 일반적으로는 '북어'라고 한다. 지금부터는 명태 말린 것을 한국에서 일반적으로 일컫는 '북어'로 표기하겠다. 북어는 한자로 '北魚'인데 말 그대로 한반도 북부에서 잡히는 생선이라는 뜻이다. 본래는 명태라는 생선의 별칭이지만 예부터 서울을 비롯한 조선 각지에는 건조한 상태로 명태가 운반되었기 때문에 명태 말린 것을 북어라고 하게 되었다고 한다(〈정씨 논문〉). 북어를 이용한 대표적인 요리는 '북엇국'일 것이다. 북어를 잘게 찢어 무,

콩나물 따위와 함께 끓인다. 북어를 씹으면 지방분이 섞인 오묘한 맛이 우러난다. 특히 숙취를 가시게 하는 데 매우 좋다고 들었다. 생태와는 또 다른 각별한 맛이 있다.

그럼 지금부터 한국 사회에서 이루어지고 있는 제사나 고사에서 북어는 어떤 역할을 맡고 있는지, 왜 북어가 이용되어왔는지 등에 대해 전지혜가 쓴 〈명태와 관련한 민속과 속담〉(2009, 이하 〈전씨 논문〉), 장정룡이 쓴 《고성군 명태어로민속지》(2009, 이하 《명태어로민속지》) 등을 참고로 하면서 몇 가지 고찰을 소개하겠다.

조선 시대 제사상에는 육지 생물 가운데에서는 돼지를, 그리고 바다 생선 가운데에서는 북어(명태)를 '제물'로 올려왔다. 그것들을 매개로 해서 사람이 신과 교감할 수 있다고 믿어온 것이다. 신에게 바치는 신성한 음식은 그 모든 것이 유용하며 버리는 부분이 있어서는 안 된다는 불문율이 있었다(〈정씨 논문〉). 사람에게 그 정도로 귀중한 것이기 때문에 신에게 바치는 음식으로서 더욱 가치가 있다는 사고방식일 것이다. 돼지도 다리까지 먹을 정도니까 명태와 마찬가지로 버릴 것이 없는 음식이다. 세계에는 돼지를 부정하게 여기는 종교나 문화도 있지만, 반대로 신에게 바치는 음식으로 삼는 문화도 많이 있다. 한자 연구가 시라카와 시즈카白川靜가 '축豢' 자를 중국 고대 사회의 신에게 바치는 '제물(희생)'을 뜻한다고 설명했던 것이 생각난다. 돼지머리 따위를 바치는 제사는 유교 제사에만 한정되어 있지 않고 동아시아에서 널리 볼 수 있는 모습이다. 또 명태 암컷은 한 마리당 25만에서 40만 개의 알을 낳는다고 한다(《조선의 명태 어업에 대하여》). 돼지도 다산으로 알려져 있는데 이러한 다산성은 사람과 그 공동체에서 자손 번영과 부의 증식을 상징하는 의미를 담고 있었을 것이다. 유용성이 높고 풍요로운 성질을 가진 명태가 신에게 바치는 제물로서 적합하게 여겨졌던 까닭이다.

〈전씨 논문〉에서는 명태가 '제물'로서의 측면에 덧붙여 '액막이, 액풀이'로서의 측면이 있다는 사실을 지적하고 있다. 예를 들면 건설용 부지의 모양이 좋지 않은 경우라든가, 묘지에 묘를 만들기 전에 그 땅에 깃들어 있는 사악한 기운을 풀어내기 위해 북어를 땅속에 묻는 의식을 치르기도 한다. 사람 대신 북어에게 액막이를 맡기고 그 북어를 재앙과 함께 땅속에 가두어버리는 것이다. 자동차 고사에서도 타이어 앞에 북어 따위를 차려놓고 차를 조금 움직여서 그것을 일부러 짓밟는 의식을 하는 경우도 있는 모양이다. 이런 행위들도 장래에 일어날지 모를 큰 사고를 미연에 방지하고자 한 '액풀이'로 볼 수 있을 것이다.

그렇다면 북어에 이러한 영험한 힘(주술성)이 있다고 여기는 까닭은 무엇일까. 이는 북어 제조법과 관계가 있다고 전지혜 씨는 말한다. 앞에서 설명했듯이 명태를 장기간 널어 건조한 것이 북어다. 생선을 건조시키면 수분을 잃고 몸은 전체적으로 수축되지만 부릅뜬 눈이 더 크게 강조된다. 더구나 명태를 건조할 때에는 입 부분에 끈을 꿰어 걸기 때문에 북어가 되었을 때에는 입도 크게 벌어진 상태가 된다. 크게 부릅뜬 눈과 뭔가를 위협하듯이 보이는 큰 입. 북어는 '죽은 물고기의 눈'이 되는 것이 아니라 사악한 것을 위협해서 쫓아내려는 표정을 그대로 유지한다. 그런 모습에서 북어가 액막이 제물로 간주되기 시작했다고 여겨진다.

일반적으로 물고기는 눈을 뜨고 잔다. 전통 사회에서는 '물고기는 눈을 부릅뜬 채 잠을 자지 않는다'고 생각되었기 때문에 '각성된 의식'에 비유되었다. 흔히 듣는 말이지만 불교 사원에서 일정한 시간을 알릴 때 두드리는 '어판魚板, 魚鼓'이나 독경에 맞춰 두드리는 '목어' 같은 것도 그러한 물고기의 상징성과 깊이 관계하고 있다. 이런 것들은 수행승들에게 불도에 대한 '각성'을 환기시키는 장치이기도 했기 때문이다. 일본에서 '이조 가구'라고 일컬어지는 조선 전통 가구가 있는데, 그 가구에 달려 있는 여닫이문에는 자물통이 붙어 있기도 하다. 그 자물통을 자세히 보면 물고기 모양으로 되어 있다. 그 의장에도 눈을 부릅뜬 물고기가 24시간 내내 지켜봐주고 있다는 뜻이 담겨 있는 듯하다(그림 25).

그림 25 **물고기를 본뜬 자물통**
한국 전통 가구에 달려 있는 여닫이문에 부착된 자물통.
물고기 모양으로 되어 있다.

북어가 액막이 주물呪物이 된 까닭도 물론 이러한 맥락에서일 것이다. 자동차 고사든, 신장 개업 고사든 고사

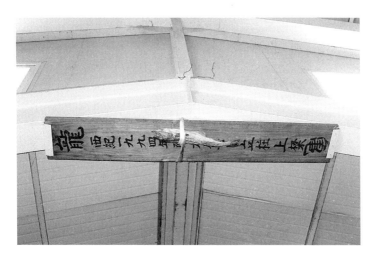

그림 26 **상량문과 북어**
한국에서는 '상량식'을 할 때 대들보에 거주자의 안전과 행복을 비는 상량문을 써둔다. 사진은 철골로 지은 공장 건물이라 대들보 대신 상량문을 쓴 판을 천장 가장 높은 곳에 걸고 거기에 실로 감은 북어를 매달았다. '용龍'은 하늘을, '거북龜'은 땅을 지켜 평안과 행복을 가져다준다고 여겨서 그 글자를 상량문 양 끝에 써넣는 경우가 일반적이다. (최상봉 촬영)

가 끝나면 상에 올려졌던 북어에 실타래를 감아 차 안이나 건물 안에 걸어둔다(그림 26). 그렇게 함으로써 액운을 멀리하고 평안을 오래도록 기원하는 것이다. 긴 실은 '영속성'을 상징하지 않을까. 일본에서는 북어는 아니지만 주택 안에 '가내안전家內安全', '화주요신火酒要慎'(불조심)이라는 팻말을 붙이고, 자동차 안에는 '교통안전'이라는 부적용 쪽지를 장식한다. 사람들은 예기치 않은 불행을 늘 걱정하며 산다. 그렇기 때문에 안녕을 바라는 절실한 마음은 나라나 민족에 차이가 없다.

여기까지 제사나 고사에서 왜 북어가 사용되는지, 또 거기에는 어떤 뜻이 담겨 있는지에 대해 몇 가지 고찰을 소개했다. 이로써 명태(북어)가 조선 시대 이후 현재에 이르기까지 민간신앙과 깊은 관계를 갖고 '특별한 물고기'로 취급되었음을 확인할 수 있었다. 민간신앙은 체계화된 종교에 비하면 조금 괴이하고 의심쩍은 면도 있다. 그러나 반대로 말하면 그것은 보통 사람들의 소박한 생각이자 서민 생활에 스며들어 이를 지탱해온 사상이다. 마찬가지로 명태도 '특별한 물고기'로 높이 공경만 하지는 않는다. 북어는 서민 생활과 함께 있고, 또 서민들도 북어와 친숙하다. 이는 북어가 나오는 속담이 많다는 점에서도 볼 수 있을 것이다.

《속담사전》(2002)에서 조금 인용해보겠다. '북어 껍질 쪼그라들 듯'이라는 말은 구우면 그 껍질이 쪼그라드는 데에서 '재산이 갈수록 줄어든다'는 뜻이다. 이 속담은 이해하기 쉽지만 다음 속담은 어떨까. '북어 값 받으러 왔는가.' 이 속담에는 다음과 같은 설명이 있다. 산지인 함경도에서 북어를 싣고 팔러온 사람이 상인에게 북어를 넘겨주고 난 다음에 그 대금을 받을 때까지는 돈이 없기 때문에 남의 집에서 하는 일도 없이 낮잠만 잔다고 한다. 그래서 '남의 집에서 성가시게 낮잠을 자는 일'을 비꼴 때 쓰는 말이다. 또 북어가 제물이라는 데에 관계된 속담도 있다. '북어 한 마리 주고 제사상 뒤엎는다.' 값이 싼 북어 한 마리를 제사 음식으로 가지고 온 것까지는 좋은데 정성을 담아 준비한 제사 음식을 뒤엎어 못 쓰게 만든다. 그러니까 변변찮은 물건을 주고 나서 큰 손해를 입힌다는 뜻이다.

이처럼 북어가 서민 생활에 친숙하게 된 까닭은 앞에서도 언급했듯이 조선 시대 후기에 이 북어가 한반도 구석구석까지 공급되었기 때문이다. 그러자면 명태가 대량으로 잡혀야 하고, 그것을 북어로 만드는 제조 기술이 확립되는 상황을 전제로 하며, 북어를 유통시키는 조직도 정비되어야 한다. 이제 명태나 북어의 생산·유통 역사에 대해 살펴보겠다.

명태 어업, 자망 작업과 주낙 작업

명태잡이, 북어 제조업, 그리고 북어 유통업이라는 연관성 전체를 '명태 관련 산업'이라 부르기로 한다. 명태 관련 산업에 대해 총괄적으로 논한 문헌 가운데 앞에서 인용했던 정문기의 〈조선명태어〉와 박구병의 〈한국 명태어업사〉(1978) 외에도 조선식산은행 조사과에서 발행한《조선의 명태》(1925)가 있다. 또 앞에서도 참조했던 장정룡의 《고성군 명태어로민속지》는 한국전쟁 뒤에 한국 측 명태 어업의 중심지가 된 강원도 고성군이라는 한 지역에 초점을 맞춰 그 지역 어업 관계자를 상대로 한 인터뷰도 포함해서 꼼꼼하게 조사를 실시한 결과물이다. 지금부터 이 문헌들을 보면서 명태 관련 산업에 관해 논하고자 한다.

박구병은 명태에 대한 기술이 나오는 조선 시대 고문헌을 폭넓게 검토한 다음 '명태'라는 이름은 문헌상 17세기 중반에 나타나지만[《승정원일기》, 효종 3년(1652)] 명태잡이가 본격화되는 때는 18세기 후반부터라고 설명하고 있다. 그 논증은 장황해지므로 생략하기로 하고, 박씨가 꼽고 있는 여러 문헌 가운데 필자가 특히 흥미를 가졌던 자료에 기술된 내용으로 압축해 소개하겠다. 하나는 18세기 말부터 19세기 전반에 활약한 농정가農政家 서유구(1764~1844)가 저술한《난호어목지蘭湖漁牧誌》에 나오는 기술이다. 그가 기술한 바에 따르면 명태를 함경도에서 잡아 1월부터 3월 사이에 말려서 북어로 만들어 집하지인 원산으로 운반하며, 원산은 각지에서 모여든 상인들로 북적이는데 거기서 말이나 배를 이용해 조선 각지로 북어가 보내진다고 한다. 이 시기에 이후 명태 관련 산업의 기초 구조가 거의 완성되었다고 볼 수 있을 것이다. 또 한 가지 주목해야 할 점은 같은 시기의 실학자인 이규경(1788~1863)이 쓴《오주연문장전산고五洲衍文長箋散稿》에 '세민細民'(서민)들은 제사에서 북어를 이용한다고 기록되어 있는 것이다. 그에 이어 가난한 '유가儒家'도 북어를 제물로 쓴다고 쓰여 있음을 보면 그 당시 상류 계층에서는 제사에 어디까지나 소나 돼지를 상에 올렸다는 뜻이 된다. 그렇다면 값비싼 제사 음식을 장만할 수 없었던 서민들이 '규정'을 다시 만들어 구하기 쉬운 북어를 바치게 되었다고 여겨진다. 서민의 창조력, 상상력이 명태와 북어에 신성함을 부여했다고도 할 수 있다. 그리고 서민이 고안해낸 고육책이 나중에 '제사의 전통'이 되었다는 사실도 재미있는 점이다.

18세기 후반부터 본격화된 명태잡이는 실제로 어떻게 이루어졌을까. 박씨가 꼽고 있는 조선 시대 문헌에서는 그 상세한 내용까지는 알 수 없기 때문에 시대가 한참 지난 19세기 말 이후에 나타난 명태잡이에 대한 기록을 보면서 설명해보겠다.

《한국수산지》(1909)에 당시 명태잡이로 붐비는 함경도의 어항 '신포'에 대한 기술이 있다.

명태는 본도(함경도)의 특산물로서, 그리고 본방(조선) 가운데에서 가장 주요한 것에 속하며 그 어업이 왕성하고 어획량도 많은, 실로 본방 3대 고기잡이 가운데 첫째로 꼽힌다. 본도 연해 도처에서 어획되고 있다고 하지만 많이 잡히는 곳(盛地)은 홍원, 북청, 이원, 서천 4군(모두 함경남도)의 연해이며, 중심을 신포로 하고, 성어기에 접어들어 이 근해에 어선이 폭주하는(사방에서 모이는) 광경을 보면 1,500척 내지 1,600척을 헤아리며, 신포 또는 전면(에 있는) 마양도 연안은 모두 기박奇泊하는 어선으로 채워져 거의 입추의 여지를 보이지 않는 상태에 이른다.

명태는 봄부터 여름까지는 한반도 먼바다의 심해에 서식하지만, 산란기가 다가오는 가을이 되면 이동하기 시작해서 반도 연안 수온이 5도 정도 내려가는 겨울철에 수심 50미터 전후의 연안부에 군집해와서 산란한다. 이 시기에 찾아오는 명태 무리를 어획하는 것이다. 성어기는 남쪽 강원도에서는 11월, 함경남도에서는 12월, 함경북도에서는 2월쯤으로 여겨진다(〈정씨 논문〉). 〈정씨 논문〉이 쓰인 1930년대에는 이렇게 설명되어 있지만, 그 이후 연구에서는 명태 무리에 대한 또 한 가지 사항이 밝혀졌다. 여름 동안 오호츠크해 등지에서 지낸 명태 떼는 섭씨 5도에서 10도 사이를 유지하는 수온대의 이동을 쫓듯이 남하해서 함경도에는 9, 10월쯤에, 강원도에는 11, 12월쯤에 도달한다. 현재는 다른 회유 코스를 가진 두 명태 어군이 있다고 알려져 있다(《명태어로민속지》).

그런데 《한국수산지》에서 '성지盛地'라고 되어 있는 신포를 비롯한 어장은 모두 조선 시대 때부터 알려져온 곳이므로 18세기 후반부터 본격화된 조선 시대의 명태잡이도 그 기록과 거의 비슷한 모습이었으리라고 여겨진다. 인용한 부분에 이어 "일본 어부 가운데에는 지금 이 어업에 종사하는 사람이 많지 않다"라고 되어 있다. 19세기 말에는 조선 남해 연안에서 일본인 어업자가 하는 통어通漁(돈을 벌러 다른 지역으로 나가는 어업)가 왕성해졌지만, 동북 연안의 명태잡이에는 일본인 어업자는 거의 진출하지 않았고 조선인 어업자의 독무대였음을 알 수 있다. 또한 《한국수산지》보다 조금 앞선 시기에 간행된 《조선통어사정》에도 다음과 같이 되어 있다.

> 본방(일본) 에치고越後, 사도佐渡 등에서 '스케토'라고 하는 대구의 일종인 작은 것이 있다. 이것은 본도(함경도)의 특산물로서 한인韓人이 이것을 어획해서 건조한 것을 명태어라고 하고, 해마다 본항(원산항)에서 수출하는 가액價額은 30만, 40만 엔이다. 어쨌든 본방인(일본인)은 아직 이것을 잡는 사람은 없다.

'에치고, 사도'에서는 근세부터 '스케토(명태)' 잡이가 이루어졌지만 이 시기에 조선까지 돈을 벌러 나와서 어업에 종사한 이

들은 주로 서일본 어업 관계자들이고, 한류어인 명태 어획 경험은 없었다. 게다가 명태 어업 시기는 12월에서 2월로 한겨울이고, 더구나 어장이 있는 함경도는 조선 최북부에 위치한다. 혹한의 거친 바다에서 하는 조업은 일본인 어부에게는 어려웠을 것이다.

명태잡이 도구(어구漁具)로는 1900년대 초에 일본 어업자가 사용하던 데구리아미手繰網(저인망의 일종)를 개량한 홀치망忽致網(홀치기라고 했다)도 한때 사용되었지만 조선 재래 어법인 주낙이나 자망刺網이 중심이었다. 1920년대 초에 어법별 어획량을 조사한 자료에 따르면 자망이 총어획량 가운데 53퍼센트, 주낙이 34퍼센트를 차지하고 있다고 한다(《조선의 명태》).

자망은 추를 늘어뜨린 그물을 해저에 수직으로 치는 방법으로서 물속 '속임수 망'으로 비유된다(그림 27). "원래 근시안인 명태 어족은 이것(자망)을 알아채지 못하고 알을 낳거나 먹이를 찾기 위해 바닷속 바닥을 유영하던 중 아가미 뚜껑이 그물에 걸린 것"을 어획하는 어구다. 정문기 씨가 조사한 시기(1930년대)의 자망은 길이가 36미터 정도, 폭이 4.8미터 정도이고, 한 번 출어에 소형 선박은 40파(1파는 1망을 말한다), 대형 선박은 50파에서 60파에 이르는 망을 사용했다. 이 한 번(하루) 고기잡이에 필요한 그물을 배 한 척당 세 개에서 다섯 개 준비해두고 그것들을 차례로 사용하면서 그물 넣기 → 그물 올리기 → 수리 → 그물 넣기를 반복한다. 예를 들어 세 개가 있으면 첫째 날에 어장

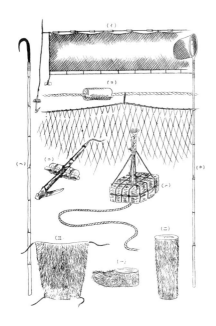

그림 27 명태 자망
위는 명태잡이 어구 가운데 하나인 자망의 그림. 아래는
당시 명태잡이에서 어부가 착용했던 방한구 그림. 오른
쪽에서부터 팔 보호구, 신발, 정강이 보호대 순이다. 모두
모피로 만들었다(《한국수산지》, 1909).

에 넣은 그물은 다음 날 끌어올리고, 사흘째에 수리를 하며, 나흘째에는 다시 그물을 넣는 식이다.

자망 어선은 이른 아침에 출항한다. 명태가 먹이 활동을 시작하는 일출쯤에는 어장에 도착해야 하기 때문이다. 승조원은 일고여덟 명에서 열두 명 사이다. 우선 전날 넣어둔 자망을 올린다(그림 28). 이 작업이 끝나면 즉시 싣고 온 다른 그물 하나를 넣는다. 수심을 가늠하면서 해저에 자망을 이어 천막 모양으로 쳐나간다. 새로운 그물 넣기가 끝나고 항구로 돌아오는 도중에 끌어올려둔 그물에 걸려 있는 명태를 그물에서 떼어 열 마리 단위로 아가미 부분을 넝쿨에 꿰어 정리한다. 오후 3시쯤 귀항한다. 이튿날에도 그물을 올리고 넣는 작업을 반복한다.

한편 주낙은 굵은 밧줄(모릿줄)에 가는 끈을 잔뜩 매달고 그 가는 끈 끝에 매단 낚싯바늘에 미끼를 단다. 미끼는 상어, 정어리, 고등어, 문어 같은 어류들을 소금에 절인 것을 사용했다(《조

그림 28 **명태 자망 작업**
사진 설명은 "함경남도 바다 가운데에서 동계 조선 어선이 명태어 자망 작업을 하는 광경. 잡아 올린 물고기는 바로 꽝꽝 얼어버린다"라고 되어 있다(《일본지리풍속대계 16 조선 편(상)》, 1930).

선의 명태》). 주낙의 굵은 밧줄은 180미터짜리를 다섯 개 잇고 그것을 한 벌로 하여 배 한 척당 열다섯 벌을 준비한다. 한 벌에는 1,200개 정도의 낚싯바늘이 매달려 있다. 다섯 명에서 여덟 명 정도가 타고 조업했다(제4장 속표지 참조).

주낙 작업은 자망보다 먼바다에서 고기잡이를 하기 때문에 출항은 더 이르다. 자망 작업과 마찬가지로 해가 뜨기 전에 어장에 도착해야 한다. 긴 주낙을 모두 다 넣으면 이번에는 배를 돌려서 처음 주낙을 넣은 지점 쪽으로 이동해 주낙을 끌어올리며 간다. 걸린 명태를 바늘에서 빼어 자망 작업에서와 마찬가지로 돌아오는 길에 열 마리를 한 단위로 하여 정리해둔다. 귀항은 오후 4시 정도가 된다.

명태잡이에서 자망 작업과 주낙 작업이 병행해서 이루어진 까닭은 서로 다른 방법에는 없는 이점이 제각기 있기 때문이다. 주낙 작업은 "소자본으로 경영이 가능하고, 명태의 이동을 나란히 쫓아 해심(수심) 조류에 관계없이 자유로이 어구를 사용할 수 있어서 작업 여부의 차이가 적어 (경영상) 안전한 어업"이었다(〈정씨 논문〉). 또 주낙 작업은 그날 잡은 명태를 물에서 건져 올리기 때문에 물고기 상태가 신선하다. 생선으로, 다시 말해 '생태' 그대로 먹기에 적당하다. 한편 자망 작업은 "주낙 작업에 비해 큰 자본이 필요하기 때문에 수익이 큼과 동시에 (작업이 불가능한 경우) 위험률도 컸다"(〈정씨 논문〉). 자망 작업은 자본이 있는 선주가 아니면 경영할 수 없기 때문에 1934년에 쓰인 함경남도 자료에 따르면 주낙 어선이 785척인 데 비해 자망 어선은 이보다 절반 정도인 383척이었다고 한다. 자망 작업에서는 전날 넣은 그물을 다음 날 올리게 되므로, 그물에 걸린 명태가 그물을 끌어올리는 시점에서는 이미 죽어 있을 가능성이 많다. 게다가 바다가 거친 겨울이 성어기이므로 고기잡이를 나오지 못하는 며칠 동안 그물을 그대로 방치해야 할 때도 있다. 그물에 걸려 죽은 명태는 바닷속에서 물살에 밀려 수분을 많이 머금고 있게 되므로 육질이 거친 상태가 된다. 일반적으로 물고기의 신선도가 떨어지면 가격이 내려가지만, 명태 같은 경우는 그 반대다. 그런 상태인 것이 건조시켜서 북어로 만들기에는 더 좋다고 한다(《조선의 명태》). 그래서 북어 원료로서는 주낙보다 자망이 더 비싼 값에 거래되었다.

여기까지 써오는 도중에 혹한의 거친 바다에서 고기잡이를 하는 사람들의 모습이 몇 번이나 떠올랐다. 명태를 조사한 장면이 나오는 우치다 게이타로의 책《치어를 찾아서》(1964)에 나오는 한 구절이 기억에 남아 있었던 이유도 있다. 1927년 12월에 조선총독부 수산시험장(부산)에 갓 부임한 우치다는 명태의 생태 생활사를 조사하려고 원산에서 수산시험장의 시험선인 '오토리鵬丸호'에 탔다. 한반도 동북부 연안에서는 겨울 동안 매서운 북서풍이 연일 거칠게 불어 출어할 수 없는 날이 이어진다. 바람이 잦아들기를 기다려 시험선은 출항했다. 밤에 어장에 도착해 방한복을 입고 선실을 나오자 '강철 같은 공기'가 얼굴을 때렸다.

40톤짜리 시험선은 종횡무진 흔들린다. 바람은 잔잔한 편이었지만 파도는 이물 쪽으로 치올라 흐릿한 부교의 불빛에 물보라가 얼음 조각처럼 흩어진다. …… 중략 …… 선상에 올라온 명태는 몇 십 분 지나면 꽝꽝 얼어버린다. 바닷속 수온은 아무리 차가워도 1~2도이지만 영하 20도 가까운 공기에 노출되면 곧바로 냉동이 되어버리는 것이다.

―《치어를 찾아서》

우치다가 탄 40톤짜리 시험선이 '종횡무진 흔들릴' 정도니까 조선인 어부가 탄 5톤 정도 되는 소형 목조 선박은 거친 파도에 나뭇잎처럼 흔들거렸을 것이다. 게다가 조업은 이른 아침부터 저녁까지 이어진다. 조선인 어부들은 모피로 만든 신발과 정강이 보호대, 팔 보호대 같은 조선 시대 때부터 전해져오는 방한구를 착용하고(그림 27 참조) 파도를 맞으면서 얼어붙은 선상에서의 작업을 묵묵히 계속했을 것이다. 《한국수산지》에도 "같은 지방(함경도) 어민은 용감하여 거친 파도를 두려워하지 않고 인내하며 추위를 피하지 않는다"라고 명태잡이에 종사하는 조선인 어부들의 '용감함'과 '인내심'에 놀라움을 감추지 않는다.

늘 위험이 따르는 바다에서 살아온 어부들은 또한 신에게 기도를 바치는 사람들이기도 하다. 《명태어로민속지》에는 명태잡이에 종사한 강원도 고성군의 어부(2009년 당시 일흔 살)와 인터뷰한 내용이 수록되어 있는데, 그 가운데 한지로 만든 '선주船主'라는 수호신을 어선 안에 모시고 있었다는 이야기가 나온다. 설, 추석 같은 명절 때마다 선주 앞에서 제사를 지낸다. '배 고사'라고 일컫는 경우도 있다. 풍어와 무사 항해를 기원하며 북어를 바친다. 일제 강점기에 전라도 다도해 방면에서 실시한 민속 조사를 정리한 《조선 다도해 항해 각서》(아틱뮤지엄, 1939)에도 '선주'라는 배에 모셔놓은 신에 대한 기록이 나온다. 시대와 지역은 달라도 모든 어부들 사이에서 이어져 내려온 민간신앙인 것이다. 명태 어부들은 배에 모신 신에게 기도를 하고 그 신의 가호를 받으면서 한겨울 거친 바다로 배를 타고 나갔던 것이다.

덕장 – 북어 제조 공정

항구에 내려진 명태 가운데 20퍼센트 정도가 '생태'로 판매되고, 나머지 80퍼센트는 북어로 만들기 위해 제조업자 손으로 넘어간다(《조선의 명태》). 북어 제조 공정에 대해서는 〈정씨 논문〉에 상세하게 나와 있다. 주로 이 논문을 참고로 하면서 북어 제조 순서를 살펴보겠다.

명태를 말리는 선반을 '덕_㯖'이라고 한다(그림 29). 선반을 설치할 기둥으로는 직경 30센티미터 정도 되는 통소나무를 쓰는데 이를 일정한 간격을 두고 바둑판 모양으로 땅속에 박아 세

그림 29 덕장
1920년대에 함경도에 있던 덕장. 바다에 바짝 붙여 덕장을 설치했기 때문에 파도가 칠 때 명태를 걸어놓은 아래에 있는 단에 바닷물이 닿지 않도록 높게 만들었다. 명태를 긴 막대로 아래 단에서 위 단으로 올리고 있다. 그 옆에서는 자망 준비를 하고 있다(《일본지리풍속대계 16 조선 편(상)》).

운다. 기둥 높이는 3미터 정도다. 이어서 바둑판 모양으로 서 있는 기둥과 기둥 사이에 직경 15센티미터 정도 되는 가로목을 놓는다. 기둥 꼭대기 부분에 첫 번째 선반을, 거기서 150센티미터 정도 밑으로 두 번째 선반을 설치한다. 사이를 띄워두는 까닭은 통풍 때문이다. 위에서 보면 바둑판 같은 구조물로 되어 있다. 그리고 그 바둑판의 눈 하나에 해당하는 부분에 다시 몇 개의 통나무를 가로질러 묶어서 많은 명태를 걸 수 있게 한다. 이 통나무 구조물을 가리켜 〈정씨 논문〉에서는 '덕'이라고 했는데, 현재는 일반적으로 '덕장'이라고 한다.

명태를 덕장에 걸기에 앞서 해두는 작업이 있다. 앞에서도 언급했듯이 항구로 돌아오는 동안에도 어부들은 배 위로 잡아 올린 명태를 열 마리씩 한 묶음으로 해서 '아가미꽂이' 상태로 손질해놓는다. 이렇게 해놓으면 나머지 작업이 쉬워지기 때문이다. 이 '아가미꽂이'가 된 대량의 명태를 배에서 내려 덕장 아래로 옮긴 뒤 거기서 명태의 배를 갈라 내장을 꺼낸다. 이 작업을 '할복'(배 가르기)이라고 한다. 이 작업은 주로 어촌 여성들이 맡아서 한다(그림 30). 꺼낸 내장은 부위별로 나누어 나중에 각각 가공한다. 배를 갈라놓은 명태는 바닷물로 잘 씻은 뒤 비늘을 긁어내고 하루 정도 담수에 담가 염분을 뺀다. 이 담수를 이용한 세정 작업이 북어를 만들 때 중요한 포인트가 된다. 염분과 유기물을 함유하지 않은 담수에 담글수록 품질이 좋은 북어가 된다고 한다(《조선의 명태》). 담수 세정이 끝나면 덕장에 건다. 참고로《한국수산지》에 쓰여 있는 문장을 보면 명태의 내장을

그림 30 **명태 할복 작업**
여성들이 바닷가에서 명태의 배를 갈라 내장을 꺼내는 작업을 하고 있다. 1950년대 속초. 찬바람을 막으려고 돗자리로 작업장 주위를 둘러쳐놓은 듯하다(《속초의 발자취》).

꺼낸 다음 "바닷물에 한 번 씻고 스무 마리씩 묶어서 건조장에 넌다"라고 되어 있다. 이 글이 정확하다면 정문기 씨가 조사한 1930년대에 비해 그 이전 제조 공정은 훨씬 간단했던 듯하다. 시대와 함께 제조법도 개량이 되었을 것이다.

명태 관련 산업에서는 북어 20마리를 '1쾌'로 하고, 100쾌를 '1타'라고 한다. 따라서 1타는 북어 2,000마리가 된다. 덕장 크기에 따라 다르겠지만 보통은 덕장 한 층에 15타(3만 마리)를 건다고 한다(〈정씨 논문〉). 요즘은 슈퍼마켓에서 한 마리씩도 팔지만 예전에는 시장에서 북어를 살 때 1쾌 단위로 샀고, 또 상인이 북어를 거래할 때에는 '타'가 기준 단위였다. 참고로

'타駄'에는 '말馬' 자가 들어가 있듯이 '말 한 마리가 짊어질 만큼의 무게'를 가리킨다. 조선 시대 때에는 함경도에서 서울까지 말 등에 북어를 싣고 운반했던 것이다. 수송 수단이 말이었을 무렵 '타'라는 단위는 유통업자들 사이에서 말을 몇 마리 준비하면 되는지 같은 운송 방법과 운송비를 즉시 산출할 수 있는 합리적이고 구체적인 이미지를 함께 갖춘 지표였을 것이다.

이제 북어 제조법 이야기로 돌아가자. 산란기나 그 직전에 잡은 명태는 몸도 크고 살도 통통하다. 이 시기에 잡은 명태가 질 좋은 북어가 된다. 내장을 꺼내 물에 씻은 명태를 덕장에 걸어 찬바람을 맞히면서 건조시킨다. 이른바 '동결건조'라는 방법이다. 명태의 근육조직 사이에서 얼어버린 물기는 해동건조시킬 때 몸 안으로 스며들지 않고 밖으로 빠져나온다. 이렇게 밤에는 얼고 낮에는 녹는 해동건조를 '3주 내지 4주'(《조선의 명태》) 반복하는 것이다(현재는 약 3개월 동안 동결건조를 시킨다). 이 동결건조 때문에 육질에는 스펀지 같은 미세한 틈이 생기고, 북어는 폭신폭신하면서도 부드러워진다. 이렇게 충분히 건조시킨 다음 스무 마리씩 다발로 묶은 것(1쾌)을 덕장 옆에 쌓아 다시 건조를 계속한다. 완성된 "제품은 반투명 상태로 광택이 있다. 노란색을 띠고 육질이 푹신하며 향기가 배어 있고 건조를 충분히 해서 형태가 반듯한 것을 우량품"으로 친다고 한다(《조선의 명태》).

명태 어획 시기와 건조 때의 기상 조건, 좋은 수질로 세정하기, 이 세 가지 조건을 충족시킨 곳이 함경남도 지방이었다. 특히 함경남도 연안에 명태가 찾아오는 시기는 산란기인 12월부터 1월인데, 이 시기에는 찬바람이 거칠게 분다. 한편 남쪽 강원도에서의 명태 어획기는 산란기 이전인 10월인데, 아직은 한랭기가 되기 전이다. 또 함경북도에서의 어획기는 2월 혹한기이지만 산란이 끝난 명태는 살이 빠지기 시작한다. 이런 까닭에 함경남도 제품이 1등품, 함경북도 제품이 2등품, 그리고 강원도 제품이 3등품으로 여겨졌다(《조선의 명태》).

현재 함경남·북도는 북한이다. 명태잡이와 북어 제조 상황은 어떻게 되어 있을까. 2012년 1월에 강원도에 있는 어항과 설악산 자락에 있는 북어 제조장을 방문하기로 했다. 덕장에서의 북어 제조는 혹한기에 이루어진다. 영하의 서울에서 동해안을 향해 출발했다.

강원도 속초 – 명태잡이와 아바이마을

강원도 방문기를 시작하기에 앞서 해방 뒤 한국 명태잡이에 대해 박구병이 쓴 〈한국 명태어업사〉 등을 토대로 하면서 훑어보자.

해방 직후에 시작된 미소 합의로 이루어진 남북 분할통치와 두 국가 성립, 그리고 한국전쟁 뒤 남북 분단 고착화로 명태 어장의 중심인 함경남도와 북도는 북한 측이 되는 바람에 남한 측에서 보면 어장 대부분을 잃게 되었다. 1950년대 어획량은 연간 1만 톤에서 2만 톤 정도에 머물렀다. 해방 전인 1942년에는 조선 전체 어획량이 22만 톤이었으니까 그 10분의 1 이하로까지 격감한 것이다. 한국 경제성장이 본격적으로 시작되는 1970년대에 접어들자 연안 어획량은 해에 따라 8만 톤을 넘는 경우도 있었지만 이 가운데 대부분은 기선저인망(트롤 어법)이 어획한 어린 명태 '노가리'였다. 성어가 되기까지 보호해야 할 '노가리'까지 어획할 수 있도록 정부가 허가한 결과 나온 '증산'이었다. 1970년대에는 명태잡이에도 큰 사건이 하나 있었다. 1960년대 말부터 '한국수산개발공사' 등이 중심이 되어 국책으로 대형선의 북태평양 어장 명태잡이가 본격화된다. 민간 수산회사도 베링해나 캄차카반도, 알류산열도 근해로 잇따라 진출해서 1972년에는 10만 톤, 1976년에는 44만 톤에 이르는 어획을 올려 외화 획득에도 공헌했다. 그러나 미국과 소련이 선포한 '200해리 선언'으로 말미암아 한국은 이 북태평양에서도 어장을 잃게 된다.

처음 가본 강원도 속초는 동해안에 면해 있고 인구 9만 명에 이르는 어항 도시로서 수산업과 관광업이 왕성한 곳이다. 동해에서 나는 수산 자원이 풍부하고, 또 뒤로는 설악산 국립공원이 펼쳐져 있어서 관광 거점도 된다. 동서울버스터미널에서 세 시간 정도면 도착한다.

국립수산과학원 동해수산연구소(강릉시)에 근무하는 박종화 씨(1959년생)를 만나 한국 연안에서 잡히는 명태 연간 어획량 추이에 대한 자료를 보면서 설명을 들었다(국립수산과학원,《연근해 중요 어업 자원의 생태와 어장》). 1970년대 후반부터 10만 톤이 넘는 연간 어획량에 이르는 경우도 있었던 명태 연안 어업은 1984년 10만 6700톤을 마지막으로 다시 10만 톤대로 올라가는 일은 없었고, 1990년 이후에는 연간 1만 톤 미만으로 떨어지는 사태가 되었다. 그리고 2000년에는 766톤, 그리고 2004년에는 100톤대를 깨고 64톤으로, 2007년에는 35톤으로 곤두박질했다. 그 이후는 연간 1톤 또는 통계 수치로는 나오지도 않는 양(500킬로그램 미만)이 되고 있다. 박종화 씨는 "유감스럽게도 명태잡이가 성립하지 못하는 수준이 되고 있습니다. 대구, 도루묵, 가자미 같은 어류를 잡는 조업을 하던 중에 어쩌다 우연히 명태가 잡히는 정도입니다"라고 말한다.

명태가 잡히지 않게 된 큰 원인은 1970년대부터 계속된 노가리(치어) 남획과 해수 온도 상승 같은 환경 변화로 말미암아 한류어인 명태가 남쪽으로 갔다가 다시 돌아오지 않게 되었다는 점, 나아가 연안부의 환경오염 등이 지목되고 있다. 치어를 보호하기 위해 1996년에 몸길이 10센티미터 이하인 노가리 어획이 금지되었고, 이어서 2003년에는 몸길이 15센티미터 이하, 2006년에는 몸길이 27센티미터 이하로 수산자원보호령에 따른 명태 어획 규제는 해가 갈수록 엄격해지고 있다. 뒤늦은 감은 있지만 여기에 이르러 겨우 일정한 제동이 걸린 것이라고 할 수 있다. 명태를 둘러싼 어려운 상황 속에서 동해수산연구소에서는 러시아와 공동으로 해양 환경 조사를 실시하거나 홋카이도대학교와 공동으로 인공 증식 연구를 추진할 계획을 세우고 있다. 그러나 인공적으로 치어를 얻을 수 있다고 해도 수온이 올라간 해역에서 명태가 과연 서식할 수 있을지 여부 등 문제는 산더미다.

그런데 북한 함경도 방면에서의 명태잡이는 현재 어떻게 되고 있을까. 한국 통계청이 인용하고 있는 국제연합 식량농업기관(FAO) 자료에 따르면 북한의 명태 연간 생산량은 2000년부터 2009년까지 10년 동안 매년 정해진 듯 우수리도 없이 6만 톤으로 되어 있다. 명태잡이가 이루어지고는 있겠지만 정확한 상황은 알 수 없다.

이어서 만난 사람은 1960년대부터 1970년대에 명태잡이가 왕성했던 강원도 거진, 속초, 강릉의 수협에서 경영에 참여했던 윤의구 씨(1941년생)다. 현재 속초 북쪽에서 가리비 양식을 하고 있다. 그는 김대중 정권 아래인 1998년과 1999년 2년 동안 한국 통일부의 허가를 얻어 북한 나진(현재 나선특별시)에서 남북 수산 협력 사업의 일환으로 가리비 양식을 시도했다. 그 일이 궤도에 오르기 시작했지만 그 뒤 남북 관계가 냉각되면서 현재 중단되고 있다.

한국 측에서의 명태잡이는 한국 동해안의 가장 북쪽, 그러니까 휴전선에 접한 강원도 고성군을 중심으로 이루어지고 있었다. 어법은 소형 목조선으로도 조업할 수 있는 자망, 주낙이 중심이고 가장 전성기에는 '12월부터 3월까지의 한철 고기잡이로 집을 한 채 살 수 있을 정도'의 수입이 되었다고 한다. 당시에는 수준 높은 기기를 장비하고 있는 어선 같은 것은 없었기 때문에 조업을 하다 보면 자기도 모르는 사이에 휴전선을 넘어 북측으로 들어가버리는 경우도 있었다. 이럴 경우 북쪽 경비정에 나포되는 사태가 발생했지만 "식량 따위를 받아 돌아오는 일도 있었습니다"라고 윤씨는 말했다. 남북의 경제 격차가 별로 크지 않았던 무렵의 이야기라고 한다.

"거진도 그렇지만 이곳 속초도 한국전쟁 시기에 북에서 피난 온 사람들이 많이 살았던 곳입니다. 북쪽 함경도에서 명태잡이와 북어 제조에 종사했던 사람들이 강원도로 와서 어법과 제조 기술을 전했습니다." 윤씨는 이렇게 말하면서 속초에서 '이북 사람들'이 많이 사는 지역이 있음을 가르쳐주었다. '아바이 마을'이라는 그곳은 속초 중심가인 중앙동과 좁은 수로를 사이

그림 31 **속초 중심가**
1960년대의 사진. 앞쪽이 속초 시가지(중앙동)이고, 외해(왼쪽 위)로 통하는 좁은 수로 맞은편이 사주 위에 생긴 '아바이마을'이다. 그 사이를 배들이 다닌다(《속초의 발자취》).

에 두고 엎어지면 코 닿을 거리였다. 아바이마을에 가려면 지역에서 '갯배'라고 일컬어지는 작은 거룻배로 건넌다. 속초 번화가는 동해에서 내륙으로 들어온 해수호인 '청초호'의 안쪽을 따라 펼쳐져 있다. 호수와 바다를 사이에 두고 남북으로 길게 뻗은 사주砂洲는 방파제 역할을 한다. 호수가 바다로 이어지는 어귀에 항구가 있다. 그리고 그 항구와 마주한, 예전에는 사람이 살지 않았던 사주 끝 부분에 아바이마을이 형성되어 있다 (그림 31). '아바이'란 함경도 방언으로 '아버지, 할아버지'라는 뜻이다. 이 말에는 함경도에서 온 피난민이 정착한 마을이라는 뜻이 담겨 있다.

그림 32 **아바이마을에 있는 식당**
텔레비전 드라마 무대가 된 일을 계기로 현재는 관광지화가 추진되고 있다. 간판에는 '함경도 아마이 생선구이'라고 쓰여 있다. '아마이'는 함경도 방언으로 '할머니'라는 뜻이다. 함경도 명물 '순대' 요리도 인기가 있다.

통칭 '아바이마을'이 있는 속초시 청호동에는 현재 약 2,200세대, 4,600명이 살고 있다(〈속초통계연보〉, 2010). 현재도 오징어잡이를 비롯해 어업에 종사하는 세대가 많지만 아바이마을이 텔레비전 드라마 촬영지가 된 적도 있어서 관광지가 되어 있기도 하다. 함경도 음식을 파는 식당이 몇 군데 있었다(그림 32). 일본에서도 그 드라마 팬들이 있어서 이곳까지 찾아오는 모양이다. 그들은 아바이마을의 역사도 접하면서 속초와 그 주변 촬영지를 돌아보기도 한다.

속초에서는 마지막으로 북어를 제조하는 공장을 방문했다. 속초 시가지에서 조금 남쪽으로 가면 '대포농공단지'가 있다. 그곳에는 농산물과 수산물을 가공하는 공장이 밀집되어 있다. 그 한 구획에 영풍수산이 있다. 사무실 벽 한쪽에는 1950년대와 1960년대에 속초 어항의 활황과 생선을 처리하는 여성들을 찍은 사진이 장식되어 있었다. 대표 최상봉 씨(1955년생)는 소년 시절 그 흑백사진에 찍힌 광경 속에 있었다. "당시 속초 분위기가 잘 나타난 사진입니다." 사진을 찍은 사람은 장전(현재 북한 강원도 고성군) 출신인 최구현 씨(1921년생)다. 속초 시가지에서 사진관을 경영하면서 거리와 사람들을 찍어왔다고 한다. 같은 도시에 사는, 얼굴을 아는 사진가가 촬영했다는 신뢰감이 사람들 표정에서 전해져온다. 제4장 속표지 사진과 〈그림 30, 31〉도 최씨가 찍은 것이다. 최상봉 씨의 아버지도 배를 타고 명태잡이에 종사했다고 한다. 출어가 결정되면 최씨의 어머니는 주낙의 낚싯바늘 하나하나에 미끼가 되는 전갱이를 썰어 끼우며 고기잡이 준비를 했다고 한다. 벽에 걸린 사진은 모두 아버지와 어머니의 모습을 상기시킨다. "저 사진처럼 1970년쯤까지는 속초에도 덕장이 많이 있었고, 어선에서 내린 명태를 어머니들이 강가에서 할복해서 씻고 그 자리에서 널었습니다." 현재는 덕장에서의 북어 제조를 설악산에서 가까운 진부령 부근 산자락에서 하게 되었지만, 당시에는 속초 해안 부근에서도 그 작업이 이루어졌었다고 한다.

최씨의 공장에서는 주로 북어와 코다리를 만들고 있다(그림 33). 북어는 자연 건조가 아니고 진공 동결건조 장치인 커다란

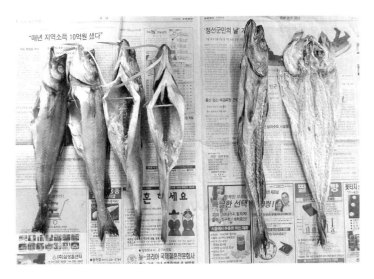

그림 33 **북어와 코다리**
왼쪽 절반이 코다리, 오른쪽이 북어. 맨 오른쪽은 북어를 펼친 북어포. 속초에 있는 영풍수산에서 촬영.

드럼통 안에 넣어서 만든다. 러시아에서 수입한 냉동 명태를 해동해서 내장을 꺼내 담수에 잘 씻은 다음 다시 냉동한다. 그 일부는 진부령에 있는 덕장으로 보내지지만, 나머지는 자사 공장에서 동결건조시킨다. 동결건조는 인스턴트 라면에 들어 있는 건더기 수프 따위를 만들 때 쓰이는 제조법으로 알려져 있는데, 식재료를 냉동한 다음 진공상태에 두고 수분을 증발시키는 건조법이다. 식재료의 조직과 성분을 비교적 잘 유지할 수 있는 데다가 상온에서 장기간 보존이 가능하다. 원래 북어는 한랭기에 동결과 건조를 반복하면서 제조되었기 때문에 이 경우는 자연적인 동결건조법이었다고 할 수 있다. 자연 동결건조법은 몇 개월이 걸리지만 공장에서는 꼬박 이틀, 그러니까 48시간이면 북어가 완성된다.

한편 코다리라는 명태로 만든 건어물에 대해서는 최씨의 공장을 견학하고 처음 알았다. 냉동 명태를 해동해서 할복하고 내장을 꺼낸다. 여기까지는 북어 공정과 같지만, 그다음에 내장이 있던 자리에 꼬챙이를 끼워서 벌어진 상태로 사흘 정도 외부 공기로 건조시킨다. 반건조 상태인 '명태 굴비'라고 하면 이해하기 쉬울 것이다. 공장에서는 온풍 건조기를 사용해서 하루 만에 만든다. 명태의 코처럼 보이는 부분(실제로는 입)에 끈을 꿰어 말린다고 해서 '코다리'라고 일컬어진다. 수분이 다 빠지지 않고 살은 생태 상태는 아니지만 부드럽다. 조림을 해도 되고, 찌개로 끓여도 되기 때문에 새로운 식재료로 주목받고 있다.

거진항에서 설악산 황태 덕장으로

속초에서 해안선을 따라 북쪽으로 가면 7번 국도를 달리게
된다. 오른쪽으로는 솔밭과 백사장이 이어진다. 여름에는 피서
객으로 붐비는 해수욕장을 몇 군데나 지났다. 그러나 국도를 타
고 북쪽으로 가다 보면 휴전선에 가까워지게 되어서 세워놓은
탱크나 전차를 볼 기회도 많아진다. 도로 위로 다리처럼 걸린
알록달록한 구조물은 '유사시'에 폭파되어 도로를 막고 전차 진
입을 저지하기 위한 장치라고 한다.

목적지 거진은 한국 동해안에서 가장 북쪽에 있는 '고성군'에
있는 어항이다. 예전에는 명태잡이로 번잡한 항구였다고 한다
(그림 34). 속초에서 25킬로미터 정도 북쪽에 위치해 있고, 거기
서 다시 10킬로미터 정도를 가면 민간인이 갈 수 있는 최북단
장소인 '통일전망대'가 나온다. 그 전망대에서는 맑은 날이면 멀
리 명승지 금강산을 볼 수 있다고 한다. 한국전쟁 전에는 38선
보다 북쪽에 있는 속초에서 고성군까지의 지역은 북한에 속해
있었다. 전쟁 뒤에 한국에 편입된 것이다.

명태 떼가 오지 않게 되고부터는 거진에서도 명태잡이를 하
지 않는다. 항구에 계류되어 있는 배들은 모두 오징어 낚싯배다.
일찍이 거진을 중심으로 고성 앞바다가 명태잡이의 '황금 어
장'이었다는 사실을 전하면서 동시에 지역 진흥을 도모하고
자 1999년부터 '고성 명태 축제'라는 행사가 해마다 열리게 되
었다. 또 고성군청이 앞장서서 동결건조 명태를 지역 브랜드화

그림 34 **거진 11리 덕장**
일찍이 한국 명태잡이의 거점이었던 거진에서는 해안선 '11리'(4.3킬로미터 정도)에 걸쳐 덕장이 이어졌다. 명태잡이가 활황을 누렸던 1970년대 사진이다. 1980년 초까지는 해안부에 덕장을 설치해놓고 북어를 제조했다(《고성군 명태어로민속지》).

한 '고성 북어'를 내걸고 2010년도부터 명태 가공 설비, 다시 말해 덕장 건설 같은 설비 투자를 하고 있다. 명태 축제위원회 사무국장인 김승식 씨(1970년생)는 "거진 인구는 명태잡이가 왕성했던 무렵에 비하면 3분의 1밖에 안 되는 8,000명으로 줄었습니다. 우리 부모님도 그렇지만 이북 출신 주민이 많습니다. 휴전선에 접한 이 지역이 평화롭게 안심하면서 살 수 있게 만드는 일, 그리고 명태 산업을 부흥시키는 일에 고성 사람들은 '영혼'을 쏟아야 합니다"라고 축제에 거는 꿈을 열심히 이야기했다.

7번 국도를 다시 타고 남쪽을 향해 속초에서 설악산 방면으로 갔다. 혹한기에 설악산 자락에서 이루어지고 있는 북어 제조 현장을 견학하고자 함이다. 속초에서 춘천으로 통하는 국도를 달려 설악산(해발 1,708미터) 북쪽에 있는 미시령(해발 826미터)을 넘어 인제군으로 들어섰다. 한반도의 등뼈에 해당하는 태백산맥은 원산의 남쪽에서 시작해서 동해안을 따라 금강산, 설악산, 오대산, 태백산이 이어진다. 서울 방면에서 이 산맥을 넘어 강원도 해안으로 통하는 고개는 북쪽부터 진부령(고성으로), 미시령(속초로), 한계령(양양으로), 대관령(강릉으로)을 가로질러 통한다. 태백산맥 동쪽에 위치한 강원도 해안 지방은 이 '고개'들을 넘어가기 때문에 '영동嶺東지방'이라고 일컬어진다. 북어를 만들고 있는 지역은 진부령, 미시령, 대관령 주변에 집중되어 있다. 현재 영동고속도로나 4차선으로 정비된 국도가 통하고 있지만 옛날에는 험준한 산길이었다고 들었다.

미시령 터널을 빠져나와 설악산 북쪽 중턱을 지나면 서쪽(서울 방면)으로 나 있는 국도가 북쪽에 있는 진부령 방면에서 오는 국도와 만나는 곳에 용대리(강원도 인제군 북면 용대리)라는 산간 마을이 있다. 도로 좌우로는 명태를 잔뜩 매단 덕장이 보이기 시작했다(그림 35). '용대리 황태'라는 브랜드로 알려진 북어 산지다. 북어 가운데 최상품인 '황태'를 제조하는 '북설악'이라는 회사를 찾아가 이사 김수홍 씨(1956년생)에게서 이야기를 들었다.

필자가 먼저 "1960년대, 1970년대까지는 속초나 고성 등 명태가 잡히는 항구에서 그대로 덕장에 널었다는 이야기를 속초에서 들었습니다. 산간부에 있는 이곳 용대리에서 황태를 만들게

그림 35 **용대리 덕장**
설악산 북쪽 산자락에 있는 용대리는 겨울 동안 명태를 말리는 덕장으로 채워진다. 어디를 봐도 명태, 명태 …… 온통 명태다.

된 때는 언제부터입니까? 그리고 왜 이곳을 선택하셨습니까?" 라고 묻자 김씨가 친절하게 대답해주었다. "우리 회사가 용대리에서 황태 제조를 시작한 때는 1989년입니다. 도로가 정비되고 교통편이 좋아진 이유도 있지만 뭐니 뭐니 해도 다른 곳에는 없는 황태 만들기에 적합한 환경이 이곳에 있다는 점이 가장 큰 이유입니다."

용대리는 해발 400미터에서 500미터 사이에 위치한다. 결코 높은 곳이 아니다. 그러나 이 정도 높이가 아니면 안개가 끼기 때문에 말려놓은 명태에 다시 수분이 빨려들어가 상해버린다. 덕장에 명태가 걸리는 혹한기의 기온은 이곳 같은 경우 낮에는 섭씨 0도에서 영하 2도가 된다. 황태 만들기는 동결과 해동건조 반복이 최대 관건이다. 그래서 기온은 너무 낮아도 안 되고 (낮에도 녹지 않으니 마르지 않고) 또 너무 높아도 안 된다(밤에 얼지 않는다). 또 걸어놓은 명태가 잘 마르려면 한랭한 바람이 강하게 부는 조건도 필요하다. 계곡에 있는 용대리는 바람이 강하며, 그래서 눈이 와도 산 쪽으로 날려 올라가 덕장이 파묻힐 정도로 쌓이지도 않는다. 황태 만들기에 좋은 조건을 갖추고 있는 것이다. "해안 쪽에서 명태를 말려도 이곳과 달리 해풍은 따뜻하기 때문에 동결이 충분히 반복되어 살이 노랗게 되는 황태가 되지 않습니다. 살에 검은빛이 살짝 도는 색깔이 나옵니다."

용대리에서도 고성이나 속초에서와 마찬가지로 한국전쟁 때 피난해온 '이북 사람들'에게서 덕장 만들기도, 동결건조법도 배울 수 있었다. 김수홍 씨는 그 지역인 인제군 출신이지만 "이곳 황태는 함경도식입니다"라고 자랑스럽게 말한다. 함경도에서 북어를 제조하던 사람들이 비슷한 기후 조건에서 명태를 동결건조하는 작업을 할 수 있는 장소를 물색하던 중에 이곳에 다다르게 되었던 것이다.

해마다 기후 조건에 따라 조금씩 다르지만, 명태를 덕장에 걸기 시작하는 때는 대개 12월 20일부터 1월 5일 사이이다. 그리고 3월 말에서 4월 초까지 약 3개월 동안 바람을 맞혀서 동결건조시킨다. 그런 다음에 '가장 중요한 마지막 건조'를 한다. 수분은 10퍼센트에서 20퍼센트 정도 남겨두는데, 그러한 '완성'에는 따뜻한 봄바람이 필요하다고 한다. 김씨는 이 바람에 '화풍和

風'이라는 아름다운 표현을 썼다. 작업은 덕장에 걸어놓은 명태를 내려서 쌓는 일이다. 단, 쌓인 명태 밑에서부터 위로 '화풍'이 잘 통하도록 요령 있게 해야 한다. 또 비나 늦은 눈을 맞지 않도록 위에는 덮개를 씌운다. 이러한 상태에서 한 달 정도 동안 화풍을 맞혀 완성한 다음 4월 말에 창고에 넣는다. 그리고 거기서 40일에서 50일 정도 묵힌다. 그사이에 살은 '황금빛'이 더욱 선명해져서 황태로서 출하할 수 있는 때는 대략 5월부터 6월쯤이 된다.

현재 용대리를 중심으로 하는 진부령, 미시령 방면에 있는 황태 덕장은 모두 52군데다. 동업자들끼리 '황태연합회'라는 단체를 만들었다. "지금 단체에서 논의하고 있는 문제는 무엇입니까?"라고 질문해보았다. "가장 큰 문제는 중국에서 싼 북어가 들어오게 된 일입니다. 중국산 북어가 한국 소비량 가운데 60퍼센트를 넘는 지경이 되고 있습니다." 김씨가 한 말에 따르면 한국인 업자가 러시아 포세트 항과 북한의 나선특별시(경제지구)에 가까운 훈춘 등 조선족이 많이 사는 연변 조선족 자치주 여기저기에 제조소를 만들어 한국으로 수출하기 위한 북어를 제조하고 있다고 한다. 현지에서 고용되는 노동자 인건비가 싸기 때문에 가격이 중국산에 밀리는 것도 사실이다. 현재 한국 안에서 생산되는 황태 가운데 70퍼센트는 용대리와 진부령 방면에서 생산된 것이고, 나머지 30퍼센트는 대관령 방면의 것이다. "한국의 황태를 이끌어가고 있다는 자부심을 갖고 더욱 엄격한 품질관리를 합니다. '용대리 황태'를 누구나 인정하는 '명품'으로 지키려는 노력이 필요하다고 생각합니다."

김수홍 씨의 안내로 덕장을 둘러보았다. 〈그림 35〉에서 보이듯이 용대리 계곡에 있는 평탄한 곳이면 어디나 덕장이 설치되어 상하 2단으로 빈틈없이 명태가 걸려 있다. 가장 많이 생산한 해에는 3만 2000톤, 약 3000만 마리에 이르는 황태를 제조했다고 한다. 상상하기 어려운 숫자다. 덕장 주변에는 며칠 전에 내린 눈이 남아 있었다. 살을 찌르는 듯한 찬바람에 도로는 얼어 있었다. 걸음걸이가 익숙지 않아 위태롭다. 밖에 몇 분만 있어도 귀가 아플 정도로 춥다. 김씨는 그런 필자의 모습을 보고는 황태 해장국을 맛있게 끓이는 식당을 가르쳐주었다.

필자는 김씨에게 감사 인사를 전하고 황태 덕장을 뒤로 했다. 서울까지 가려면 배를 든든하게 채워놓아야 한다. 김씨가 가르쳐준 해장국집으로 갔다. 평일이고 게다가 저녁이라기에는 조금 이른 시간이어서인지 손님은 없었다. 주문한 황태 해장국은 금방 나왔다. 1인용 뚝배기가 아직도 보글보글 끓고 있다. 황금색 황태 살이 떠 있다. 김씨가 만든 황태일지도 모른다. 그 국물을 한 입 먹어보았다. 얼어붙었던 몸이 배 속까지 풀리는 듯하다.

속초에서 거진, 그리고 용대리로 강원도를 몇 군데 돌아다녔다. 많은 사람에게서 이야기를 들었다. 그리고 그 이야기들과 함께 본 표정도 떠오른다. 명태에 관계된 사람들과 '북'과의 인연이 생각 이상으로 깊다는 사실을 알았다. "한국의 전통적인 제사에는 빼놓을 수 없는 황태를 러시아산 명태로 만들고 있다는 사실을 어떻게 생각하십니까?"라고 필자는 어떤 자리에서 조금은 심술궂은 질문을 해보았다. 이에 대답한 사람은 "물론 명태 떼가 다시 한번 동해 바다로 돌아와주는 일보다 좋은 일은 없겠지만 그래도 러시아산이면 어떻습니까. 명태는 명태지요"라고 하면서 그런 '사사로운 일'에는 신경도 쓰지 않는 모습이었다. 모두 명태를 사랑하는 사람들이었다. 한국 사람들은 앞으로도 명태와 함께 살아갈 것이다. "명태야, 어느 바다라도 좋으니 반드시 길이길이 살아남아다오." 황태 해장국의 따뜻함이 더욱 깊이 느껴졌다.

제5장

식민지와 학문
— 어류학자 정문기와 우치다 게이타로

조선총독부 수산시험장
1921년에 부산 '마키노시마 牧島'에 개설되었다(현재 영도구 남항동). 일본 패
전 뒤에도 한국의 국립수산연구기관으로 이름을 바꾸어 1989년까지 그곳에
있었다. 부산 연안은 요새 지대이기도 하기 때문에 사진의 배경화면이 가공
되어 있다(《조선총독부 수산시험장요람》, 1937).

정문기, 조선산 어류 연구로의 길

한국의 어류 연구사를 말할 때 첫째로 꼽아야 할 인물은 그 선구자로 알려진 정문기(1898~1995)일 것이다(그림 36). 앞 장에서 인용했던 〈조선명태어〉(1936)를 집필한 사람이다. 정씨는 도쿄제국대학교 농학부 수산학과에서 공부했고, 1929년에 대학을 졸업한 뒤 조선총독부 식산국 수산과 양식계의 기수技手(직제상 '기사' 밑에 속하는 기술관)가 되었다. 정씨가 자신의 연구 생활을 돌이켜보면서 기록한 〈어조동실기魚藻同室記〉(《신동아》, 1966, 3월호)와 《내가 걸어온 길》(학술원, 1983) 등을 참고로 하면서 그가 '걸어온 길'에 대해 먼저 설명해보겠다.

정문기는 1898년에 전라남도 순천에서 태어났다. 아버지는 관

그림 36 **정문기**
사진은 《부산수산대학교 50년사》(1991)에 실린 것이다. 정문기는 1947년에 농림부 수산국장과 부산수산대학교 학장을 겸했다.

리였다. 그는 근처 강에서 잠수를 해 맨손으로 붕어를 잡는 등 활발한 소년이었다. 중학교부터는 서울에 있는 중앙학교(민족계 사립학교)에 진학해서 일본에 있는 고등학교(옛 제도) 입학 자격을 얻어 일본에서 유학했다. 와세다고등학원, 마쓰야마고등학교(현재 에히메대학)를 거쳐 일단 규슈제국대학교 공학부에 입학했다가 이듬해인 1925년에 도쿄대학교 농학부로 편입했다.

도쿄대학교에 입학하기까지의 유학 생활에서는 공부보다 스포츠에 열심이었다고 한다. 정씨가 서울에서 재학했던 중앙학교는 당시 중등 야구(현재 고교 야구)의 강호로 알려진 학교였다. 정씨의 고희를 맞아 출간된 《논문수필집》(1986)에 글을 기고한 동창생은 그가 중앙학교 야구부에서 활약하는 중심 선수였다고 술회하고 있다. 일본으로 유학 와서도 야구, 축구, 럭비에 열중한 정씨는 나중에 조선인 조직인 '조선축구협회' 설립(1937)에 관계했고, 해방 뒤인 1960년에는 대한축구협회장이 되었다.

이처럼 스포츠에 빠져 지내던 청년이 수산학을 전공하게 된 계기는 나름의 생각이 있었기 때문이라고 한다. 한반도는 삼면

이 바다로 둘러싸여 있어서 수산 자원이 풍부하다. 그러나 예부터 수산업을 멸시하는 풍조가 있어서 수산 과학에 관한 문헌도 적은 데다가 일반 국민의 관심도 낮았다. 수산업이 왕성한 일본에서 수산학을 공부해서 조선인의 손으로 조선 수산업 발전에 기초를 만들어야겠다는 생각에 "법학, 경제 만능 시대에 도쿄대학교 수산학부(농학부 수산학과를 말함)에 입학했다"(〈어조동실기〉).

정문기가 도쿄대학교에서 수산 생물 연구 방법을 본격적으로 공부하던 무렵에 있었던 일이다. 도서관에 있는 물고기 분류에 관한 서적을 조사하다 보니《고사류원古事類苑》이라는 책이 눈에 들어왔다.《고사류원》은 메이지 정부가 편찬하기 시작해서 고대에서부터 메이지 시대에 이르기까지의 각종 고문헌을 천체, 지리, 정치, 문학, 동식물 같은 분야별로 묶어 정리한 대백과사전이다. 그는 조선에서도 서구의 새로운 연구를 받아들여야 할 뿐 아니라 이러한 옛 문서를 집대성하는 사업이 필요하며, 언젠가는 조선의 수산에 관한 옛 문헌을 수록하고 정리하는 작업에 뛰어들고 싶다는 생각을 하게 되었다.

정씨는 대학 졸업 뒤에 조선총독부 수산과에 근무하면서 조선의 수산 생물에 대한 분류와 분포, 생태, 그리고 바다 상황 조사·연구에 종사했다. 그러한 연구 업무와 병행해서 평소부터 생각하고 있었던 조선의 수산에 관한 고문헌 연구에도 착수했다.

고문헌 수집은 생각보다 어려운 작업이었다. 누구 손에 어떤 문헌이 있을까. 정씨는 먼저 조선학을 연구하는 일본인과 조선인 학자들을 일일이 만나러 다녔다. 조선 고문헌 조사로 유명한 경성제국대학교의 다카하시 도오루高橋亨(전후에는 텐리天理대학교 교수, 조선학회를 발족시켰다)의 소개로 서울 남산 중턱에 사는 아유가이 후사노신鮎貝房之進에게 갔다. 도쿄외국어학교(현재 도쿄외국어대학교)에서 조선어를 공부한 아유가이는 언어학적인 견지에서 조선 고대의 지명이나 국명 따위를 고문헌에서 찾아 고증하는 작업을 하고 있었다(참고로 그는 그 밖에도 역사, 문화, 풍속 등의 연구를 진행해서 《잡교雜攷》로 정리했다). 정씨가 찾아오자 아유가이는 조선 시대 때 쓰인 지리서인 《동국여지승람》의 〈토산물〉(각지의 산물) 가운데 나오는 수산물 이름을 직접 조사하고 있었는데 '행어行魚'와 '고리마高里麻'라는 것의 정체를 알 수 없어서 그것을 먼저 조사해보겠다고 말했다. 정씨는 대략 6개월에 걸친 조사 끝에 '행어'는 400년 전에 제주도에서 '정어리'를 가리키는 말이었고, '고리마'는 함경남도 이원군 차호에서 채집되었던 해조류임을 밝혀내어 그 조사 결과를 아유가이에게 전했다. 이 보고를 들은 아유가이는 기뻐하면서 정씨에게 다과를 권하고는 《현산어보玆山魚譜》와 《물명기략物語紀略》이라는 조선 고문헌을 보여주며 가지고 가서 연구해보라고 그 귀중한 자료들을 빌려주었다(〈어조동실기〉).

《현산어보》는 조선 시대 인물인 정약전이 1801년의 천주교 탄압 사건으로 전라도에 있는 흑산도에서 16년 동안 유배 생활을 보내고 있을 때 근해에서 나는 수산물에 대해 조사·연구해서 체계적으로 정리한 박물지다. 조선의 수산 관계 고문서 가운데에서는 1급 자료로 여겨진다. 참고로 정약전의 동생 정약용은 조선 시대 후기 실학 사상의 대가로 알려진 인물이고, 서학(양학)에도 조예가 깊었다. 정약전과 같은 사건으로 전라도 강진으로 18년 동안 유배를 당하는데, 그동안 왕성하게 저작 활동을 계속했다. 《현산어보》에는 어류를 비롯해서 조개류, 게, 새우류, 복족류, 해조류 등 수산 생물의 생태에 대한 기술과 함께 물고기 이름의 방언 따위도 언급되어 있다. 정씨는 여러 사본을 검토하면서 《현산어보》 교정 작업을 시작했다.

그런데 한국에서는 《현산어보》의 '玆'을 '자'로 읽느냐 '현'으로 읽느냐에 대한 논의가 있다. 어떻게 읽더라도 정약전이 《현산어보》에 기록한 대로 '자산'이 '흑산(도)'의 별칭이라는 점은 움직일 수 없다. '玆山'은 관례적으로 '자산'이라고 읽어왔지만(정문기 씨도 그렇게 읽었다.) 생물학자 이태원은 여러 자료를 검토한 결과 '玆山'의 '玆'은 '현玄'과 통해 '흑黑'의 의미이고, '玆山=黑山'이 되니까 '현산'으로 읽기를 강하게 제안하고 있다(《현산어보를 찾아서》, 2002). 이 책에서는 이태원의 견해를 따라 《현산어보》로 표기하겠다.

시부사와 게이조와의 만남

정문기는 1977년에 현대 한국어로 번역되어 간행된 《현산어보》의 〈역자의 말〉(집필은 1974년 3월)에서 그 출판 경위에 대해 쓰고 있다.

해방 2년 전인 1943년 어느 날, 경기도 인천 수산시험장에 있었던 정문기에게 총독부 전 식산국장 호즈미 신로쿠로穂積真六郎로부터 일본은행 총재(만남 시점에서는 부총재)인 시부사와 씨가 조선호텔에 묵고 있는데 같이 가보지 않겠느냐는 연락이 왔다(시부사와 게이조渋沢敬三와 호즈미는 사촌 관계다 — 필자 주). 시부사와 게이조는 당시 일본 재계를 대표하는 인물이고, 또 민속학이나 어업사 연구로도 널리 알려져 있었다.《일본어명집람日本魚名集覽》출판을 준비하고 있던 시부사와가 정씨가 쓴 논문인 〈조선어명보朝鮮魚名譜〉(1934)를 읽고 그 연구에 흥미를 갖고 있었다는 것이다. 만남은 한 시간이나 이어졌다. 시부사와는 고문헌에 대한 조사 진척 상황과 출판 계획에 대해 물었다. 정씨는 시부사와가 자신의 연구에 대해 주위에 있는 누구보다도 잘 이해해주는 사람이라고 생각했다. 그래서 하루라도 빨리 연구 성과가 세상에 나오도록 협력하겠다는 시부사와의 제안을 그는 흔쾌히 수락했다.

그 뒤 정씨는《현산어보》의 사본을 교정하는 작업 진도를 서둘러서 새로운 원본(텍스트)을 두 권 완성시켰다. 그 가운데 한 권을 도쿄에 있던 시부사와에게 보냈다. 그러나 때마침 그 무렵에 도쿄는 거듭되는 공습으로 혼란스러운 와중에 있었다. 따라서 정씨는 원고를 보냈지만 그것을 받았다는 연락을 듣지도 못한 채 해방을 맞았다.

《현산어보》의 원고가 시부사와에게 무사히 전달이 되었는지여부가 궁금해진 정씨는 해방 6년 뒤에(1951년) 일본으로 갈 기회를 얻어 시부사와를 찾아가기로 했다. 시부사와는 정씨를 반기며 자택으로 초대했다. 그는 서재에서 《현산어보》를 꺼내와서 "무사히 보관할 수 있었습니다"라고 하면서 그 원고를 보여주었다. "시국이 안정되면 출판하겠습니다"라는 말을 듣고 헤어졌는데 그 뒤 시부사와가 세상을 떠났다(1963년).

정문기는 《현산어보》 원고를 볼 때마다 고문헌 연구에 전폭적인 지원을 아끼지 않았던 시부사와에게 미안한 마음이 들었다. 그런 이야기를 그가 《조선일보》에 연재하고 있던 〈신박물기〉에 썼더니 《현산어보》의 출판 기획이 성립되어 1977년, 시부사와를 처음 만난 날로부터 30여 년이 흐른 뒤에야 정씨가 번역한 《현산어보》가 간행된 것이다. 그가 그 출판 소식을 가장 먼저 전하고 싶었던 사람은 고인이 된 시부사와 게이조였을 것이다. 이는 《현산어보》 책머리에 실린 〈역자의 말〉 대부분이 시부사와에게 감사하는 마음으로 채워지고 있음만 봐도 분명하다.

시부사와 게이조는 '일본 자본주의의 아버지'로 일컬어지는 사업가이며 사회사업가이기도 했던 시부사와 에이치渋沢栄一의 손자에 해당하는 인물이다. 그는 1896년에 도쿄 후카가와深川에서 태어났다. 젊었을 때에는 동물학자가 되겠다는 꿈을 갖고 있었지만 제2고등학교(현재 도호쿠대학교)에 재학할 때 시부사와 동족 주식회사 사장에 취임하게 되었고, 그 뒤 도쿄제국대학교 경제학부를 거쳐 요코하마 쇼킨 은행正金銀行에 입사했다. 경제인이 되고 나서도 학생 시절에 집에 설립했던 '아틱뮤지엄'(지붕 밑 방 박물관)을 거점으로 해서 활발하게 연구 활동을

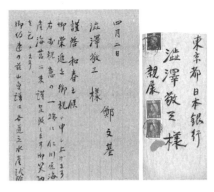

그림 37 시부사와 게이조 앞으로 보낸 정문기의 서한
시부사와 게이조가 일본은행 총재에 취임한 일을 축하하
는 구절도 있다. (시부사와 사료관 소장)

계속하면서 미야모토 쓰네이치宮本常一*를 비롯한 민속학 연구자들을 아틱 동인으로 초빙해서 민속학 영역에서 훌륭한 업적을 남겼다.

현재 시부사와 게이조에 대한 자료는 시부사와 사료관(도쿄도 기타구区)에 소장되어 있을 테니 정씨가 기록한 〈역자의 말〉 내용이 맞는다면 그가 시부사와에게 보낸 《현산어보》 원고를 볼 수 있을지도 모른다고 생각했다. 그래서 시부사와 사료관에 문의를 해보았다. 그곳 학예원學藝員에게서 시부사와 게이조 앞으로 쓴 정문기 씨 서한을 소장하고 있으며, 정씨가 시부사와에게 보낸 《현산어보》 사본 원고는 시부사와가 수집한 어업 관계 자료를 보관했던 '제어동문고祭魚洞文庫'가 수산종합연구센터 중앙수산연구소(요코하마시)로 이관되어 있으니 그쪽에 가면 볼 수 있다는 말을 들었다. 필자는 그 즉시 자료를 확인하러 갔다.

시부사와 사료관에 소장되어 있는 정씨의 서한은 시부사와 게이조가 1944년 3월에 일본은행 총재에 취임한 일을 축하하는 내용으로, 거기서 정씨는 조선 각도에 있는 수산시험장이 조선

* 미야모토 쓰네이치(1907~1981) : 일본 민속학자.

총독부 수산시험장으로 통합되
어 그 조직 개편 작업에 쫓기고
있기 때문에《현산어보》원고를
전달하는 예정이 조금 늦어질
테니 양해를 바란다는 취지를
적고 있었다. 날짜는 (1944년)
4월 2일이다(그림 37).

한편 수산종합연구센터에 보
관되어 있는《현산어보》사본
원고(그림 38)에는 정씨가 집
필한 일본어 〈序〉(200자 원고지
14매)가 첨부되어 있다. 날짜는
'쇼와 20년(1945) 1월 3일'이다.

그림 38 **정문기 교정《현산어보》사본**
사본 본문의 원고지는 '이왕직찬집용지李王職纂輯用
紙'가 사용되었다. (수산종합연구센터 중앙수산연구
소 소장)

그가 완성한 사본을 시부사와에게 보낸 때가 1945년 초였다는
뜻이 된다. 〈序〉의 내용은《현산어보》의 개요와 그 저자 정약전
에 대한 소개가 중심이 되어 있다. 간행 당시에는 일본 독자에
게 서지적인 지식을 제공할 의도로 쓰였다고 여겨진다. 정씨는
그 서문에서 시부사와 게이조와 만난 일에 대해서도 잠깐 언급
하고 있다.

　쇼와 18년(1943) 6월, 경성에 있는 조선호텔에서 시부사와 게이
　조 씨와 면접할 기회를 얻었는데 담화談話에서 사학斯學(조선 어류
　의 고문헌 연구)에 대한 이야기가 나와 시부사와 씨에게서 이런 종

류의 문헌을 가급적 급하게 공표하지 말기를 종용한(추천한) 바 있다. 또한 이에 동의를 표하며 이것의 간행에 관한 방법 따위를 논의하고, 우선 이 사업의 제1착수로서 이《현산어보》를 출판 공개하기로 서로 약속했다.

시부사와 게이조가 자신의 여행을 기록한 〈여보旅譜와 편영片影〉(《시부사와 게이조 저작집 제4권》)에 따르면 시부사와는 '쇼와 18년(1943) 5월'에 중국 상해, 남경, 북경, 봉천(현재 심양) 등지를 차례로 방문하고 돌아오면서 '5월 19일'에 '경성'에 들렀다. 숙박은 '조선호텔', 면회자는 '고이소小磯 총독, 다나카 데쓰사부로田中鐵三郎(조선은행 총재), 호즈미穗積 경전(경성전기) 사장, 미즈타 나오마사水田直昌(조선총독부 재무국장)'이다. 정문기의 이름은 없지만 '호즈미'라는 이름은 나온다. 이 해에 시부사와가 조선을 방문한 날은 이날뿐이니까 두 사람이 만난 날 정씨가 기억하고 있는 1943년 '6월'이 아니고 '5월'이었을 것이다(시부사와 사료관, 나가이 미호永井美穗 학예원이 가르쳐주었다).

이 인용에 있는 '이 사업의 제1착수로서'라는 구절로 보아 시부사와와의 사이에《현산어보》말고도 조선의 수산에 관한 고문헌 간행이 계획되어 있었음을 엿볼 수 있다. 이러한 점을 포함해서 정씨에게는 조선 어류 연구에 대한 기본 문헌을 정비한다는 조선인 연구자로서의 사명감은 물론이고, '내 작업을 이해해주는 이 사람을 위해서라도 일을 서두르고 싶다'고 마음먹게 한 시부사와 게이조라는 '사람'에게 거는 신뢰와 경의의 감정이 비숫한 강도로 있지 않았을까 상상할 수 있다.

시부사와 게이조와 조선인 유학생

시부사와 게이조는 정문기가 하고 있는 연구를 지원했을 뿐
아니라 일본에 와 있는 조선인 유학생 육영 단체인 '자강회自彊
會'의 찬조 회원이 되어 개인적으로도 유학생들을 후원했다.《창
립 10주년 기념지》(자강회, 1936)에 따르면 자강회는 1924년
10월에 조선인 자조 단체로서 발족했다고 한다. 전해 9월 11일
에 관동대지진이 일어났을 때 유언비어 때문에 조선인이 다수
살해당했다. 이때 도쿄의 '고이시가와小石川구 오즈카사카시타大
塚坂下초'(현재 분쿄文京구 오즈카)에 살던 조선인 민석현과 박사직
외에 40명 정도는 '전전긍긍 도무지 마음 둘 곳 없는 상태'(앞의
책)를 경험했지만 다행히 마을회장인 가노 지고로嘉納治五郎와 여
러 사람들이 비호해줘서 무사할 수 있었다. 마을회장 가노 지고
로(1860~1938)는 고도칸講道館 유도를 창시한 인물로 알려져 있
지만 루쉰魯迅을 비롯한 중국인 유학생을 받아들인 '고분弘文 학
원' 설립자이기도 하다.

민석현과 박사직은 3·1독립운동을 이끈 중심 세력이었던 천
도교 관계자로서 도쿄에 있는 대학에서 공부하면서 도쿄 거주
조선인 사이에서 천도교 활동을 지도하는 입장이기도 했다(배
영미, 〈1920년대 재일 조선인 유학생에 관한 연구〉, 2010, 이하 〈배씨
논문〉). 조선인 학살 사건의 원인이 일본과 조선 두 민족 사이의

의사소통 부족에도 있다고 통감한 민씨와 박씨는 조선인-일본인 상호 이해와 협조를 진전시키고자 "이해 있는 내지인(조선인)에 원조를 청하며 우선 학자금이 부족한 (조선인) 학생의 면학을 돕고, 사정을 잘 알지 못하고 또 언어가 통하지 않는 (조선인) 노동자를 보살피자"(앞의 책)라고 하면서 자강회自彊会(당초에는 '自強會')를 조직했다. 자강회의 이사장 이하 이사는 모두 조선인 전 유학생과 현 유학생이었지만 평의원 같은 후원자는 일본인이었다. '고이시가와구 오즈카'에 거주하는 가노 지고로 말고도 근처 '고이시가와구 하라原초'(현재 분쿄구 시라야마白山)에 거주하는 사카타니 요시로阪谷芳郎(상의원 회장, 시부사와 에이치의 사위, 전 대장성 대신), 나가이 도루永井亨(감사, 협조회 상임이사), 시미즈 가즈오清水一雄(감사, 시미즈 구미組 사장) 같은 사람들이 중심이 되어 실업가들에게 호소해서 1927년에 자강회는 재정 기반을 갖추고 법인화했다. 감사 나가이는 〈자강회 설립 당시의 회상〉(앞의 책)에서 조선인에게 저지른 일본인의 '만행'을 반성하면서 이렇게 술회하고 있다.

조선인에 대한 이해와 동정을 결여하여 자칫하면 일시동인一視同仁, 일선융화日鮮融和*라는 미명 아래 열등 민족을 동화시키겠다는 우월감이 당시 사람들 사이에 잠재의식이 되어 퍼져 있음을 아

---

* '모든 사람은 평등하며 차별 없는 배려를 받아야 한다(일시동인)'와 '조선과 일본은 같은 나라로 융화해야 한다(일선융화)'라는 슬로건으로 '내선일체'와 함께 일제 강점기 때 나온 용어들이다.

무도 부정할 수 없을 것이다.

이 소감은 나가이뿐 아니라 자강회를 후원한 일본인 독지가들이 마음속에 가지고 있던 생각이었을 것이다. 시부사와 게이조는 대지진 당시 요코하마 쇼킨 은행 런던 지점에 근무하면서 고국에서 일어난 '사건'에 마음 아파했지만 1925년에 도쿄로 부임해서 자강회를 알게 되자 찬조 회원이 되었다(시부사와 게이조, 〈발문〉,《조선의 농촌 위생》, 1940, 이하 〈발문〉). 자강회에는 자강회 장학생과 찬조 회원 장학생이 있었는데, 전자에게는 자강회가 장학금을 지급했고 후자에게는 찬조 회원 개인이 특정 유학생에게 학자금 따위를 지급했다(〈배씨 논문〉). 시부사와 게이조는 처음으로 제1고등학교(현재 도쿄대학교 교양학부) 학생이었던 강정택을 후원해 진로 상담에도 적극적으로 나섰다. "그 뒤 이주영, 장영철, 강금복, 최응석, 한형기 같은 사람들이 왔다. 사람 수는 적지만 모두 훌륭한 사람들로서 기이한 인연으로 진정한 친구가 될 수 있었음은 내게도 다행스러운 일이라 깊이 기뻐하고 있다"라고 〈발문〉에 기록하고 있다. 당시 제일은행 경영진으로 40대 중반이었던 시부사와가 조선인 젊은이들을 '친구'로 여기고 있었다는 사실이 매우 신선하다.

조선 농촌 조사 – 유학생 강정택

시부사와 게이조는 조선인 유학생에게 금전적인 지원만 하지는 않았다. 유학생들과 함께 연구 프로젝트를 만들고 추진했다. 시부사와가 가장 먼저 후원했던 강정택은 시부사와에게서 조언을 받아 도쿄대학교 농학부에 진학해서 농정학을 공부했다. 그리고 대학원에 진학해서 연구자의 길을 걷기 시작한 강정택은 '핫토리 보공회腹部報公會'(핫토리 시계점 창시자인 핫토리 긴타로服部金太郎가 설립한 학술 연구를 원조하는 단체)에서 지원을 받아 조선 농촌 사회 경제 조사를 하게 되었다. 강씨가 자신의 출신지인 경상남도 울산읍 달리에서 현지 조사를 진행했을 때(그림 39), 마찬가지로 시부사와가 후원하고 있는 도쿄대학교 의학부 재학생 최응석과 시부사와 사이에서 강정택의 조사와 연계해 달리에서 사회의학적 견지에서의 농촌 실태 조사를 실시하는 기획이 마련되었다. 시부사와는 "강군과 마찬가지로 조선 농민에 대해 깊은 애정을 갖고 있는 최군은 그 실현을 열망하여 강군과 함께 여러 가지로 상담하고 찬성을 얻어" 그 기획을 추진하게 되었다고 썼다.

최응석이 중심이 되어 조사원 선정에 착수해서 최응석과 도쿄대학교 의학부에서 동급생 일본인 학생 일곱 명 외에 "농민 여자에 대해 남자(조사원)만으로는 모자라는 부분이 있어서 (동양)여자치과의전 홍종임과 도쿄 여자의전의 오선일, 이소저 등이 가담했다." 도쿄대학교 경제학부에 재학 중인 이쾌수도 참가하고, 또 아틱뮤지엄에서도 미야모토 게이타로宮本馨太郎, 오가와 도루小川徹, 무라카미 기요후미村上淸文가 가담해서 1936년 7월부터 8월에 걸쳐 약 50일 동안 울산읍 달리에서 현지 조사가 이루

그림 39 **시부사와 게이조와 강정택**
농촌 조사에 앞장선 1933년 12월, 시부사와 게이조가 조선을 여행했을 때 강정택이 안내해서 달리에 들렀을 당시의 기념사진. 앞줄 오른쪽에서 네 번째가 시부사와 게이조이고 그 왼쪽 옆이 강정택이다(《식민지 조선의 농촌 사회와 농업 경제》).

어졌다. 조사원들은 강정택의 숙부 집에서 숙박했다. 강정택의 아내이며 의사인 이간원도 조사단에 편의를 도모해주었다. 조사단은 촌락 중앙에 있는 동사무소에 현미경과 시험관 따위를 가져다가 설치해놓고 '조사 본부'로 삼았다(그림 40). 시부사와 게이조가 쓴 〈발문〉을 권말에 첨부한 《조선의 농촌 위생》은 이때의 조사를 정리한 보고서다.

1939년에 시부사와의 요청으로 아틱뮤지엄에 입소한 미야모토 쓰네이치는 시부사와가 사망한 뒤에 쓴 〈위대한 후위後衛 ─ 시부사와 게이조 선생님을 추모하며〉라는 글(1963)에서 시부사

그림 40 **달동 경로당(경로회관)**
이곳에 '달리 동사무소'가 있었다. 예전에 동사무소 옆에 달려 있던 종이 보존·전시되어 있다(사진 왼쪽). 그 유래 설명판에 지역 출신 강정택이 이룬 업적이 적혀 있다.

와 게이조에 대해 이렇게 기술했다.

> 일본 문화의 본질과 그 형성 과정의 개명開明에 대해서는 이상할 정도로 관심을 갖고 주위 민족의 조사·연구자들에 대해 쏟은 정신적, 물질적 후원은 실로 컸지만 스스로 이에 대한 공치사를 한 적은 없었다. …… 중략 …… 그런 면에 대해 쓰자고 들면 한이 없지만 한편으로는 숨은 인재 발굴에 쏟은 공적도 크다. 한마디로 선생님은 스스로 발견자, 주창자가 되려고 하지 않고 오로지 방향은 지시하면서도 뒤에서 걸어간 후위後衛이다. 그러나 위대한 후위였다.
>
> — 미야모토 쓰네이치, 《시부사와 게이조》(미야모토 쓰네이치 저작집 50), 2008.

《조선의 농촌 위생》〈발문〉에서도 미야모토가 적확하게 표현한 시부사와의 '위대한 후위'라는 정의는 잘 전해져온다. 젊은 학생들 앞에 나서는 일은 없었지만 보이지 않는 곳에서 큰 방향을 지시한다. 나아가 사람을 민족, 연령, 성 따위로 차별하지 않는다. 〈발문〉에는 이 조사에 참가하거나 관련된 사람들의 이름이 조선인, 일본인을 불문하고 영화 자막처럼 모두 성과 이름으로 거론되고 있고, 현지에서 조사를 하기 위한 사전 준비나 통역을 도왔던 '박홍도, 박순표 두 소년'에게도 고마움을 표시하고 있다. 미야모토 쓰네이치 식으로 말하자면 시부사와 게이조는 '위대한 프로듀서'이기도 했을 것이다.

시부사와는 조사 종료를 확인하려고 1936년 8월 14일부터 16일까지 '울산읍 달리'에 체류하면서 농민들과도 교류를 가졌다(그런 다음 그는 아틱뮤지엄 구성원과 전라남도 다도해를 조사하는 여행에 합류했다). 조사원들과 농민들이 이별할 날도 가까워졌다. 시부사와는 "내가 가장 감동을 받은 점은 동사무소에서 가졌던 밤 회합에서 농민과 조사원과의 사이에 허물없이 오가는 대화 장면을 봤을 때였다"라고 그날 밤의 광경을 적고 있다.

사발에 넘칠 듯 담긴 막걸리가 어지럽게 오갔다. 북과 징을 울린다. 노래가 시작된다. 그러면서 춤이다. 어느새 배웠는지 내지에서 나온 조사원도 닥치는 대로 농민과 손을 잡기도 하고 어깨동무를 하면서 미친 듯이 춤을 추었다. 그곳은 내선內鮮(조선과 일본)의 구별도 없었고, 아무런 응어리도 없이 서로가 서로를 잊고 있는 세계였다. 내지의 농촌에서도 이렇게까지 이르기란 쉬운 일이 아니다. 나도 막걸리를 잔뜩 마시고 마당을 쿵쿵 울리는 저 조선 농촌 특유의 발소리를 들으면서 이번 조사는 거의 성공했음을 느꼈고, 참으로 기뻐서 어쩔 줄을 몰랐다.

— 〈발문〉

한 '작품' 완성에 입회한 '프로듀서'로서의 안도감, 만족감이 그대로 표현되어 있다. 이 조사가 이루어진 때는 1936년인데 1930년대 중반부터는 총독부에서 신사참배를 장려하기 시작했고 이듬해인 1937년에 시작된 중일전쟁 이후로는 조선인에게 신사참배가 강요되기 시작한다. 시부사와가 기록한, 사람들이 함께 춤추는 마당 광경만을 그런 시대 상황에서 따로 떼어 미화할 수는 없겠지만, 같은 그 시대에 한반도 한구석에 있는 촌에서 '서로를 잊고 있는 세계'가 여름 밤하늘에 퍼지는 불꽃놀이처럼 잠시나마 피어났음을 필자는 믿고 싶다. 그리고 그러한 '세계'가 출현할 수 있었던 까닭은 시부사와 게이조와 달리 출신 강정택, 그리고 그 후배인 최응석 사이에 깊은 신뢰와 우정이 있었기 때문일 것이고, 무엇보다 먼저 그들이 "마찬가지로 조선 농민에 대해 깊은 애정"(〈발문〉)을 갖고 있었기 때문이리라고 생각한다.

울산의 농촌 조사가 끝난 다음 시부사와는 '뭔가 이번 일을 기념하고 싶은 생각'이 들어 강정택, 최응석과 조사단원, 그리고 농민들과 의논해서 '의학 조사를 하면서 가장 필요를 통감한 위생적인 우물'을 파기로 했다. 1936년도 저물어갈 무렵에 우물이 두 군데 완성되었다. 우물 옆에는 '의학위생조사단 기념'이라는 표지가 세워졌다. 그로부터 3년 뒤인 1939년 여름, 마을에 가뭄이 엄습했지만 이 두 우물 가운데 하나는 마르지 않고 물을 내주었다. 모든 촌민이 그 우물 하나를 의지해 가뭄을 넘길 수 있었다는 소식을 전해들은 시부사와는 "너무나 즉각적인 효과를 본 데 대해 오히려 비통한 동정을 느끼지만 위생조사단의 선물로는 가장 적합한 것이고 좋은 기념이 되었다"라고 감회를 적고 있다(〈발문〉).

한편 조선 측 '프로듀서'였던 강정택은 조선 농촌 경제에 대한 연구를 계속해서 1939년에 도쿄대학교 농학부 조수가 되었지만, 조선 현지에서의 조사를 추진하고자 1943년에 귀국했다. 해방 뒤에 강씨는 경성대학교(1945년 10월에 '경성제국대학교'에서 개칭)의 농정학 담당 교수가 된 뒤 대한민국 정부 농림부 차관으로서 농지 해방 같은 개혁을 추진했다. 그러나 한국전쟁이 시작되고 서울이 인민군 지배에 들어간 1950년 7월에 한국 정부의 고위 관리였던 그는 북으로 연행되어 행방불명이 되었다. 그때 나이 마흔두 살이었다(이문웅 편,《식민지 조선의 농촌사회와 농업경제》, 2008). 한편 그의 3년 후배이며 함께 시부사와의 후원을 받아 울산 달리에서의 위생 조사를 주도했던 최응석(당시에는 도쿄대학교 의학부 학생)은 해방된 뒤 강씨와 마찬가지로 경성대학교 교수가 되었지만 얼마 뒤에 대학을 그만두고 출신지인 평양으로 돌아갔다. 그 뒤 조선민주주의인민공화국에서 의료 분야 발전에 힘쓰다가 나중에 김일성종합대학교의 의학부장을 거쳐 같은 대학 부속병원장이 되었다고 한다. 또 이문웅은 앞에서 언급했던 책에서 강씨의 아들 이주용(강정택의 숙부인 이준하의 양자가 되었다)이 아버지의 뒤를 이어 시부사와 게이조를 찾아가 아버지 대신 후의에 감사한다는 뜻을 전했다는 일화를 적고 있다.

2011년 12월에 강씨의 출신지에 있는 울산박물관에서 '75년 만의 귀향, 1936년 울산 달리'라는 특별기획전이 일본 연구기관의 협력을 얻어 개최되었다. 75년 전에 '울산읍 달리'에서 실시되었던 농촌 조사가 '고향'에서 소개된 것이다. 조사 당시 아틱 뮤지엄 동인이 수집한 농구 따위도 '귀향'했으며, 강정택의 업적도 지역 사람들에게 상세하게 소개되었다. 가혹한 시대를 살았던 강정택에게도 이는 '60여 년 만의 귀향'이었을 것이다.

조선총독부 수산시험장과 우치다 게이타로

다시 정문기가 그 사본을 정리한 《현산어보》 이야기로 돌아가자. 정씨가 1945년 초에 시부사와 게이조에게 보낸 사본 원고에는 일본어 〈서序〉(이하 〈일본어 서〉)가 첨부되어 있다. 그 〈서〉는 이런 구절로 시작된다.

조선 수산에 관한 연구는 최근 겨우 대두하여 조선 어류지처럼 드물게 보는 획기적인 조사·연구 발표도 있어서 사계斯界(조선의 어류 연구 분야)를 위해 경하를 금치 못한다.

이 구절에 있는 '조선 어류지'에 대해서는 나중에 자세히 언급하겠지만 조선총독부 수산시험장의 우치다 게이타로가 중심이 되어 계획한 근대 조선에서 최초로 만들어진 조선산 어류의 분류 총람이라고도 할 수 있는 기록이며, 그 점에서 정씨가 말하듯 '획기적인 조사·연구 발표'였다. 그러나 1977년에 그가 현대 한국어로 번역한 《현산어보》에 첨부된 〈역자의 말〉(이하 〈한국어 서〉)에는 이 구절이 없다.

또 〈일본어 서〉에는 정씨가 《현산어보》 사본을 입수해 이를 교정한 경위가 적혀 있다.

이 책(《현산어보》) 원문의 소재는 불분명하여 필자는 다이쇼大正 5년 10월 7일에 하시바 유스케羽柴雄輔가 등사교료謄寫校了한 후쿠오카 현 수산시험장장 오카무라岡村 씨가 소장하고 있는 등본(사본)을 빌려 1943년 11월 1일에 다시 등사교료한 것을 기조로 하고, 다른 한편으로 경성제국대학교가 소장하고 있는 책을 다시 등본으로 하여 이 양서를 대조 교정 완료하여 여기에 이 책을 탈고하기에 이르렀다.

이 한 구절에 쓰여 있는 경위를 정리하면 이렇게 될 것이다. 정씨는 민속학자 하시바 유스케가 '1916년'에 교정을 완료한 《현산어보》 등사 사본을 후쿠오카 수산시험장의 오카무라 장장에게서 빌렸는데 '1943년' 5월에 시부사와를 만나《현산어보》를 간행할 계획이 정해졌으므로 작업을 서둘러서 같은 해 '11월'에 하시바의 사본(하시바 본)을 재교정하는 작업을 마쳤다. 이 교정본과 '경성제국대학교'에 소장되어 있던《현산어보》사본(경성대본)을 다시 비교·대조하면서 교정 작업을 진행해서 그의 책임교정을 거친《현산어보》사본 원고(정문기 본)가 최종적으로 완성되었다는 뜻이 된다. 그런데 앞서 소개한 〈한국어 서〉에는 '지금까지 수집해 등사해둔《현산어보》4권'의 내용을 비교 교정했다고 기록해서 원본이 된 사본이 '네 권'으로 늘어 있다. 또 '하시바'나 '오카무라'라는 이름도, '경성제국대학교'도 나오지 않는다. 앞에서 인용했던 〈어조동실기〉(1966)의 고문헌 연구 구절도 오카무라에게서 빌린 사본(하시바 본)과 경성제국대학교 소장 사본(경성대 본) 이야기는 나오지 않는다. 그 대신에 아유가이 후사노신에게서《현산어보》사본을 빌리기까지의 경위가 상세하게 설명되어 있다(200쪽). 이처럼 〈일본어 서〉(1945)와 〈한국어 서〉(집필은 1974년) 사이에 정씨의 기술 내용이 제각각이되어 있는 까닭은 무엇일까?

정씨가 현대어로 번역한《현산어보》가 출판된 1977년에 그는 한반도에서 확인된 872종 어류의 분류, 형태, 습성 따위에 대해 해설한《한국어도보》도 완성하고 있다. 이 책은 사진과 도판을 많이 수록한 700쪽이 넘는 대작이다. 그 〈서문〉에서 정씨는 자신의 어류 연구를 집대성했다고도 할 수 있는 이 저작에 이르기까지의 과정을 돌이켜보면서 이렇게 술회하고 있다.

(이 책에는) 내외의 학자들이 조사한 발생 성장도를 포함한 흑백 사진 466종 2,038점, 컬러사진 506종 600점을 수록했다. 흑백사진 가운데에는 K. UCHIDA 선생님이 부산 수산시험장에 재직했던 15년 동안 작성한 자료 가운데 일부도 활용되었다. '활용해달라'고 말씀하신 선생님의 호의에 보답하려고 6·25사변 뒤까지 분산·방치되어 있던 원판을 정리해서 이 책에서 소개했다.

《한국어도보》에는 〈서문〉대로 발생에서부터 치어, 성어가 되어가는 물고기 생육 과정(생활사)을 그린 스케치와 사진이 다수 게재되어 그 출전에 'UCHIDA'라는 이름이 적혀 있다. 이 우치다란 제2장과 제4장에서도 잠깐 언급했던 조선총독부 수산시험장의 우치다 게이타로를 말한다(그림 41). 지금부터는 정씨와 같은 시대에 같은 분야에서 어류 연구를 했던 우치다의 활동에 대해 잠시 설명하고, 그런 다음 다시 정씨 이야기로 돌아가자.

우치다 게이타로는 도쿄제국대학교 농학부 수산학과 출신으로서 정문기의 7년 선배다. 우치다는 대학원을 거쳐 도쿄대학교 수산학 교실의 '부수副手'가 되는데, 대학 시절 두 사람 사이에 개인적인 접점이 있었음을 엿보게 하는 자료는 없다.

우치다에게는 《치어를 찾아서, 어떤 연구 자서전》(1964)이라는 저작이 있고, 그 안에서 조선에서의 연구 생활에 대해서도 상세하게 언급하고 있다. 주로 이 책을 토대로 하면서 지금부터 서술을 진행하고자 한다.

우치다가 대학 시절에 흥미를 가졌던 부분은 발생학과 부유생물학 분야였다.

생물의 일생은 첫 수정란에서부터 발육, 성장하여 죽기까지 일련의 변화를 보여주는 총괄이다. 해저를 헤엄치는 큰 물고기도 존재의 시작은 바다에 떠다니는 아주 작은 하나의 알로서 플랑크톤 세계의 일원이었는지도 모른다. 눈앞에 보이는 한 마리 물고기는 복잡한 변화를 거치는 일생 가운데 어떤 한 순간의 모습인 것이다. (앞의 책)

생물의 '일생'을 '일련의 변화를 보여주는 총괄'로 본 우치다는 그 뒤 어류 생활사를 연구의 중심에 두고 추진하게 된다.

1927년 12월에 우치다는 조선총독부 수산시험장(부산)에 기사로 부임했다. 정문기가 총독부 식산국(서울)의 기수가 되기 2년 전 일이다. 조선총독부 수산시험장은 1921년에 조선에 뿌리내린 수산업을 개발하기 위해 일본 수산시험장과는 독립된 총독부 직속 연구·조사기관으로서 부산 영도(당시 일본어 이름은 '마키노시마')에 설립되었다(제5장 참조). 이 시험장에는 어로부, 제조부, 양식부, 해양조사부가 있었고 각종 실험 시설과 표본실, 도서실도 완비되어 있었으며 전속 시험선도 세 척 보유하고 있었다. 우치다는 생물학에 관한 기초적 연구를 실시하는 양식부의 주임기사로 부임한 뒤(나중에 부장이 된다.) 곧바로 동해안 중부에 있는 원산으로 가서 친숙한 '사가미相模만 같은 난해暖海'에서는 접할 수 없었던 '한해寒海의 물고기'인 명태의 어업 시험에 착수했다.

우치다는 그 뒤 명태 생활사 연구와 병행해서 대구, 가자미, 넙치, 조기, 멸치 같은 해수어, 나아가서는 담수어 연구에까지 조사 폭을 넓혀갔다. 특히 명태, 대구, 조기는 '조선의 3대 어업'이라고 일컬어지는 것이다. 수산시험장에서는 특별예산을 마련해서 그 연구 성과를 가지고《조선어류지》를 간행하게 되었다. 그 경위에 대해 수산시험장을 관할하는 조선총독부 식산국의 국장이었던 호즈미 신로쿠로는 나중에 회고담에서 이렇게 이야기하고 있다.

(부산의 수산시험장을 방문했을 때) 물고기의 체형을 꼼꼼하게, 그리고 하나하나 그 습성과 식량(먹이)이 되는 물고기나 플랑크톤 종류 따위를 적어넣은 그림이 천장에 닿을 정도로 쌓여 있었다. 우치다 씨는 "이건 당장 책으로 만들고 싶지만" 하고 말씀하셨다. 나는 경성(총독부)으로 돌아가 '어류사魚類史' 예산을 마련하느라 부심했다. 고작 7만 엔 정도 되는 돈이었지만 당시에는 상당한 금액이었기 때문에 '물고기 역사' 따위로 말하면 좀처럼 (예산을) 통과시켜주지 않는다. …… 중략 …… 그래서 "우치다 씨, 문외한들이 받아들이도록 조금 어려운 제목으로 해보는 게 어떨까요?" 하

고 제안해서 그럴듯한 이름을 붙여 얼마 뒤에 1권이 세상에 나온 때는 이듬해였다.

—《조선 수산의 발달과 일본》, 1968.

우치다는 수산시험장 동료 연구자의 협력을 얻어 1939년에 우선《조선어류지 제1책 사악류糸顎類 내악류內顎類》(조선총독부 수산시험장 보고 제6호, 이하《조선어류지 제1책》)를 간행했다. 이 책은 4×6배판 458쪽으로 '담수어 가운데 대부분을 차지하는 사악류 및 내악류(약 80종)를 수록'했고, 각 어류에 대한 상세한 조사 기록과 해설은 물론 '모든 종류에 대해 가능한 한 실물 사진도판을 첨부하여' 각각의 어류가 알에서 성어로 생육하는 생활사를 스케치한 삽화도 다수 게재했다('생활사 스케치'에 대해서는 152쪽 그림 24 참조). 정문기가《현산어보》일본어 서문(1945)에서 '드물게 보는 획기적인 조사·연구 발표'라고 높이 평가한 까닭이다. 우치다의 계획으로는 '조선산 모든 어류 약 650종을 계통분류로 망라하고 각 종류에 대해 생활사 연구를 중심으로 한 생물학적, 수산학적 연구 성과를 수록하여' 최종적으로는 모두 여덟 책과 개론편 한 책에 이르는 대작이 될 터였다.《조선어류지 제1책》〈책머리에〉에서 우치다는 이 사업에 참여하는 의욕을 표명하고 있다.

조선총독부 수산시험장에서 창립 이후 수집을 계속해온 어류 표본에 따라, 그리고 1928년도 이후 특히 조직적으로 이루어지고 있는 어류 생태 및 생활사 연구가 집적된 자료에 따라 여기에 조선산 어류 약 650종의 분류학적 기재, 분포, 생태, 생활사, 산업적 관계 사항, 생물학상의 직접 관계 사항 등에 관한 조사를 정리하여 조선 어류지로서 차례로 간행한다. …… 중략 …… 현재 조선산 어류 가운데 절반 정도에 대해서는 생활사의 윤곽이 거의 밝혀져 있거나, 또는 가까운 장래에 밝힐 수 있는 단서를 얻고 있으므로 이것들을 정리해 발표해두는 일은 앞으로 이 방면의 기초적 연구를 촉진하는 데에도, 또 직접적인 산업 조사 내지 시설을 하는 데에도 의의가 있으리라 생각한다. …… 중략 …… 이 과정은 참으로 아득하여 도달하기에 용이하지는 않지만 수산국 일본으로서 이 방면에 대한 연구가 많은 사람을 통해 이루어질 날이 하루라도 빨리 오기를 필자는 마음으로 바라 마지않는 바이다.

우치다는 다음 간행을 향해 '집적된 자료' 정리를 서둘렀는데 이 프로젝트에도 차츰 전쟁의 그림자가 드리워지고 있었다. "물자도 궁핍해지고 여러 가지 훈련 등으로 허비되는 시간이 많아져서 연구실에 있을 시간이 줄어 심리적으로도 안정이 되지 않고 있다"(《치어를 찾아서》). 게다가 '어수선한 정세'였던 1941년에 신설된 규슈제국대학교 농학부 수산학과의 교수직 초빙이 우치다에게 있었다. 연구를 계속하려면 조선에 남아야 하지만 후학을 키우려면 규슈대학교로 가야 하는 두 갈래 길 사이에서 그는 고민했지만, 결국 부산 수산시험장과의 겸직이라는 형태로 1942년 12월에 후쿠오카로 옮겼다. 그리고 거기서 패전을 맞았다.

조선 거주 만 15년이었다. 조선에 있는 시험장에 집적해 있던 어류 생활사 연구 자료는 표본도, 사진 원판이나 기록, 문헌 따위도 거의 그대로 두고 왔다. …… 중략 …… (패전으로 말미암아) 이웃이라고 여겼던 조선반도는 멀리 떨어져 그곳에 남긴 오랜 세월 쌓아온 노력의 결정은 손이 닿지 않는 것이 되고 말았다. 이를 생각하며 나는 내 몸의 일부가 찢겨나간 듯한 고통을 느꼈다. 밤에 잠자리에 들어서도 틈틈이 생각이 난다. 뒤척이다가 잠들지 못하는 시간이 계속되었다. (앞의 책)

국교도 단절되어 부산에 그대로 남겨두고 온 '오랜 세월 쌓아온 노력의 결정'을 다시 만져볼 수도 없게 되어《조선어류지》라는 숙원 사업도 좌절되었다. 우치다가 느꼈을 '고통'이 상상되고도 남는다.

식민지성의 잔재 – 정문기의 문제

여기서 다시 정문기가 쓴 대작《한국어도보》(1977)로 이야기를 돌리자.

그 권두 부분에는 〈서문〉에 이어 〈한국산 어류 연구사〉라는 제목이 붙은 장이 있고, 조선의 고문헌에서부터 시작해서 현재(발행 당시)에 이르는 막대한 선행 연구가 소개되어 있다. 이는 정씨가 1961년에 〈한국산 어류 연구고〉로 발표한 논문(학술원,《논문집》제3집)을 재수록한 것이다. 〈한국산 어류 연구사〉 안에 정문기 자신이 쓴 논문 목록은 서른여덟 번째에, 그리고 우치다 게이타로가 쓴 논문 목록은 그다음인 서른아홉 번째에 수록되어 있다. 그가 쓴 논문 목록은 한 쪽이 조금 넘는 데 비해 우치다가 쓴 논문은 세 쪽에 이른다. 그리고 그는 "우치다는 1930년부터 1941년까지 한국산 어류 생태에 관해 연구를 추진한 결과 현재에 이르기까지 다른 학자가 밝히지 못한 상세하고도 우수한 많은 논문을 발표했다"라고 찬사를 아끼지 않는다. 그러나 우치다가 쓴 《조선어류지 제1책》을 소개하는 부분에서 그것이 왜 '제1책'인지에 대해, 다시 말해 1939년부터 시작된 우치다와 총독부 수산시험장의 프로젝트인 《조선어류지》전 8책에 대해서는 아무런 언급도 없다. 이는 또한 그가 《현산어보》일본어 〈서문〉(1945)에서는 언급했던 《조선어류지》에 대해 한국어 〈서문〉(1974)에서는 언급하지 않았다는 점과도 관계가 있을 것이다.

이 점에 대해 생각할 수 있는 보조 수단으로서 이기복이 쓴 〈일본 강점기, 우치다 게이타로의 조선산 어류 조사와 '바다의 식민' 잔재〉(2004)라는 논고를 참조하려고 한다. 이씨는 이 논문에서 조선총독부 수산시험장의 식민지적 성격을 언급하면서 다른 한편으로 논문 제목에는 그 이름이 들어가지 않지만 한국에서 '수산학계의 거목' 또는 '수산 부문의 대가'라고 신화처럼 되어 있는 정문기는 사실 '일제'의 '잔재'를 간직한 연구자가 아니었을까 하는 문제 제기를 하고 있는 것이다.

논자(이기복을 말함)는 우치다에 관한 연구를 추진하는 과정에서 (정씨에 관해) 나돌던 '소문'의 실체를 확인하게 되었다. 1942년 12월, 전쟁 와중에 우치다는 15년 동안의 조선 생활을 접고 규슈대학교 수산학부(학과) 교수로서 (부산을) 떠났다. 수산시험장에 축적되어 있는 어류 생활사 연구 자료와 표본, 원판 사진, 문헌 따위는 대부분 그대로 남겨졌다. …… 중략 …… 그 식민지적 유산은 정문기에게 이양되었다고 간주했으며, 이는 마치 '적산가옥' 불하 같은 것이었다. …… 중략 …… 논자가 주목하는 점은 정문기의 식민지성에만 있지는 않다. …… 중략 …… 어쩌면 그는 우치다의 업적을 본의 아니게 무단으로 인용하고, 잘라내고, 표절해서 출판하지 않았나 하는 의문을 제기하는 것이다.

이후 이씨는 우치다가 쓴 《치어를 찾아서》와 정문기가 쓴 《어류박물지》(1974)에서 공통으로 언급하고 있는 담수어 '쏘가리' 조사 기행문에 대해 두 사람이 각각 어떻게 기술하고 있는지를 아홉 군데로 압축해 세밀하게 비교 대조한 다음 정문기의 기술은 "표절 차원을 훨씬 넘어 (우치다 문장의) 도용에 가깝다"라고 결론짓고 있다. 여기서는 도용 문제로 깊이 들어가는 일은 피하겠지만, 그 점에 관한 이씨의 논증은 충분히 설득력을 갖고 있다고 생각했다.

이기복이 제기한 문제의 근본에 있는 것은 해방된 뒤 '일제'가 남긴 '식민지적 유산'과 어떻게 비판적으로 마주하는가 하는 곤란한 주제다. 그 '유산'의 무엇을 어떻게 받아들이거나 청산할지, 그리고 그 작업들을 일관되게 진행하는 비판적인 논리란 어떤 것일까. 이러한 이씨의 문제의식을 따라가보면 정문기가 한 '도용'은 '일제'가 자행한 '수탈'과 다르지 않은 '식민지성의 잔재'를 드러냄과 다르지 않다는 뜻이 될 것이다.

앞에서 필자는 정씨가 우치다와 조선총독부 수산시험장이 주도한 《조선어류지》라는 기획에 대해 왜 언급하지 않았는지 의문이 들었다고 했다. 그런데 이씨의 논고를 보면 그 이유는 이미 명백할 것이다. 정씨는 《한국어도보》〈서문〉에서 "흑백사진 가운데에 K. UCHIDA 선생이 부산 수산시험장에 재직했던 15년 동안에 작성한 자료 가운데 일부도 활용했다"라고 단서를 달고 있다. 그러나 정씨가 '활용한' 것은 그 흑백사진만이 아니었다.

예를 들자면 우치다 게이타로가 쓴 《조선어류지 제1책》(1939)에서 다루고 있는 '오다나고(큰납지리)'에 대한 기술(전자로 한다)과 정문기가 쓴 《한국어도보》(1977)에 나오는 '큰납지리'(일본 이름 '오다나고')에 대한 기술(후자로 한다)을 극히 일부지만 비교해보자.

《조선어류지 제1책》(164쪽)

이 종은 조선산 납자루과 가운데 가장 큰 것으로 전체 길이 200밀리미터에 이른다. 몸통은 크고, 뒤쪽 옆구리 중앙에 검푸른 빛깔을 띤 세로 띠가 있으며, 아가미 바로 위와 거기서 비늘 4~5개 뒤쪽에 약간 흐릿한 반점이 있다(단, 생선일 때는 은백색 몸 빛깔 때문에 반점이 잘 보이지 않을 때가 많다). 그리고 등지느러미 수가 많고

(분기기조 수分岐鰭條數 15~19), 따라서 지느러미의 기저도 길어 머리 길이의 1과 1/2배(1.5배) 이상이나 된다는 점도 다른 종과 쉽게 구별할 수 있는 특징이다.

《한국어도보》(196쪽)

(형태) 이 종은 한국산 납자루 가운데 가장 큰 종류다. 몸통의 폭은 넓게 옆으로 납작(평평)하게 되어 있고, 몸 옆 뒤쪽 중간쯤 중앙에 검푸른 세로 띠가 있으며, 아가미 바로 위와 세로 띠에서 비늘 4~5개 뒤쪽에 불분명한 어두운 빛깔로 된 반점이 있다. 살아 있는 것의 몸 색깔은 옆구리가 은백색이고, 반점 무늬가 잘 보이지 않는다. 몸통 옆은 녹갈색이다. 등지느러미의 기조 수가 많고(불분기기조 수不分岐鰭條數 15~19), 그 기조의 길이도 길어 머리 길이의 1/2배(정씨의 베껴 쓰기 오류인가) 이상이나 된다는 점 등에 따라 다른 종과 구별하기가 쉽다. …… 중략 …… 전체 길이는 200밀리미터 정도다.

전자(우치다의 해설)는 큰납지리에 대한 개설 부분이고, 그 뒤로 '형태', '색채', '2차 성징', '크기', '분포', '생태', '생활사' 항목이 이어진다. 특히 우치다가 힘을 기울여 연구한 '생활사'에 대한 기술은 아홉 쪽 정도나 되고, 큰납지리에 대한 해설 분량은 전체가 열다섯 쪽에 이른다. '형태'를 기술하고자 평양과 경상남도 밀양에서 두 차례에 걸쳐 채집한 표본(평양 15, 밀양 9)을 자세히 분석했고, 또 '생활사'에 대한 기술도 낙동강 유역에서 실시된 2년에 걸친 조사를 바탕으로 하고 있다. 한마디로 말하자면 이는 실증적인 연구 논문이다. 이처럼 각 어종마다 상세한 연구 논문을 집대성하고자 《조선어류지》가 구상되었던 것이다. 한편 후자(정씨의 해설)는 큰납지리 같은 경우 '형태'에서의 인용이지만, 그 뒤에 이어지는 '분포', '습성'에 대한 해설을 합쳐도 두 쪽으로 정리할 정도로 간단한 '개설'이다. 《한국어도보》는 (그전 단계의 《한국어보》 역시) 연구 보고서라고 할 수 있는 《조선어류지》의 성격과 달리 한국산 어류를 총괄하는 데에 역점을 두고 있다. 다른 말로 하면 우치다가 쓴 《조선어류지》에서는 각 어종별로 정확한 연구·조사를 실시하는 '과정'이 중시되고 있는데 비해 정씨가 쓴 《한국어도보》에서는 개설만으로도 좋으니 한국산 어류 모두를 망라하는 '결과'를 내는 일을 목적으로 하고 있는 인상이다.

게다가 앞에서 인용했던 두 기술을 비교해서 읽어보면 정씨의 기술은 우치다가 했던 조사·연구에 거의 전면적으로 의존해 요약되었음이 분명하다. 이 한 가지 예뿐 아니라 다른 어류에 대한 기술을 비교해봐도 《한국어도보》가 《조선어류지 제1책》의 성과를 그 안에 포함하고 있음은 의심할 수 없다. 《한국어도보》에서 정문기는 적어도 《조선어류지 제1책》에 수록되어 있는 것과 공통되는 어류에 대해서는 우치다 게이타로가 했던 연구의 요약이라는 점, 또는 그 연구에서의 인용이 있다는 점을 선학에 대한 경의를 표하는 의미로라도 명확하게 설명해두어야 했다. 그런 점을 애매하게 한 채로는 조선총독부가 주도한 수산 연구를 '은폐'는 할 수 있어도 '청산'하기는 곤란할 것이다.

해방된 뒤 조선총독부 수산시험장은 '중앙수산시험장'으로 개편되어 1946년 4월에 초대 장장으로 정문기가 서울의 미 군 정청 수산국(총독부 수산과의 후계)에서 부임한다. 옛 총독부 수산시험장장인 니시다 게이조西田敬三나 제조부의 후지카와 기요시富士川淸, 와다 히데오和田英夫 같은 간부 기사는 기술 지도를 하기 위해 1948년 7월(바로 뒤 8월에 대한민국 수립)까지 중앙수산시험장에서 근무를 계속했다(《국립수산진흥원 80년사》, 2001). 이처럼 한국인 연구자 수도, 수준도 부족한 상황에서 새롭게 수산시험장의 총괄자가 된 정씨는 시험장에 남아 있던 조선산 어류 연구 결과를 집대성하기 위한 《조선어류지》 전 8책 간행이라는 우치다 팀의 구상과 함께 "천장까지 닿을 정도로 쌓여 있었다"고 호즈미가 기억하고 있는 막대한 기초 자료와 미발표 원고 따위를 "적산가옥 불하"(이기복)처럼 쉽게 입수할 수 있었을 것이다. 그러한 여러 자료가 다음 간행에 맞춰 일정 정도 준비되어 있었기 때문에 우치다는 "현재 조선산 어류 가운데 절반(300종 이상) 정도에 대해서는 생활사의 윤곽이 거의 밝혀져 있거나, 또는 가까운 장래에 밝혀질 수 있는 단서를 얻고 있으므로"(《조선어류지 제1책》)라고 확신을 갖고 썼던 것이다. 또 본래 조선총독부 수산시험장의 '적산자료'는 그 뒤를 이어 중앙수산시험장(1963년 말에는 '수산진흥원'이 된다)이라는 조직이 이어받아야 하는 것이다. 그러니까 정문기라는 개인 이름으로 그것들을 이용한 정씨 입장에서 보면 조선총독부 수산시험장이 주도한 《조선어류지》라는 프로젝트는 별로 언급하고 싶지 않았던 것이 아닐까.

정문기는 우치다 팀의 《조선어류지》 구상과 그 '제1책'의 성과도 끼워넣으면서 《한국어보》(1954, 833종 수록), 《한국동물도감 제2권 어류》(1961, 854종 수록)를 거쳐 《한국어도보》(1977, 872종 수록)를 편찬했다. 우치다 팀의 《조선어류지》 속표지에는 'THE FISHES OF TYOSEN(KOREA)'이라고 영자 표기로 제목이 나와 있고, 정문기의 《한국어도보》에도 'The Fishes of Korea'라고 기록되어 있다. 한자 표기로는 다르지만 영어로 하면 두 기록이 같은 제목이 된다.

그런데 1954년에 간행된 《한국어보》 〈서문〉에는 "우치다 게이타로, 모리 다메조森爲三(어류학자, 경성제국대학교), 정약전 …… 중략 …… 기타 제씨의 연구 논문 등을 주시 참고로 하여……"라고 되어 있고, 또 그 말미에는 "이 어보 간행에 이르러서는 연구 추진에 호의적인 지도를 해주신 우치다 게이타로 선생을 비롯해 국내 문헌 수집에 호의를 갖고 원조해주신 정인선, 최남선, 아유가이 요시노스케鮎貝芳之助(아유가이 후사노신을 말함), 후지다 아쓰시藤田篤 같은 사람들과 출판 예산 조치와 서문을 써주신 안동혁 장관(상공부 장관)께 심심한 사의를 표한다"라고 우치다의 이름을 가장 먼저 꼽으면서 '심심한 사의'를 표하고 있다. 그리고 정씨는 그 마음을 전하고자 우치다 게이타로에게《한국어보》를 증정하고 있다. 규슈대학교 부속도서관에 있는 '우치다 문고'(후술)에 '증정, 우치다 게이타로 선생 좌하座下, 필자'라고 기록된 정씨에게서의 헌정본이 소장되어 있고, 'Ⅲ28 1955(1955년 3월 28일) 수령'이라는 우치다의 메모도 남아 있다(규슈대학교 부속도서관 아마노 에리코天野繪里子 씨 조사). 그러나 1977년에 간행된《한국어도보》〈서문〉에 그러한 감사 표시가 전혀 되어 있지 않은 까닭은 앞에서 말한 대로다. 그 20여 년 사이에 정문기 내면에서 무슨 변화가 있었을까.《한국어보》가 간행된 이듬해인 1955년에 그의 연구 업적에 대해 '대한민국학술원상'과 '서울시 문화상'이 수여되었고, 그 뒤 그는 다시 문화훈장(1962년), 국민훈장(1970년) 따위를 잇따라 수상하게 된다. "우리나라 수산학계의 태두泰斗"(이희승, 정문기의 고희 기념에 간행된《논문수필집》, 〈서문〉)로서 국민들 사이에 널리 알려지게 되면서 정씨 내면에서 스스로에게 권위를 부여하려는 심리가 움직였는지도 모른다.

정씨는 자신의 경력을 기록할 때 해방 전(일제 강점기)에 '조선총독부 식산국 수산과'에 근무했다는 사실에 대해서는 애써 언급하지 않으려고 했다.《한국어도보》에 쓰인 '저자 약력'에서도 '1929년 도쿄제국대학교 농학부 수산학과 졸업' 다음에 바로 '1939년 평북(평안북도) 수산시험장장'으로 되어 있고, 총독부 식산국 수산과에 근무했던 10년 가까운 기간은 공백으로 되어 있다. 당시 조선 각도는 총독부의 '소속 관서'이므로 그가 총독부 식산국에서 평북 수산시험장장으로 이동했다고 해서 본질적인 차이가 나지는 않는다. 사실 그는 '평안북도 산업부 산업과 산업기사'로서 총독부 고등관인 '7등 대우'를 받고 있었다(《조선총독부 및 소속 관서 직원록》, 1940). 그런데도 그는 '평북 수산시험장장'이라는 경력(직함) 쪽을 고집하고 있었던 것이다. 조선의 통치기관 핵심부에서 근무했다는 경력은 그가 자신의 권위를 세우기에 부적절한 과거였다고 말하기는 쉽다. 그러나 그렇게 치부해버리지 말고 '조선총독부 식산국 수산과'로 쓰기를 주저한 그 공백에 그의 껄끄러운 심정을 상상해볼 필요도 있지 않을까 하고 필자는 생각한다. 거기에는 정문기 개인 문제로 해소할 수 없는 뭔가 좀 더 큰 힘이 작용하지 않았을까. 나중에 다시 생각해보고 싶다.

우치다가 말하지 않은 사실

그런데 한편으로 우치다 게이타로의 '식민지성'(이기복)은 어떨까. 이기복은 정문기의 '식민지성 잔재'에 대해서는 신랄한 비판을 하고 있지만, 그에 비해 우치다에 대한 평가는 '관용적'으로 보인다.

필자(이기복을 말함)는 이렇게까지 치열하게 살았던 수산학(어류학) 연구자(우치다 게이타로를 말함)가 조선총독부에 존재했다는 사실에 대해 한편으로는 거부할 수 없는 '경외감'조차 느낀다. 무서운 일이기도 하다. 직무에 충실했다고는 하지만 그런 정열적인 사람

들이 있었기 때문에 식민지 36년이 가능해지지 않았을까를 생각하
면 '두려움'조차 느낀다. …… 중략 …… 그가 이룩한 탐색 덕분에
조선 물고기들의 비밀이 상당히 밝혀졌던 것이다. (이기복, 앞의 책)

이 인용문에 있는 한국어 '경외감'은 한국어 사전에서는 '존경
하면서도 두려운 감정'으로 설명이 되어 있다(《동아 신국어사전》
제4판, 2003). 일본어 '외경심'과 같은 말이다. 이는 한 상대에 대
해 '존경'과 함께 '두려움'이라는 상반된 감정이 뒤섞여 있는 심
적 상태일 것이다. 이기복은 우치다에 대해 그러한 복잡한 감정
을 가졌던 듯하지만 필자도 이와 뭔가 통하는 인상을 우치다의
저작《치어를 찾아서》를 읽으면서 느꼈다.

우선 과학자로서 오로지 연구에 몰두하는 우치다의 정열, 그
리고 과학적인 어떤 사실을 밝혀낼 수 있었을 때 그가 느끼는
순수한 기쁨 같은 것이 저작 여러 곳에서 느껴졌고, 그런 대목
을 볼 때마다 감동을 느꼈다. 그 진지한 연구 자세는 이를테면
한국의 한 수산 연구자의 마음을 움직였고,《치어를 찾아서》를
번역하는 작업으로 향하게 했다. 번역을 했던 변충규(전 제주대
학교 증식학과 교수)는《치어를 찾아서》번역본(1994) 후기에서
이렇게 술회하고 있다.

그(우치다)의 헌신적인 노력과 위대한 업적에 놀라움과 함께, 우
리나라 주요 어종의 생활사와 생태를 연구하기 위해 직접 배를 타
고 현장을 돌아보면서 조사해주신 노고에 감사하며 기쁜 마음으

로 이 작업(번역)을 진행할 수 있었다.

이처럼 한국인 연구자에게서도 높이 평가되는 우치다의 연구 자세와 그 업적에 필자도 비슷하게 '경의'를 느낀다. 그러나 동시에 우치다의 《치어를 찾아서》 전체를 읽으면서 이기복이 말하는 '두려움'과도 통하는 어떤 위화감이 남기도 한다. 이는 우치다 개인에 대해서라기보다 과학 전체에 대한 '두려움' 같은 것이라고 해야 좋을지 모르겠다. 그 점도 솔직하게 말해두고 싶다.

분명 '아는 것이 힘'이고, 과학은 미지의 세계를 차근차근 밝혀나간다. 그러나 그렇기 때문에 과학은 사회적인, 때로는 정치적인 '힘'으로 작용하는 경우도 있을 것이다. '진리를 위해서'라는 명분만으로 치부할 수 없는 문제를 과학은 스스로의 내면에 갖고 있는 것이다. 평론가 가라키 준조唐木順三는 죽기 한 해 전에 원자물리학자들이 했던 원자폭탄 개발이라는 문제를 논하면서 《'과학자의 사회적 책임'에 대한 각서》(1980)를 썼다. 과학(지식)에 대해 깊은 의구심을 가졌던 가라키의 '유언'이라고 해야 할 이런 말은 '3·11 이후'인 현재 다시 한 번 상기해야 할 것이다.

과학자들은 사회 일반에 대해서는 '핵무기는 절대악이다'라는 판단, 가치판단을 내리면서도 과학자 자신에 대한, 또는 그 연구 대상이나 연구 목적에 대한 선악의 가치판단을 표방하는 일은 드물다. 물리학자가 자신의 사회적, 시대적 책임을 표방하는 경우 단순히 선악의 객관적 판단뿐 아니라 자기 책임의 문제나 '죄'의

문제로까지 언급해야 함이 현재 상태로는 오히려 당연하고, 거기
서부터 새로운 시야가 열리지 않을까.

어류학과 원자물리학은 물론 분야가 다르다. 그러나 과학자는
'새로운 시야' 획득을 향해 스스로가 관계하는 연구의 '목적'이
나 의미에 대해 끊임없이 질문을 해야 한다는 가라키의 제언은
분야를 가리지 않는다. 예를 들자면 일제 강점기 조선에서 조선
어류를 '일본어'로 분류·체계화하고 '일본어'로 이름을 붙여《조
선어류지》로 정리하는 프로젝트의 의미에 대해 총독부 수산시
험장의 연구자들이 자문해본 적은 있었을까. 또는 일본 패전, 다
시 말해 조선 해방을 맞아 자신들이 진행해온 연구의 '자기 책
임 문제'에 재차 마음을 쓰는 일은 있었을까.

조선총독부에 근무했던 과거를 패전 뒤에도 이렇다 할 고통도
느끼지 않고 경력에 써넣은 일본인 연구자와 해방된 뒤에 그 전
력을 쓰기가 망설여지는 껄끄러움을 내면에 간직한 조선인 연
구자. 이 대조를 과학의 '진리'나 '보편성'은 도대체 어떻게 설명
할까. 그런 생각을 하다 보면 정문기가 정약전의《현산어보》같
은 고문헌을 참조하면서 어류의 조선 이름을 밝혀서〈조선어명
보〉(1934)를 정리한 작업은 일본인 연구자들이 불문에 붙였던
'뭔가'에 이의신청을 하는 고독한 싸움이었다고 여겨진다. 그러
한 고독한 행위를 계속해온 정씨에게 그 작업을 마음속 깊이 이
해하고 도움까지 요청한 시부사와 게이조라는 '사람'과의 만남
은 얼마나 큰 격려가 되었을까.

《치어를 찾아서》를 읽고 난 뒤 필자에게 남은 위화감을 또 한 가지 토로해보겠다. 이는 첫 번째 위화감과도 관련이 있다. 우치다는 지금까지 몇 번이나 말했듯이 자신의 저서에서 연구 대상으로 삼은 어류에 대해서는 정열적으로 이야기를 해왔다. 그러나 그 물고기를 잡아 우치다의 조사를 도왔던 바다와 강 연안에 살던 사람들에 대해, 다시 말해 조선의 '사람과 사회'에 대해서는 거의 언급하지 않은 것이다. 예를 들자면 1931년부터 3년 동안 쏘가리를 조사하고자 다녔던 산간 마을 성천(평안남도)을 상기하면서 쓴 문장이 있다. 우치다는 조사 틈틈이 조선 시대에 지어진 '동명관東明館'이라는 관청 터에 특별히 허가를 받아 들어간다. 그 고건축은 '특별 보호 건조물'이기 때문에 일반인 출입은 금지되어 있었다. "초여름의 시원한 바람 속에 산천의 풍치를 감상하고 있노라니 높은 누각에서 주연을 벌였던 여유로운 모습이 연상되었다." 그로부터 얼마 뒤인 현재(저술을 하고 있었던) 시점에서 과거를 돌이켜 생각하며 우치다는 "그 건물은 한국동란으로 어떻게 되었을까"라고 감개를 토로하면서 그 문장을 맺는다. 옛사람들을 추억한 과거를 현재 시점에서 다시 한번 추억하는 유려한 문장이다. 그런 생각 한편으로는 작은 위화감도 남았다. 지역 사람들이 들어갈 수 없었던 '특별 보호 건조물'에 생각이 미치지만 '한국동란'에 휘말렸을지도 모르는 그 마을에서 살던 사람들, 특히 쏘가리 잡기에 협력해준 '쏘가리잡기의 명인'과 '한 젊은 어부'(앞의 책)의 안부를 배려하는 우치다의 모습이 그 글에서는 보이지 않는다.

조선의 '사람과 사회'에 대한 우치다의 관심은 우치다의 장서에 반영되어 있을지도 모른다. 부인 우치다 사치코 씨는 "사실은 문과에 가고 싶었다. 집안 사정만 아니었다면 나는 국문과(일본문학과)에 갔을 것이다"라는 우치다의 말을 글로 남기고 있는데(《흐르는 수초 우치다 게이타로 가문집》, 1983), 그 말대로 우치다는 문학에도 조예가 깊은 독서가였다. 우치다의 장서 약 2,500권은 그가 사망한 뒤에 부인이 규슈대학교 중앙도서관에 기증해서 '우치다 문고'로 남아 있다. 분류 기호로 보면 문학 관련 도서가 문고 전체의 40퍼센트를 차지하며 생물학, 수산학 관련 자료 비율(약 30퍼센트)을 웃돈다고 한다(도쿠모토 미치코德元美智子, 〈중앙도서관 우치다 문고〉, 2011). 현재 '우치다 문고'는 재정비되어 1,879점이 자료로 등록되어 있다. 장서 검색을 통해 등록되어 있는 서지 정보를 보면, 역시 중국 고전문학과 영미 근대문학에 관한 서적이 많다는 점에 눈길이 간다. 한편 조선, 한국의 문화나 역사에 관한 서적은 전부 10점이다. 그 가운데 전쟁 전에 발행된 도서가 4점, 전쟁 뒤의 도서는 6점이다. 이 수를 어떻게 봐야 할까.

그런데 우치다 게이타로에게는 《흐르는 수초》(1972)라는 수필집이 있다. 《치어를 찾아서》가 '연구상의 자서전'인 데 비해 '내 마음의 자서전'이라고 스스로 밝힌 그 수필집은 규슈대학교 재직 중에 학생회 잡지에 기고한 글과 퇴직한 뒤에 신문에 연재한 문장 따위를 모은 작품이다. 그 가운데 우치다는 제일고등학교

에서 기숙사 생활을 하던 무렵을 돌이켜보며 이렇게 토로하고
있다.

고등학교에서 대학으로 가는 다이쇼 시대에는 사회사상 문제는
상당히 까다로워져서 학생에 대한 이른바 빨갱이(사회주의나 공산
주의) 탄압도 나타나기 시작했다. …… 중략 …… 나 자신이 사상
방면 문제를 소리 높여 논하기를 별로 좋아하지 않았고, 또 그러
한 분위기 안에 있지 않았기 때문에 나는 나름대로 생각을 갖고는
있었지만 입으로는 말하지 않았다.

우치다는 조선에서의 연구 생활에서도 이러한 자제의 자세를
관철했는지도 모른다. 분명 그의 연구 대상은 조선의 '사람과 사
회'가 아니고 '물고기'(자연)이며, 실제로 그는 침식을 잊을 정도
로 연구에 몰두했다. 《치어를 찾아서》에서도, 《흐르는 수초》에
서도 조선의 '사람과 사회'에 대해 우치다가 토로한 부분은 많지
않다. 그러나 그래서 더욱 그랬다고 해야 할까. 연구 자체에 절
실하게 관련된 사건을 토로한 부분에서 조선의 '사람과 사회'에
대해 우치다가 갖고 있는 그대로의 감정과 태도가 오히려 분명
하게 얼굴을 드러내고 있는 듯하다. 우치다가 부산에 있는 수산
시험장에 남기고 온 연구 자료가 어떻게 되어 있는지를 걱정하
는 장면이다.

한일 국교는 여전히 회복되지 않고, 자료는 그대로 방치된 상

태다. 한국 사람들에게서 온 소식에 따르면 표본과 기타 자료는 대부분 원래 그대로 보존되어 있는 모양이지만, 과연 어느 정도로 잘 보관되고 있을까. 생선 알과 치어 같은 작은 표본은 침액도 보충해줘야 하고, 그 밖에도 세심한 주의를 기울이지 않으면 나중 연구에 사용할 수 있는 상태로 보존되기는 어렵다. 표본을 활용하는 방법을 알고 그 귀중함을 피부에 와 닿게 잘 이해하는 사람이 아니면 그렇게까지 세심한 관리를 기대할 수는 없을 것이다. 나는 그 점을 걱정하고 있는 것이다.

—《치어를 찾아서》

여기서 우치다가 말하는 '걱정'은 단적으로 말하면 '한국 사람들'(수산시험장에 근무하는 한국 사람들)에게 '세심한 관리는 기대할 수 없을 것이다'라는 그의 판단에서 오는 심정일 것이다. 앞에서도 언급했듯이 해방된 뒤에도 얼마 동안 일본인 기사에게 잔류를 부탁할 수밖에 없을 정도로 부산의 시험장에서는 한국인 기사도 부족했고, 연구 수준도 만족할 수 있는 상태가 아니었다. 더구나 연구자로서 갖춰야 할 자세(훈련)를 제대로 교육할 여유도 없었다. 사실 그 상황을 알고 있는 우치다는 당연히 '걱정'이 되었을 것이다. 그러나 그렇다면 왜 그런 상황이 되었을까. 대답은 우치다가 가장 잘 알고 있었을 것이다. 부산에 있는 조선총독부 수산시험장에는 당시 조선인 '기사'는 한 명도 없었기 때문이다.

조선총독부가 발행한《조선총독부 및 소속 관서 직원록》

(1943)에 따르면 '쇼와 17년(1942) 7월 1일 현재' 총독부 수산시험장(부산)에서 지도적인 입장에 있는 기사는 여덟 명으로서 이름을 들자면 니시다 게이조(장장), 후지카와 기요시(제조부장), 우치다 게이타로(양식부장), 가토 가나에 加藤鼎(총독부 기사), 사이토 요조 齋藤陽三(어로부장), 구라시게 에이지로 倉茂榮次郎, 가시와다 겐이치 柏田硏一, 나카이 신지로 中井甚二郎 모두 일본인이다. 직제상 '기사' 밑에 속하는 '기수'(조수)는 열다섯 명. 그 가운데 '하리타 가즈요 張田和世'라는 이름이 보이는데 창씨개명 시기(1940년에 실시)라서 그가 만약 수산시험장 제조부에 재직했던 '장정현'(《조선총독부 수산시험장 요람 쇼와 14년(1939)》, 장씨는 해방된 뒤에 3대째 시험장장이 된다)을 가리킨다면 조선인이 딱 한 명 있었다는 뜻이 된다. '북선지장 北鮮支場'(함경북도 청진)의 기사 두 명과 기수 한 명도 일본인이다. 따라서 '내선일체'를 외치던 1942년 시점에서도 조선총독부 직할 수산시험장과 그 지장의 기사, 기수 총 26명 가운데 조선인은 '기수'에 한 명이 있을까 말까 하는 실태였다.

우치다는 앞의 문장에 이어 "과학에는 국경이 없다. 진정한 과학적 조사·연구가 두 민족에게 궁극의 이익이 되리라고 나는 확신하고 있다"라고 쓰고 있다. 그러나 그러한 '과학'의 장이어야 할 '조선총독부 수산시험장'에도, 또 고도의 전문 교육을 받기 위해 두드리는 문호에도 '국경'이 엄연히 존재했던 것이다. 일본에까지 유학할 수 있었던 일부 사람을 제외하고 조선인에게는 전문적인 교육을 받을 기회가 제한되어 있었다. 조선에서 최초의 고등 수산 교육기관으로서 '(조선총독부)부산고등수산학교'(나중에 부산수산대학교, 현재 부경대학교)가 설립된 때는 일본의 '(농상무성)수산강습소'(나중에 도쿄수산대학교, 현재 도쿄해양대학교)가 설립된 1897년으로부터 44년 뒤인 1941년이었고, 1944년도 재학생 가운데 일본인은 276명, 조선인은 49명이었다 (《부산수산대학교 50년사》, 1991). 이 수치만 보더라도 약 5 대 1의 비율인데 민족별로 하급 학교 졸업생 수와 위의 수치를 비교하면, 애당초 경제적인 이유로 상급 학교 진학을 단념해야 했던 조선인 청년들이 얼마나 많았을까. 이러한 제도적인 구조가 조선인 연구자와 학생들 앞에 '벽'이 되어 가로막고 있었다.

그리고 그 구조는 동시에 일본인 연구자들이 철수한 해방 뒤의 '공백' 상황에서, 조선총독부 식산국 수산과에서 '기수'가 되었고 나중에 조선 각지의 수산시험장장을 역임한 정문기에게 과도한 '지도력'과 '업적'을 요구하는 사회적 압력이 작용했을 것이다. 정씨는 1947년에는 부산수산대학교의 학장직과 겸무하면서 과도정부(대한민국 준비 정부)의 농림부 수산국장이 되어 수산 행정에도 적극적으로 관여했다. 또 1945년 10월에 '대마도의 조선 귀속과 동양 평화의 영속성'을 발표했듯이 때로는 다소 감정적으로 보이기도 하는 대일 강경책을 주장하기도 했다. 앞에서 정씨의 자기 권위화 문제를 언급했는데, 여기서 관점을 달리해서 그 문제를 다시 살펴본다면 식민지 체제가 남긴 '후유증'을 껴안은 해방 뒤의 제도적 구조 안에서 그 중압감을 견디면서 정씨는 '기대받는 역할'을 때로는 과도할 정도로 수행했는지도 모르고, 한국 사회 측에서도 그 구조 때문에 그를 '자유롭게' 하지는 않았으리라 생각한다. 어쨌거나 정문기가 지닌 '식민지성의 잔재' 문제(이기복)를 모조리 정씨 개인 문제로 해소할 수는 없다.

유리판에 갇힌 물고기

2004년에 한국에서 《유리판에 갇힌 물고기》(중앙대학교 디지털콘텐츠리소스센터 영월책박물관 편)라는 책이 출판되었다. 그 책에는 우치다 게이타로가 부산에 남겨놓은 표본 사진이 다수 수록되어 있다. 책 제목에 있는 '유리판'이란 유리 건판 사진을 말한다. 사진 필름이 개발되기 전에는 유리에 감광제를 바른 건판을 이용해 사진 촬영을 했다. 유리는 구부러지거나 뒤틀리지 않기 때문에 사진 필름이 등장하고 나서도 연구 같은 분야에서는 용도에 따라 이 유리 건판을 이용한 촬영이 계속 이루어졌다. 우치다 게이타로도 같은 시험장에 근무하는 기수인 나카노 스스무中野進나 그 밖에 여러 사람과 함께 유리 건판 카메라로 조선 어류 표본을 촬영했었다. 우치다가 "내 몸 일부가 찢겨나가는 고통을 느꼈다"라고 쓴(224쪽) 조선에 남긴 자료 가운데에는 이 촬영 완료 유리 건판 네거티브(원판)도 있었다(그림 42). 그리고 그 사진 자료는 우치다가 '걱정'한 대로 '세심한 관리'는 이루어지지 않았다. 《유리판에 갇힌 물고기》에 따르면 '영월책박물관'의 박대홍 씨가 서울에 있는 고서점에서 우치다의 사진 원판을 우연히 발견했다고 한다. 이 유리 건판 크기는 12×16.5센티미터인 것과 그 절반짜리가 있었고, 두 종류를 모두 합쳐서 원판은 전부 1,080점으로 종이 상자 91개에 나뉘어 담겨 있었다. 부산 중앙수산시험장(옛 총독부 수산시험장)의 연구실에 있어야 할 대량의 사진 자료는 외부에 반출되었고, 게다가 서울에까지 실려갔던 것이다.

우치다 팀이 촬영한 사진 원판을 언제 누가 가지고 나갔는지 여기서는 묻지 않겠다. 필자가 주목하고 싶은 점은 2004년에 이경민(사진학)을 중심으로 한 젊은 연구자들이 우치다의 사진 자료를 체계적으로 정리했고, 나아가 그 사진 데이터베이스를 구축했다는 사실이다.

1965년에 한일 국교가 회복된 뒤 우치다는 가려고만 하면 부산에 갈 수도 있었을 테지만, 1972년에 간행된《흐르는 수초》에도 부산 방문기는 나오지 않는다. 대학 관계자에게서도 부산에는 가지 않은 듯하다는 말을 들었다. 또 1967년에 부산 중앙수산시험장에서 수산대학교(시모노세키시)로 유학을 했던 변충규 씨는 우연히 우치다와 동석할 기회가 있었다고 한다(변충규,《치어를 찾아서》한국어 번역 후기). 그러나 우치다가 수산시험장에 대해 물어보거나 하지는 않았던 모양이다. 우치다는 부산에 남기고 온 연구 자료를 생각하고 '뒤척이며 잠 못 들' 정도로 '고통'을 느꼈음을 토로했지만(《치어를 찾아서》), 나중에 그 생각은 자기 내면 깊숙한 곳에 조용히 봉인했을 것이다. 그러니까 필자

그림 42 우치다가 제작한 건판 사진

대농갱이 치어. 채집일 '1933년 9월 25일', 채집 장소 '섬진강'(모두 우치다의 필적이다)은 《조선어류지》에 기술된 내용과 일치한다. 정문기의 《한국어도보》에도 이와 똑같은 사진이 게재되어 있다(《유리판에 갇힌 물고기》).

는 이경민 등이 한 작업을 무엇보다 먼저 고인이 된 우치다 게이타로에게 전하고 싶다. "그 사진 자료는 선생님 이름과 함께 서울에 있는 박물관에서 일반 공개되었습니다"라고.

이에 덧붙여 또 한 가지 우치다에게 전하고 싶은 말이 있다. 우치다가 '걱정'했던 부산 수산시험장에 남기고 온 어류 표본에 대해서다. 변충규는 중앙수산시험장에서 근무를 시작한 1959년에 우치다 팀이 제작한 어류 표본을 처음 보고 "그 업적에 대해 놀라움을 금할 수 없었다"라고 쓰고 있다. 한국전쟁이 발발한 1950년부터 휴전 뒤인 1956년까지 중앙수산시험장은 군사 주둔지가 되어 연구자 역시 입대하는 등 본래 업무는 정체될 수밖에 없었다. 또한 1959년 9월에는 사라호 태풍이 한국 중부와 남부 지방에 큰 피해를 주었고 시험장도 피해를 입었다. 그런 난관에 직면하면서도 우치다 팀이 제작한 어류 표본은 그 뒤에 침액을 갈아넣는 등 소중하게 보관되었던 것이다(변충규, 앞의 책).

중앙수산시험장의 후신인 국립수산진흥원이 〈어류 표본 목록〉(1966)이라는 자료를 정리하고 있다. 이 목록에 수록되어 있는 어류 표본 수는 533종인데, 그 대부분은 채집일이 해방 전(전쟁 전) 날짜로 기록되어 있다. 예를 들자면 앞에 나왔던 '큰납지리'(227~228쪽) 표본은 '표본 번호 127, 개체 수 63, 채집 일시 1936. 5. 24, 채집지 창녕'으로 되어 있는데 채집일과 채집지 모두 우치다의《조선어류지》에 나와 있는 조사 기록과 일치한다. 총독부 수산시험장의 어류 표본은 수산진흥원 연구자들이 정리·분류 작업을 추진해서 1966년에는 그 목록이 완성되었다. 현재 그 표본은 부산시 기장군으로 이전한 '국립수산과학원'(수산진흥원 후신)의 부설 전시 시설인 '수산과학관' 안에 있는 '침액표본실'에 해방된 뒤에 채집된 다수 표본과 함께 보관·활용되고 있다(그림 43).

그런데 어류 사진 데이터베이스를 맡은 이경민 씨는《유리판에 갇힌 물고기》에서 우치다의 사진 자료에는 한국 환경부가 지정한 보호 대상 종과 천연기념물 어류, 나아가 절멸종 기록도 포함되어 있다고 밝힌 뒤 이렇게 주장하고 있다.

(우치다의 사진 자료는) 서식 환경 변화 등에 따른 어류의 생태학

그림 43 **수산과학원 침액표본실**
국립수산과학원에 총독부 수산시험장 시대에 제작된 표본도 보관되어 있다. 해방 전에 제작된 표본 일부는 부설 수산과학관의 표본실에서 일반 전시되고 있다. (안광국 씨 촬영)

적 변화 양상을 고찰할 수 있는 어류학상의 기초 자료라는 점에서 그 활용 가치가 크다. 만약 우치다의 어류 사진이 일제 강점기에 일본인 손으로 만들어진 것이라고 해서 식민지의 잔재로 방치되었다면 이는 오히려 한국 근대 어류학의 왜곡된 부분을 연명시키는 일이고, 역사적 기록물로서 남아 있는 사진의 활용을 억압하는 결과가 될 것이다. …… 중략 …… (우치다가 추진한) 막대한 양의 어류 생활사에 관련한 연구 자료와 표본, 문헌 따위도 정리해야만 한다. 그러한 자료를 통해 식민지 어류학의 성과와 한계를 밝히고, 근대 어류학사에 대한 반성과 극복의 계기로 삼아야 할 것이다.

그리고 그러한 작업이 가능해지는 그날 바로 '유리판에 갇힌 물고기'들이 해방을 맞게 될 것이라며 그 논문을 맺고 있다.

이경민 같은 이가 한 작업은 총독부 수산시험장이 이룬 연구 업적을 은폐한 '한국 근대 어류학의 왜곡된 부분'을 비판하면서 동시에 '식민지 어류학의 성과와 한계'를 밝히고자 하는 그 험난한 작업을 마주하는 하나의 시도다. 이는 해방된 뒤에 한국인 연구자 몇몇이 그때까지의 자기 입지에 대한 반성과 함께 되돌아보는 일을 소홀히 하고, 때로는 타자(일본) 비판 안에 그러한 반성을 용해시킨 채로 재출발해버렸다는 사상적 과제를 다시 한 번 현재의 문제로 받아들여 엄중하게 되묻는 일이 될 것이다. 물론 우치다의 업적을 복원하고 체계화하는 일은 조선총독부 수산시험장의 업적을 무조건 '표창'하는 일은 아니다. 우치다 팀의 연구 또한 그 자신이 《조선어류지 제1책》 〈서문〉에서 "직접적인 산업 조사 내지 시설상으로도 의의가 있으리라고 생각한다"라고 썼듯이 총독부의 식민지 경영이라는 역학 안에 있었음은 의심할 수 없다(이에 대해서는 다음 장에서 다시 논하겠다). 식민지주의는 또한 지배 민족 사람들이 가진 사고의 근간까지를 속박하는 것이었을 테니까 '식민지 어류학의 한계'를 밝힌다 함은 우치다 같은 사람이 이루지 못한 일이나 식민지주의 안에서가 아니었다면 이룰 수 있었을 일 같은 잠재력을 우치다 같은 사람들이 했던 작업 안에서 정밀하게 살펴 구별해가는 작업도 될 것이다.

'유리판에 갇힌 물고기'란 '근대 조선 어류학'을 말하고, 또 일본이 조선에서 추진했던 '식민지 어류학'을 말함이 아닐까. 그렇다면 정문기가 했던 작업, 그리고 우치다 게이타로가 했던 작업을 동시에 그 '유리판' 안에서 '해방'시켜나가는 길은 어떻게 전망할 수 있을까. 다음 장에서는 앞에서 언급했던 명태잡이에 대한 논의를 다시 한 번 살피면서 정문기와 우치다 게이타로가 만날 수 있는 '미래의 장소'를 찾아보고 싶다.

제6장

일본의 식민지 통치는 무엇을 남겼는가

— 명태잡이를 둘러싸고

제7그림(A) 수조망手繰網(방그물, 放網)
범선 및 기선에도 사용된다.

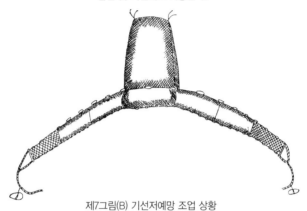

제7그림(B) 기선저예망 조업 상황

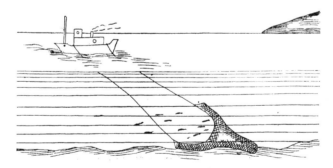

'수조망'(위)과 '기선저예망 조업 상황'(아래)

수조망 그림 중앙부가 자루그물이고, 그 좌우로 날개그물이 있다. "범선 및 기선에도 사용된다"고 되어 있듯이 저인망도 기본적으로는 수조망과 같은 구조다(정문기, 〈조선명태어〉, 1936).

제4장에서 명태잡이의 과거와 현재에 대해 논했다. 그때는 언급하지 않았지만 1920년대 후반에 일본 어업자가 '기선저인 망 어업'이라는 새로운 어업법을 가지고 명태 어업에 대거 참 여한다. 그 결과 종래의, 아마도 조선 시대 어업법에서 면이 이 어왔을 터인 조선 재래 명태잡이는 그 모습이 바뀌기 시작한다. 그리고 그 사태는 조선 어업자와 일본 어업자 사이에 대립과 갈 등을 야기했다. 이 문제는 앞 장에서 언급했던 '식민지 어류학' 문제와도 관련이 있다. 우선 1920년대 중반을 전후해서 명태잡 이가 어떻게 변화해왔는지부터 이야기해보겠다.

명태 관련 산업 – 객주의 지배 체제

명태 어업, 북어 제조, 그리고 북어 유통은 상호 밀접한 관련을 갖고 전체적으로 하나의 산업 조직을 구성하고 있었다(제4장). 조선 시대에 그 기초가 만들어진 '명태 관련 산업' 구조에 대해 큰 변화가 시작되기 직전인 '1920년대 전반'의 자료를 단서로 해서 훑어본 다음 그 뒤에 일어난 변화를 이해해가기로 하겠다.

1920년대 전반까지의 명태 관련 산업에 대해 총괄적으로 기록한 자료로는 이미 참조한 《조선의 명태》(조선식산은행 조사과, 1925) 외에 함경남도청의 이하라 만사쿠猪原万作가 쓴 〈함경남도 명태 어업의 개황〉(《조선》, 1922년 1월호, 이하 〈이하라 보고〉)이 있다. 전자는 총독부 행정과 연대해서 조선의 '산업 개발'을 목적으로 하는 금융기관이 실시한 조사이고, 후자는 명태잡이 중심지인 함경남도 행정 당국이 실시한 조사다. 또 조선 시대 말기부터 일제 강점기, 그리고 해방 후 수산 금융 변천을 논한 논문으로 김경호가 쓴 〈한국수산금융변천사 연구〉(1987, 이하 〈수산금융사〉)가 있다. 이 자료들을 참고하면서 함경도의 명태 관련 산업 실태에 대해 살펴보겠다.

〈이하라 보고〉에 따르면 1920년대 초에 함경남도에서 명태잡이에 종사했던 사람 수는 대략 1만 명이라고 한다. 그 가운데 80퍼센트는 피고용 종업자이고, 직접 경영하는 사람은 2,000명 정도였다고 한다. 경영자에는 독립 경영자와 차수差數 경영자 두 유형이 있었다. 독립 경영은 어선, 어망을 가진 선주가 어부를 고용해서 어업을 경영한다. 한편 차수 경영은 어업자 몇 명이 공동으로 출어하는 방법으로서 선주에게서 어선과 어구를 빌려 직접 어부가 되거나 어부를 고용해 조업을 한다. 이 두 경우 모두 필요한 자금은 기본적으로 북어 유통·판매를 맡은 상인에게서 빌렸다. 그러한 중개상인을 조선 시대 때부터 '객주客主' 또는 '여각旅閣'이라고 했다. 어업 경영자에게 자금을 제공하는 행위를 '재주財主'라고 하는데 객주가 재주를 겸하는 경우가 많았다.

〈수산금융사〉에 따르면 객주, 여각은 주로 상품 매매를 업으로 하면서 동시에 금융업, 창고업, 운송업, 숙박업 따위를 겸업하는 경우도 많아 "근대 이전 사회에서 상업기관 내지는 금융기관으로서 중요한 역할을 수행했다"고 한다. 객주는 영세 어업자에게 현금이나 어구, 일용품 같은 형태로 어업 자금을 조업에 앞서 빌려주고 어획물을 직접 인수하는 '선불제 형태의 고리대금과 이를 통한 어획물의 독점적 매수에 따른 가혹한 수탈'을 일삼았다(〈수산금융사〉). 이처럼 어업자에게 자금을 제공함으로써 어업자를 예속시켜 '수탈'하는 구조를 '사입제仕込制'라고도 하는데 조선에 진출한 일본 수산물 수송업자인 '하야시카네林兼 상점'과 '니혼日本 수산' 등도 이 사입제로 거액의 부를 축적했다. 조선인 객주도 규모는 달랐지만 조선 어업자 대부분을 경제적인 예속 관계 아래 두었다고 할 수 있다.

1919년 조사에 따르면 함경남도의 명태잡이에 필요한 자금 총액 250만 엔 가운데 어업자의 자기자금은 70만 엔 정도, 나머지 180만 엔은 재주(객주)에게서 차입한 것이었다. 어업자 가운데 70퍼센트 정도가 재주(객주)에 의존했다는 뜻이다. 어업에서는 전년이 풍어였어도 이듬해에는 엉망일 때도 자주 있게 마련이다. 이렇듯 어획량 예상이 어렵기 때문에 은행 같은 일반 금융업자는 자금 회수 불능을 우려해 융자를 꺼리는 경우가 많았다. 그래서 이자가 비싸도 어업자는 객주에게서 자금을 빌릴 수밖에 없었다고 한다(《조선의 명태》).

〈이하라 보고〉에는 함경남도에 200명 정도였던 산지 객주 가운데 10만 엔 이상 되는 비교적 큰 자산을 가진 사람이 기록되어 있다.

서천군	김병두
이원군	강영기, 동선상회
북청군	고병호, 윤태호, 동양상회, 이성근, 장춘백
홍원군	김기승

이하라는 "(조선인) 어업자는 일반적으로 재주(객주)의 속박을 벗어날 수 없을 뿐 아니라 이익 대부분을 재주가 몽땅 가로채는 바람에 해가 갈수록 곤경에 빠지는 상태이므로, 어촌의 경영 및 명태 어업 발전상 이 어업자들에 적당한 자금 공급 방법을 강구하는 일은 시급하다"라고 토로하고 있다.

함경남도의 산지 객주가 어업자에게 빌려준 어업 자금 총액 가운데 70퍼센트는 자기자금이었지만, 20퍼센트 정도는 북어 집산지인 원산의 객주에게서 빌리고 나머지 10퍼센트는 지역 자산가 같은 사람들에게서 빌렸다. 같은 객주라도 산지와 원산 사이에는 자금 능력에 차이가 있고 금융, 유통에서 좀 더 지배적인 입장에 있었던 쪽이 원산의 '명태 객주'(북어 상인)였다. 특히 경원선(경성-원산 간 철도)이 개통된 1914년 이후에는 산지에 가까운 원산에서 철도를 이용해 직접 각지로 북어 수송이 가능해졌기 때문에 중앙 집산지로서 원산 객주의 지위는 더욱 높아졌다. 그 이전에는 서울을 비롯해 조선 서부 방면으로는 육로(말)로, 경상도나 전라도 방면으로는 원산에서 해로로 부산까지 일단 운반하고, 부산의 북어 상인을 매개로 해서 각지로 수송했다(《조선의 명태》). 〈이하라 보고〉에는 원산 명태 객주의 주요 거래처가 기록되어 있다.

상점 이름 ― 주요 자금 대출 지방
함남상회 ― 홍원군, 북청군
최장덕 ― 전포(홍원군), 육십, 신창(북청군), 차호(이원군)
김우덕 ― 이 도(함경남도)는 얼마 안 되고 강원도 방면이 많다.
명성대 ― 이원군
청남주식회사 원산 지점 ― 홍원군, 북청군, 이원군
삼신상회 원산 출장소 ― 신포(북청군)
대성상회 ― 신포, 전포(홍원군)

가메타니 상점 — 자금 관계 없음

오카노 시로스케 — 자금 관계 없음

아와모리 상회 — 원산에서는 자금관계 없어도 신포 지점에서 대출

이 기록을 보면 이하라가 조사를 실시한 당시(1920년대 초) 북어의 매입과 판매, 나아가서는 어업자에 대한 자금 융자도 조선 상인이 거의 맡고 있었음을 알 수 있다. '가메타니龜谷 상점', '오카노 시로스케岡野四郎助'라는 일본 상인의 이름도 보이지만 산지의 조선인 객주나 어업자와는 '자금 관계 없음'이라고 부기되어 있어 북어 거래를 활발하게 하고 있었다고는 생각하기 어렵다. 가메타니 상점(가메타니 아이스케龜谷愛介)도, 오카노 상점(오카노 시로스케)도 원산 상업회의소가 발간한 《원산 안내》(1914)에 '곡류, 면포류, 해산물' 거래를 하는 상인으로 기재되어 있는데, 이를 보더라도 북어 전문 상인이라고는 생각하기 어렵다. 또한 '주요 자금 대출 지방' 가운데 거론되고 있는 함경남도의 신포, 신창, 차호는 명태잡이에서 중심적인 어항이다.

1920년대부터 반석 같아 보였던 객주의 지배 체제에도 작은 균열이 생기기 시작했다. 어업자가 융자를 받을 수 있는 기관으로 객주 금융에 비해 좀 더 저리로 대부를 해주는 근대적인 은행 금융이 가세했던 것이다(〈수산금융사〉). 앞에서 자료로 꼽았던 《조선의 명태》를 발행한 조선식산은행은 그러한 금융기관 가운데 대표 격이고, '어업권을 담보로 하는 대부'(조선식산은행령)

를 어업 조합 같은 곳을 통해 실시했다. 또한 원산의 객주 단체인 '원산객주조합'과 북어 하역 노동자 단체인 '원산노동회'와의 사이에서 노동쟁의도 일어났다(《동아일보》, 1925년 1월 31일). 함경도에서 원산으로 운반되어오는 북어 하역에 종사하는 노동자가 고용주인 객주조합에 임금 인상을 요구하면서 만약 양보가 없다면 '총파업(스트라이크)'을 일으키겠다고 객주 측에 전했다. 조선인 객주와 조선인 노동자 사이의 대립 구도도 나타나기 시작한 것이다.

이상을 정리해보면 명태 관련 산업은 1920년대 중반까지는 일본인이 진출한 어업 영역에서는 상대적으로 거리를 둔 조선 재래의 산업 영역으로 유지될 수 있었다고 할 수 있다. 그러나 이는 재래의 질서가 그대로 폐쇄적으로 유지되었다는 뜻은 아니다. 시대 변화 속에서 객주를 중심으로 한 예부터 유지된 질서도 차츰 밖에서부터 흔들리기 시작했다. 그리고 1920년대 후반부터 명태 어장에 일본 어업자의 기선저인망 어업이 끼어들기 시작한 것이다.

일본 어업자가 주도한 명태 기선저인망 어업

기선저인망 어업에서 '기선'이란 내연기관을 장비한 발동기선을 말한다. 일본에서는 1910년대부터 어선의 동력화가 추진되었다. 당시에는 디젤 엔진에 비해 값이 싼 야키다마焼玉

엔진*을 선적한 동력선도 많아져서 통통 폭음을 낸다고 해서 '통통배'라는 친숙한 이름으로 불렸다. 또한 기선저인망에서 '저인망'(저예망)은 '수조망'이라고 하는 어법이 진화된 것이다. 수조망은 양옆에 날개그물(보조 그물)을 부착하고 중앙부가 자루 모양으로 되어 있는 그물로서 어군을 날개그물이 감싸서 중앙에 있는 자루그물로 몰아넣는 구조로 되어 있다(제6장 속표지 참조). 1920년대로 접어들면서 수조망을 발동기선(기선)으로 끌고 그물을 동력으로 감아올리는 기계화된 어업법이 확산된다. 이와 더불어 '기선저인망'이라는 새로운 이름이 생겼다. 참고로 '저인망'은 영어로 '트롤trawl'이라고 한다. 한 번에 대량의 물고기를 잡아들이는 어업법이다.

일본에서 실시되고 있는 저인망 어업의 성과가 전해지면서 함경남도에서도 일본 어업자가 운영하는 기선저인망 어선이 조업을 시작했다(그림 44). 동해안 방면에서는 당초 기선저인망 어업은 해저에 생식하는 가자미잡이에 종사했는데, 이것만으로는 채산이 맞지 않아 곤경이 계속되었다. 그러던 차에 1924년 원산의 가노 다케조加納竹藏의 저인망 어선이 함경남도 신포 앞바다에서 우연히 명태 떼를 어획했다. "생각지도 않았던 어획에 신이 난 업자는 본격적으로 명태잡이로 돌아섰다. 어획 성과가 좋

---

* 야키다마hot bulb라고 일컬어지는 주철제 구슬 모양을 한 연료 기화기를 겸비한 연소실을 실린더 헤드에 장착하고 야키다마 열로 혼합기의 열면 착화를 일으켜 연소하는 렙실로 내열기관의 일종이다. Hot bulb engine이라고도 한다. 세미디젤이라는 이름으로 표현한 문헌도 있다.

그림 44 **기선저인망 어선**
조선 제2구 기선저예망 어업 수산조합은 1935년 4월에 연해주(현재 러시아 연해 지방) 바다에서 시험 조업을 실시했다. 사진은 조합 소속 기선저인망선의 출항을 기념해서 원산항에서 촬영(《조선명태어》).

아 갑자기 활황을 띤 명태어수조(기선저인망)는 일약 시대의 총아가 되었다"(《조합 행각 (9) 조선 제2구 기선저예망 어업 수산조합의 권》,《조선의 수산》127호, 1936. 이하 〈기선저예망 조합 보고〉).

　기선은 19톤에서 30톤, 발동기는 60마력에서 80마력으로 "어구(그물)의 구조는 범선 수조망과 비슷하지만 범선 대신 기선을 이용하기 때문에 규모가 컸다"(정문기,〈조선명태어〉, 1936). 어선의 동력화에 따라 일본 어업자들도 겨울에 거친 바다에서 명태잡이가 가능해졌고, 가자미 저인망 어업에 종사하던 일본 어업자도 명태잡이에 슬며시 끼어들었다. 그러나 이러한 기선저인망의 급증은 당연히 종래의 어업법을 유지하고 있는 조선인 명태 어업자들과 마찰을 일으켰다. 저인망 어선이 조선 어업자가 쳐놓은 자망을 끌고 가버리는 사건도 일어나서 자망 어업 80퍼센트가 휴업하지 않을 수 없는 사태가 되기도 했다. 특히 주낙 어업에 비해 조업 자금이 많이 들기 때문에 어획량이 적으면 손실도 큰 자망 어업자가 기선저인망 어업 반대 목소리를 높였다. 《동아일보》에 〈자망 명태 어업자의 위기, 발동기선 단속이 필요〉라는 기사가 있다(1930년 3월 3일).

> 함경북도 연해의 자망 명태 어업자 대표 6명(조선인 이름에 섞여 일본인 '마스다 고헤이增田興平'라는 이름도 있다)이 동업자 3,000여 명이 연서한 진정서를 가지고 상경하여 2월 27일과 28일 이틀 동안 총독부 식산국장과 수산과장을 방문해 진정서를 전했다. …… 중략 …… 진정서 내용을 한마디로 요약하면 "재래식 어구인 자망으로 명태를 잡는 우리 자망업자는 현대식 수조망 발동선업자의 '위법적 침해' 위협으로 생활이 불가능해졌다. 이에 대한 대책을 강구, 실시하기를 희망한다"는 내용이다.

기선저인망 어업은 명태 어군을 노려 깊이 70미터에서 280미터에 그물을 치고 기선의 동력으로 일정 시간 저인 작업을 한다. 총독부 수산시험장 조사에 따라 명태는 밤에 해저에서 생활한다는 사실이 밝혀졌기 때문에 저인망 어업은 이에 맞춰 밤중에 이루어졌다. 저녁에 출항해서 하룻밤에 두세 번 그물을 치

표 7 어구별 명태 어획량(함경남도, 1934)

어구	선수	어획량	판매액
기선저예망	44척	5만 1913타	148만 1716엔
자망	383척	2만 7641타	73만 5034엔
주낙	785척	2만 1283타	79만 8705엔

〈조선명태어〉에서 채록

고 이튿날 아침에 귀항한다. 저인망의 '높은 생산성'은 〈표 7〉을
봐도 알 수 있다.

　함경남도에서 조업하던 기선저인망 44척의 어획량이 합계
1,000척을 넘는 자망선과 주낙선을 웃돌고 있다. '타'는 제4장
에서 언급했듯이 명태를 세는 단위로 1타는 2,000마리다. 기선
저인망 같은 경우 배 한 척당 1회에 1,180타의 어획량(정문기,
〈조선명태어〉)인 데 비해 자망, 주낙 같은 경우 1회에 각각 72타,
27타이므로 전자는 후자보다 열여섯 배에서 마흔네 배나 생산
성이 높다(그림 45). 단, 기선 구입비(신조선新造船은 일본에서의 수
송비를 포함해 1만 엔이 넘는다.), 중유重油나 어구 비용 같은 초기
투자와 경상경비도 많이 들기 때문에 일정한 자본 능력을 가진
일본 어업자들이 주로 이 기선저인망 어업을 경영했다. 조선 어
업자 대부분은 종래대로 주낙, 자망 어업을 유지했다. 〈표 7〉에
나온 '자망'과 '주낙'의 수치 대부분은 조선 어업자에 해당한다
고 보면 된다.

　한편 일본 저인망 어업자는 함경남·북도와 강원도 어장에서
조선 어업자와의 대립뿐 아니라 일본 어업자끼리의 대립도 야

그림 45 **원산항에 인양된 명태**
기선저인망선(사진 위)에서 인양된 명태가 안벽에 산더미처럼 쌓여 있다. 처리 작업을 하는 조선 여성들이 보인다(《조선의 수산》 127호, 1935).

기했다. 총독부는 어장과 어획 질서를 정상화할 목적으로 한반도 연안 전체를 여섯 구역으로 나누고(함경북도는 제1구, 함경남도와 강원도는 제2구), 각 구역 안에서 조업할 수 있는 기선 수를 제한하는 규정을 정해 허가제로 했다. 이와 더불어 1930년 10월에 함경남도와 강원도의 일본 저인망 어업자들이 중심이 되어 '조선 제2구 기선저예망 어업 수산조합'(조합 본부는 원산)을 결성했다(이 조합 이름을 기술할 때에는 '저인망'이 아니라 '저예망'으로 표기하기로 한다). 조합에서는 금어 구역을 준수하고 자망 어업(조선 어업자)과의 분쟁을 피하며 동시에 일본에서 오는 밀어선 대책으로서 자경선을 띄워 어구를 순회하면서 권익 보호를 도

모했다. 《조선 제2구 기선저예망 어업 수산조합 10년사》(1940)
에 따르면 1940년 현재 조합원은 40명, 어선(기선저인망선) 수
는 45척이고, 조합장 이하 간부 여덟 명 모두가 일본인이라고
한다. 이러한 일본인을 주체로 한 조합을 상대로 조선인 조합원
이 소유 또는 공동 소유하는 어선도 일곱 척이 있었다. '창흥호'
(함경남도 홍원), '해성호'(함경남도 흥남), '서천호'(함경남도 서천),
'조일호'(강원도 장전), '금맥호'(강원도 삼척), '순양호'(강원도 삼
척), '영흥만호'(함경남도 원산)로서 조합 소속 전체 선박 가운데
15퍼센트다. 소수이기는 했지만 자금 능력이 있는 조선인 객주
와 어업자 가운데에는 기선저인망 어업에 진출하는 사람도 있
었다. 조합원이기도 했던 그들은 명태 주낙 어업과 자망 어업을
유지하고 있던 동포인 조선 어업자와 이해 대립 관계에 놓여 있
기도 했던 까닭에 더욱 복잡한 상황이 생겼을 것이다.

　《동아일보》에 〈서호진, 명태잡이 선원 200여 명이 총파업. 경
찰은 파업단 4, 5명 검거〉라는 기사가 있다(1935년 12월 17일).

　　함경남도 서호진의 명물인 명태잡이 발동어선(기선저인망)의 승
　　조원 200여 명은 15일 오후 3시쯤 돌연 총파업(스트라이크)에 들
　　어가 명태잡이 시기에 대혼란을 가져왔다. 파업 이유는 종래는 어
　　획량 가운데 7푼(100분의 7)을 상여금으로 주는 것이 관례였는데,
　　금년 말에는 4푼 반(100분의 4.5)을 주겠다는 전달을 받고 이에 불
　　만을 가졌다는 것이다. 관할 경찰에서는 이 파업 지도자로 4, 5명
　　을 검거하는 등 사태 진전에 주목하고 있다.

서호진(함경남도 함주군)은 조선 질소비료 회사가 있는 흥남과 만을 사이에 두고 동쪽에 위치하며, 명태잡이 근거지 가운데 하나다. 함경남도 신포, 신창, 차호는 조선 어업자들이 중심인 어항인데, 총파업이 있었던 서호진은 일본 어업자가 조합 간부를 독점하는 어항이었다. 이 항구에 있는 저인망 어선은 일본인이 소유하고 있었기 때문에 여기서는 '일본인 선주 대 조선인 선원'이라는 구도로 자본과 노동의 대결이 있었다는 뜻이 된다. 1930년대는 조선인 노동운동이 왕성하게 일어나던 시기다. 공업 도시 흥남에서 벌어지던 노동운동과의 연대도 있었을지 모른다.

이어서 보도된 기사에서는(《동아일보》, 1936년 1월 8일) 제2구 기선저예망 어업 수산조합 소속의 스물두 척 승조원이 '보금步金'(상여금) 인상을 요구하며 파업을 일으켰지만(서호진 이외의 어항에서도 공동 행동이 취해졌다고 한다), 선주 측은 명태잡이가 왕성한 기간에 조업에 영향이 가지 않도록 즉시 양보했다고 전하고 있다. 선주 측 대표인 '아리마 씨와 열여섯 명'이 '서호진'에서 회합하고 어획량이 3만 엔 이상이면 7푼, 3만 5000엔 이상이면 8푼, 4만 엔 이상이면 9푼, 그리고 4만 5000엔 이상이면 1할이라는 '보금'을 결정해 선원 측에 전했다. 파업은 선원 측에 희생을 냈지만 '선원의 승리로 해결'될 기미가 보인다는 보도였다. 참고로 기사에 나오는 '아리마 씨'란 서호 어업조합의 조합장 아리마 사토시有馬諭를 말한다(〈조합 행각 (15) 서호 어업조합의 권〉, 《조선의 수산》 135호, 1936).

또한 조선 제2구 기선저예망 어업 수산조합은 1935년 10월, 원산에 '동해수산주식회사'(이하 동해수산)를 설립하고 조선인 명태 객주가 주도권을 쥐고 있는 북어 유통시장에도 개입하기 시작한다. 《조선 제2구 기선저예망 어업 수산조합 10년사》(1940)에 따르면 그 설립 취지는 이렇다. 지금까지는 어업자가 어획물을 취급하는 상인에 대해 경제적으로 종속되어 시장 상황에도 어둡고 '현재의 판매기구'(조선 재래의 북어 유통기구)에 따라 어가가 결정되었다. 특히 명태가 대어일 때에는 값이 폭락해서 조합 손실도 컸다. 그래서 가격을 유지하기 위해서도 어획물의 저장·보존에 대해 연구하고 제조·가공 분야에도 적극적으로 진출해서 '합리화와 집약적 경영에 따라 이 사업의 개량 발전을 도모함'이 중요하다고 여겨 저예망 어업 수산조합의 조합원을 주주로 하는 회사가 설립되었다. 동해수산의 사업 내용을 열거한 부분을 인용한다.

선어 매매업 — 원산 및 서호진과 그 밖에 각 시장에서 중간상에게서, 또는 직접 어업자에게서 선어를 매입해서 이것을 수요지에 수송해 판매한다.

건어 제조업 — 앞의 사항에 따라 매입하는 명태 선어(생태)와 그 밖에 어류를 원료로 해서 건어(북어)를 제조한다.

선어 저장업 — 매입한 어류에 대해 필요하다고 인정될 때에는 이것을 냉장이나 그 밖의 방법으로 저장하고, 그 뒤에 가공 또는 판매한다. (앞의 책)

이 밖에도 명태 간유 제조와 명란 가공도 사업 내용으로 꼽고 있다. 이렇게 보면 일본 자본(동해수산)은 기선저인망을 통한 명태잡이와 연동하면서 조선인이 여전히 주도권을 쥐고 있는 명태 거래 및 판매에서부터 북어와 그 밖의 가공·제조에 이르기까지 명태 관련 산업 전체에 개입해 재편성하려고 기도했음을 읽을 수 있다. 물론 이러한 새로운 회사 설립은 조선인 '명태 객주'(객주조합) 입장에서는 자신들이 가진 기득권이 위협받음을 의미했다. 앞에 나온 〈기선저예망 조합 보고〉에는 당시 "원산을 중심으로 하는 각지의 명태어 중간상 사이에 맹렬한 회사(설립) 반대 운동이 일어났다"라고 기록되어 있고, 또 《동아일보》(1935년 2월 22일)에도 〈어민 대중을 위협, 동해물산사(동해수산을 말함) 반대〉라는 기사도 있다. 그 기사는 자본 능력이 있는 동해수산주식회사가 명태 어획에서 동건凍乾(북어) 제품의 제조, 유통에까지 손을 뻗게 되면 1만 여 명에 이르는 약소 조업자와 1,000여 명이 넘는 유통업자의 생활이 위협받게 되는 데다가 "원산의 중간업자(객주조합), 명태 간유 제조업자, 수송업자 조합에서는 동업자에 솔선하여 동해물산 설립에 절대 반대 의사를 함경남도 당국에 전송했다"라고 전하고 있다.

'조선 어민의 몰락'론을 검토한다

1920년대 후반부터 일본 어업자가 시작한 기선저인망 어업이 조선 재래의 명태 어업에 어떤 영향을 끼쳤는지를 논한 논문으로 강재순이 쓴 〈일제 시기 함경남도 명태 어장의 분쟁〉(2009, 이하 〈강씨 논문〉)이 있다. 강씨는 이 논문 서론에서 "결국 발동선 (기선저인망)의 등장으로 상징되는 근대적 어업의 개시는 일본인 어업 자본의 성장과 조선 어민의 몰락을 의미하는 것이었다"라고 그 취지를 적고 있다. 이러한 강씨의 논의에 대해 검토해보겠다.

우선 1920년부터 1942년까지의 명태 연간 어획량 추이와 민족별 어획량 추이를 〈표 8〉로 제시해보겠다(앞에 제시했던 박구병, 〈한국명태어업사〉, 1978, 조선총독부 통계연보 등을 토대로 한다). 조선총독부가 1933년 이후 민족별 통계 수치를 발표하지 않았기 때문에 민족별 어획량 비교는 1932년까지밖에 제시할 수 없다.

이 통계표에서 주목할 점은 다음과 같다. 우선 1929년과 1930년을 보자. 명태 어획량이 1928년에 비해 절반 이하가 되어 있다. 불황인 해였지만 일본 어업자의 기선저인망 어획량은 그 정도로 줄지 않았다. 불황은 조선 어업자를 직격한 것이다. 이 시기에 조선 자망 어업자들이 기선저인망 조업에 항의하는 목소리를 높였음은 당연한 일이다. 1931년에도 주목해보자. 일본 어업자의 어획량이 한꺼번에 1만 톤을 넘었고, 총어획량에서 차지하는 비율도 30퍼센트에 육박했다. 1920년대 후반부터 시작된 일본 어업자의 기선저인망 어업 참가가 본격화했고, 또 기선저인망 어업조합이 설립되는 등 일본 어업자의 명태잡이가 조직적으로 이루어지기 시작했음을 보여준다.

표 8 명태의 연간 어획량 추이와 민족별 어획량 추이

연도	명태 어획량 (단위 : 톤)	조선인 어획량	일본인 어획량 (전체에서 차지하는 비율)
1920	68,635	65,752	2,882(4.2%)
1921	71,613	70,180	1,432(2.0%)
1922	58,531	54.492	4,038(6.9%)
1923	65,353	61,235	4,117(6.3%)
1924	55,269	52,892	2,376(4.3%)
1925	51,721	50,065	1,655(3.2%)
1926	53,519	50,522	2,997(5.6%)
1927	40,298	37,315	2,982(7.4%)
1928	46,888	42,433	4,454(9.5%)
1929	22,116	18,002	4,113(18.6%)
1930	21,107	17,287	3,820(18.1%)
1931	43,588	31,645	11,943(27.4%)
1932	111,471	80,036	31,435(28.2%)
1933	74,041		
1934	187,470		
1935	89,721		
1936	121,246		
1937	154,900		
1938	203,422		
1939	269,512		
1940	271,578		
1941	221,197		
1942	220,956		

이듬해인 1932년은 전년도의 세 배에 가까운 어획을 올려 풍어인 해였다. 조선인의 어획량도 8만 톤에 이르러 전년 대비 약 2.5배로서 1920년대 가운데 가장 많았던 1921년의 어획량이 7만 톤을 넘고 있다. 조선 어업자 가운데에는 소수이지만 기선저인망 어업에 진출한 사람도 있었기 때문에 그 어획량이 반영되었을 것이다. 기선저인망 한 척의 평균 어획량은 약 1,180타, 그러니까 명태 한 마리의 무게를 700그램(〈정씨 논문〉)으로 계산하면(700그램×1,180타×2,000마리) 1,652톤 정도 되는 어획량이 된다. 조선 제2기선저예구에는 조선인이 경영하는 기선이 일곱 척(단, 이는 1940년 수치이고 1932년에는 그보다 적었으리라고 여겨진다) 있었기 때문에 그 전체에서 1만 톤 정도 되는 어획을 올렸다고 하면 1932년의 조선인 총어획량 8만 톤 가운데 기선저인망으로 잡은 양이 1만 톤이고, 나머지 7만 톤은 재래식 어법으로 잡았다고 봐도 된다. 그렇다면 재래식 어업도 1920년대 가운데 어획량이 가장 많았던 7만 180톤(1921년)과 맞먹는 실적을 올렸다는 뜻이 된다.

〈강씨 논문〉은 조선 어업자의 '몰락'을 강조하고 있지만, 〈표 8〉에 제시된 수치는 강재순 씨 주장에 의문을 갖게 한다. 그 수치에서는 오히려 조선 어업자가 1929년과 1930년의 불황기를 극복하고 기선저인망 어업에 대항했음을 읽을 수 있지 않을까. 기선저인망이 처음 등장했을 당시에는 강씨가 지적하는 대로 그것이 자망 어업에 큰 손해를 끼친 것이 사실이다. 그러나 장기적인 추이를 보지 않고 그 시기만을 거론해서 즉각 조선 어업자의 몰락을 도출해내는 자세는 좀 성급하지 않았나 싶다. 아니, 그 이상으로 그러한 결론이 일본인 기선저인망 어업의 진출에 대해 속수무책으로 보고만 있었던 '잘못된 조선 어업자상'을 만들어내게 됨이 더 두렵다.

박구병은 〈한국명태어업사〉(앞의 논문)에서 1941년 가을부터 1942년 1월까지의 어구별 명태 어획량 자료를 근거로 기선저인망 어업이 전체 어획량 가운데 절반에 가까운 11만 2588타임을 지적하면서 '일제 시대 명태 어업'이라는 항목을 이렇게 맺고 있다.

> 한국인이 하는 명태 기선저인망 어업은 어업 허가에 대한 민족별 차별 대우(일본 어업자에게 우선 허가되었다), 자금 능력 부족 등으로 일본인 기선저인망 어업에 비해 열세이기는 했지만 일부 한국 어업자가 그것을 도입함으로써 한국인의 명태 어획량에는 기선저인망을 이용한 어획량도 상당량이 포함되어 있다. 그러한 점을 감안할 때 명태 어획량만을 비교한다면 일제 시대에는 명태 어업의 주도권을 한국인이 장악하고 있었다고 말할 수 있다.

박구병이 "명태 어획량만을 비교한다면"이라고 한정하고 있는 점에 우선 유의해두자. 조선 수산업 '전체'는 자금 능력도 있고 고도화된 어구를 갖춘 일본 어업자들이 '주도'했고 조선 어업자는 종속적인 입장에 놓여 있었다. 박씨는 다른 논문에서 1912년부터 1932년까지의 통계를 참고로 하면서 조선인 어업은 출어

선박 수도, 종사자 수도 일본인의 약 두 배에서 네 배나 되지만 판매 금액은 일본인 어업과 같거나 그보다 적은 경우도 있다고 지적하면서 조선인 어업은 "수익성이 낮은 연안성 영세 어업에 무게를 두지 않을 수 없었다"라고 주장하고 있다(박구병, 《한국수산업사》, 1966). 그런데도 그러한 지배에 맞섰던 조선 어업자들의 능동적인 자세를 박씨는 명태 어업의 통계 수치에서 파악하려고 하고 있다. 기선저인망 어업이 등장함으로써 생긴 어려운 상황 속에서 어떤 사람은 새로운 저인망 어업에 나서

그림 46 **조선 수산업자들**
《조선의 수산》지 광고. 일본 어업자들 틈에 섞여 동력선으로 한 '약건착망 어업鰯巾着網漁業'이나 '기선수조망(저인망) 어업', 나아가 '약유비鰯油肥(정어리기름으로 만든 비료) 제조업'에 진출한 조선인 수산 경영자들도 있었다. 신포항(함경남도)은 명태잡이와 정어리잡이로 유명하다. 이러한 사람들이 해방된 뒤에 수산업을 견인했을 것이다 (《조선의 수산》 137호, 1936).

고, 어떤 사람은 재래 어법을 개량하면서 혹한의 거친 바다에서 그 어려움과 격투했던 것이다. 그러한 그들의 주체적인 행동이 있었기 때문에 '명태 어업의 주도권은 한국인(조선인)이 장악'할 수 있었지 않았을까(그림 46).

그렇다면 우리는 1930년 전후에 일어난 '함경남도 명태 어

장의 분쟁'이라는 강재순이 주목한 사태에서 새삼 무엇을 현재의 과제로 끌어내야 할까. 우리는 현재 한국 동해안에서(어쩌면 북한 동해안에서도) 명태 무리가 사라져버렸다는 사태에 직면해 있다. 따라서 이 현재 시점에서 거슬러 올라가 일본 어업자가 들여온 기선저인망 어업이라는 높은 생산성을 자랑하는 '근대적 어업'(강재순) 때문에 명태 서식지가 황폐화되고 자기 손으로 자기 목을 조르듯이 명태잡이의 '몰락'을 재촉시키지 않았나 하는 문제를 다시 한 번 제기할 수 있을지도 모른다. 이 과제에 대해 지금부터 검토해보겠다.

개발이란 무엇이었는가

일제 강점기의 조선 수산업을 어떻게 평가할지에 대한 논의 가운데 하나로 '개발론'이 있다. 이를 간단히 요약하면 "일본의 조선 통치는 일본이 가진 선진적인 어구와 어로 기술 이전을 포함해서 조선 수산업 '개발'을 추진하고 그 근대화에 이바지했다"라는 것이다. 한편 "일본의 식민지 지배는 조선 수산업 근대화를 왜곡시켰고, 자원 '수탈'은 조선인 어민을 빈곤으로 몰아넣었다"라고 하는 '수탈(침략)론'이 개발론을 뒤집는 형태로 이에 대치한다. 여기서는 그러한 논의를 의식하면서 앞에서 논한 기선저인망 어업을 이용한 수산업 '개발'이 어떤 현재적인 의미를 갖는지에 대해 고찰해보겠다.

앞에서 제시한 일제 강점기의 명태 연간 어획량 추이(표 8)를 다시 한 번 살펴보면 1932년부터 어획량이 한꺼번에 10만 톤대로 급증하고, 나아가 1938년 이후에는 20만 톤대가 된다. 물론이 어획량 급증은 기선저인망 어업이라는 '근대적 어업' 확대가가져다준 결과다. 이러한 수산자원 '개발'은 그러나 관점을 달리해서 보면 '남획'이라는 잘못된 어업으로서 장차 자원 고갈을 초래할지도 모르는 것이다.

조선총독부 식산국 수산과에 근무했던 정문기는 1936년에 발표한 〈조선명태어〉의 '결론'에서 "수백 년 전부터 조상이 일상적인 보건 식료품으로 즐겨 섭취해온 역사 깊은 수산물이므로 우리는 명태잡이의 영속을 도모해야 한다"라고 한 다음에 기선저인망 어업이 명태 자원 고갈을 야기할 우려가 있다고 일찌감치경종을 울렸다.

(함경남도 연해의) 특별 금지 구역 안에서의 어업 기간을 (총독부가) 11월 1일부터 이듬해 1월 15일까지로 제정한 까닭은 다수의 기선저예망 남획을 막는 한편, 지본地本(지역) 어민들이 종래부터 경영하고 있는 자망 및 주낙 어업 보호와 함께 명태어의 번식을 보호하고자 함이 목적이다. …… 중략 …… 이의 대책으로서는 명태어의 주요 산란장인 특별 금지 구역에서의 어업을 주년周年(몇해 주기로) 금지하거나, 또는 산란장 일부를 주년 금지 구역으로 해서 번식에 필요한 개체 수만큼은 산란 행위를 안전하게 보호할 수 있으리라 믿는다.

총독부도 자원 보호 관점에서 몸길이 30센티미터 이하인 명태 치어의 어획을 금지했는데, 정씨의 제안은 거기서 한 발 더 나아간 내용이었다. 논문의 '결론'에 이러한 정책적인 제언을 그가 굳이 넣은 까닭에는 조선인의 생활문화에서 빠질 수 없는 명태를 기선저인망 어업을 통한 남획에서 어떻게든 보호하려는 강한 의지와, 자망 어업과 주낙 어업에 종사하는 동포 어업자들의 생활이 침해당하는 데 대한 위기감이 드러나고 있다.

이러한 남획의 중심에 있었던 이들은 기선저인망을 이용한 일본 어업자들이다. 그 어획'량'도 문제이지만, 그 이상으로 문제라고 필자가 생각한 것은 일본 어업자들에게 명태란 '물건=상품'에 지나지 않았다는 점이다. 바로 그러한 사고방식이 남획을 이끌었다고도 할 수 있다. 조선에 사는 일본인들을 포함한 일본인은 일반적으로 명태의 알(명란)을 제외하고는 생선 그 자체를 식용으로 하는 일이 별로 없었다. 물론 '명태=북어'를 영험한 힘을 가진 존재로 보는 개념도 없다. 기선저인망이 등장하기 훨씬 전에 출간된 문헌이지만 그 안에 북어가 일본인의 기호에 맞지 않는다고 설명하는 구절이 있다.

조선인이 명태를 손질하면서 통째로 말려 소금 간을 하지 않고 퇴적시키는 행위를 보면, 장작인지 의심이 갈 정도로 바싹 말라서 담백 무미하기 때문에 조선인 외에는 방인(일본인)에게도, 지나인(중국인)에게도 기호에 맞지 않는다.

—《조선통어사정》, 1893.

이 구절에는 북어에 대한 글쓴이의, 거창하게 말하면 조선의 식문화에 대한 편견이 드러나고 있다. 이미 제4장에서 살펴보았듯이 상등품 북어로 만들려면 명태를 담수로 씻어 염분을 빼둘 필요가 있다. 그리고 북어를 덕장에서 내려 야적하듯 쌓아 마무리 건조까지 한다. 이처럼 세심하게 관리되는 북어 제조에 대해 지식이 없다 보니 편견을 갖게 된다. 글쓴이는 북어를 '담백 무미'하다고 썼지만 조리된 북어 요리를 먹어보지 않고 (설마 싫지만) 북어 그대로만 먹어보지 않았을까. 사람에게는 싫고 좋음이 있게 마련이지만 이는 개인차도 있고 문화가 서로 다를 뿐이다. 좋고 싫음과 편견은 전혀 다른 것이다. 어쨌거나 이 기술은 당시 일본인들에게 흔히 있었던(다 그렇다고는 할 수 없지만) 북어에 대한 태도를 보여주고 있다.

일본인들은 자신이 먹으려고도 아니고, 신께 바치려고도 아니라 단지 조선인에게 팔려고 명태를 잡을 뿐이었다. 다시 말해 명태를 단순한 상품으로 보고 어획량을 최대화함이, 다른 말로 하면 어업의 자본주의화를 발전시켜가는 것이 일본인이 참여한 기선저인망 어업을 통한 남획의 '본질'이었지 않았을까. 그러나 이 남획은 거기에만 머물지 않고 몇 가지 문제를 안고 있었다.

앞에 제시했던 〈표 8〉을 보면 〈정씨 논문〉이 발표된 1936년 이후에도 어획량은 줄어들지 않는다. 정문기 씨의 걱정이 적어도 수치상으로는 기우로 끝났음은 환영할 일이지만, 그저 좋아만 할 수 없는 사정이 있다. 그 어획량은 새로운 어장 개척과 맞물려 1942년에는 1920년의 3.2배 이상이나 되었다. 그사이 조선인의 인구는 약 1.36배 증가했고, 명태 어획량의 약 20퍼센트가 중국 동북 지방(만주) 방면으로 수출되는 것을 빼고도 조선은 북어 소비가 매우 큰 곳이다. 이는 명태 관련 산업으로 한정해 말하자면 '대량으로 생산해서 대량으로 소비하는' 자본주의 개발 원리(이데올로기)가 일본의 식민지 통치를 통해 조선에까지 들어왔음을 뜻한다.

'근대적 어업'을 통해 명태 생산량(어획량)이 증가 추세에 있는 가운데 이에 덧붙여 일본 홋카이도에서도 북어가 이입되었다는 사실을 지적하고 싶다. 이 또한 개발 원리와 궤를 같이하는 상황일 것이다. 이입 계기는 1923년쯤부터 조선에서 명태 흉어가 계속되어 조선 안에서의 북어 생산량이 감소한 것이었다. 이러한 사실이 홋카이도 명태 어업자들의 주목을 받아 1925년에 이와나이岩內초(시리베시後志 지역)에서 조선인 업자의 지도로 북어를 시험 제조해서 조선으로 반출하는 시도가 이루어진 것이다. "그 뒤 홋카이도 동결건조 명태(북어)의 조선 이입량은 해마다 증가를 거듭해서 현재(1930년대 전반)는 연 100만 엔 내외의 이입을 기록하기에 이르렀던 것이다"(〈정씨 논문〉). 이는 조선에서 소비되는 북어 가운데 27퍼센트에 해당하는 양이다. 그 뒤에도 명태가 잡히지 않을 때의 긴급 이입이 아닐 때도 홋카이도산 북어 이입이 이어졌다. 홋카이도의 기후는 조선의 기후 조건과 다르고, 또 제조 기술 문제도 있어서 홋카이도산 북어의 품질은 조선에 비해 떨어졌다. 그러나 그만큼 가격이 쌌기 때문에 대중적인 수요를 창출했을 것이다. 참고로 홋카이도 수산시험장에서는 1928년부터 1930년까지 3년 동안 해마다 1월부터 3월 사이에 이와나이초에서 북어 제조 시험을 실시했다. "(조선과) 풍토가 다른 본도(홋카이도)에서는 연구해야할 여지가 많아 이와나이 방면의 북어 제조 시작 단계에서는 조선인 해당 업자를 따르게 되어도 …… 중략 …… 적당한 제조법을 시험해서 제품의 개선을 도모함은 본업 발달의 기초로 삼아야 하며"라고 품질 향상을 위한 노력이 거듭되었던 것이다(홋카이도 수산시험장,《명태어 제조 시험 보고》, 1933).

일제 강점기에 조선의 수산업에 개발 원리가 도입된 또 하나의 예를 살펴보자. 명태 어업의 중심인 한반도 동부 연안에서는 1920년대 중반부터 1930년대 말까지 정어리잡이도 왕성하게 이루어졌다. 어획된 정어리는 주로 유비油肥로 가공되었다. 정어리를 유비 제조 공장에서 압착해서 기름과 찌꺼기로 분리한다. 기름에서는 화약이나 의약품 원료가 되는 글리세린을 얻고 나머지 지방산은 비누, 초, 도료, 인조버터(마가린)의 원료가 되었다. 또 짜낸 찌꺼기는 식용 오트밀, 비료, 사료가 된다. 요시다 게이시吉田敬市는《조선 수산 개발사》에 이렇게 썼다. "(쇼와) 9년 (1934) 3월에 청진(함경북도)에 조선유지주식회사가 설립된 것을 시작으로 해서 내지(일본)의 각 비누 회사들이 경화유硬化油 제조 사업이 유망한 점에 착안해 그 제조를 개시하는 사람이 많아졌고, 이에 따라 원료 쟁탈전이 벌어지기에 이르렀다." 이렇게 한반도 동해안 일대에는 정어리를 원료로 한 유비 제조 공장이 잇따라 설립되었고 어획에서 제조, 수송, 판매에 이르기까지 일관된 자본주의적 산업구조가 성립되었다. 요시다 게이시를 비롯해서 '개발론자'들이 조선 식민지 경영의 '성공 사례'로 반드시 거론하는 대목이다.

요시다에 따르면 동력선과 건착망巾着網(물고기 떼 전체를 헝겊 주머니를 덮어씌우듯이 가둔 다음 입구를 조여 잡는 그물), 어군 탐색 같은 근대 어법이 개발되어 어획량(가격)이 1925년에는 237만 엔이었는데 해마다 늘어 1940년에는 1925년에 비해 무려 스물 일곱 배인 6422만 엔으로 급증했다고 한다. 그러나 이듬해인 1941년에는 전년의 60퍼센트로 줄어들었고, 1942년에는 가장 전성기 때의 7퍼센트까지 급감했다고 한다. 이러한 어장 황폐는 명백히 남획 때문이었을 것이다. 요시다는 이 정어리 자원의 고갈에 대해 "남획도 그 큰 원인이었음이 당시 식자들의 일치된 견해였다"라고 기록하고는 이렇게 술회한다.

지난번(정어리잡이 전성기) 총독부에서는 경영 허가 통수統數('통'은 공동으로 고기잡이를 하는 어선이나 운반선 같은 선박단을 말한다)의 제한을 두고 수산조합 등에서도 통제를 도모했지만 어선, 어구, 어법의 발달은 어획량 상승을 이끌어 결국 남획에 빠졌음은 부정할 수 없다. 남획에 따른 자원 폐멸 사실은 단순히 조선의 정어리 어업에서만 나타난 현상이 아니고, 동서고금 그 예는 헤아릴 수 없을 정도다.

요시다는 여기서 자원 고갈을 야기하는 '남획'이 '어선, 어구, 어법의 발달'이라는 개발 원리에 내재하고 있다는 점에 주목했지만 '자원 폐멸'은 '동서고금 그 예는 헤아릴 수 없을 정도'라고 설명하는 데 그쳐, 그의 사고는 거기서 멈췄다.

'개발론' 입장에 섰던 요시다 게이시가 일제 강점기의 수산에 관한 막대한 자료를 수집·정리한 것이 《조선 수산 개발사》 (1954)다. 이 노작은 현재도 한일 양국에서 입장의 차이를 넘어 반드시 참조되는 수산사 연구에서의 기본 문헌이다. 그러나 전쟁 말기에 이루어진 정어리잡이에 관한 요시다의 서술에는, 의도적이라고는 생각하고 싶지 않지만 한 가지 중요한 자료가 빠져 있다(조선 어민을 '황도어민皇道漁民'으로 '개조'하려는 '황민화 정책' 자료 등도 빠져 있지만). 요시다는 "정어리 자원의 전면적 황폐와 전쟁 격화 때문에 쇼와 18년(1943)에는 어획 전무 상태라는 양상을 띠기에 이르렀다"라고만 언급하고 있지만 사실 총독부는 1943년에 정어리잡이를 '중점 조업 목표'로 삼았다. 총독부 식산국 수산과장 오카노부 교스케岡信恢助는 〈정어리 어업을 중심으로 하는 조선 수산업의 지도 체제〉(1943)에서 이렇게 술회하고 있다.

정어리기름은 글리세린의 급원給源이며 직접 전쟁 자재로서, 또 군수 지하자원 생산에 필요 불가결한 화약 원료가 되므로 정어리 어업에 부여된 사명이 중대하지만 이를 소홀이 여기는 사람이 있다. …… 중략 …… 그러므로 쇼와 18년(1943)도 수산업의 조업

지도 체제로서 정어리 건착망 어업에 중점을 두고 다른 식용어 채
포採捕 기선 어업을 한동안 돌아보지 못하는 비상시에 당면한 것
이다.

—《조선》, 1943년 6월호.

전쟁 말기, 동력 어선(기선)의 연료인 중유도 바닥이 난 상태
였다. 총독부는 고등어 건착망, 명태 저인망 같은 동력선에 대한
중유 배급을 중지하고 정어리 어선에 중유를 집중적으로 공급
하기로 했다. 또 어획한 정어리는 모두 총독부가 지정하는 유비
공장으로 운반해 관리하고 '날정어리의 식용, 염장 건제품, 통조
림 등'은 원칙적으로 허용되지 않았다. 정어리는 식량으로서가
아니라 '전쟁 자원'과 '화약 원료'로, 그러니까 정어리를 원료로
하는 글리세린 생산이 무엇보다 우선시되었던 것이다. 정어리
어획량은 남획 때문에 1940년부터 줄어들기 시작했지만 제한된
중유를 투입하면서까지 총독부는 닥치는 대로 정어리 싹쓸이를
'결전하수산보국체제決戰下水産報國體制'(오카노부)의 중점 과제로
삼았던 것이다.

근대 전쟁은 대규모 파괴를 밀어붙이는 한편으로 전쟁을 수행
하기 위해 사람이나 자연을 '자원화'하고, 이를 계획적으로 '총
동원'한다. 그런 의미에서 전쟁은 '대량 생산, 대량 소비(파괴)'
이데올로기를 담고 있었다. 이른바 자본주의적 개발 원리의 극
단적인 형태라고 해야 할 것이다. 따라서 전쟁 시기의 총독부
정책을 강점기 전체 기간 가운데에서 예외적인 것으로 볼 수는

없다. 개발 원리는 시기도, 분야도 구분하지 않고 식민지 정책의 근본에 깔려 있었다. 정어리잡이에서 일어난 일은 언젠가 명태잡이에서도 일어나게 마련인 것이다.

그런데 '개발이냐, 수탈(침략)이냐'라는 논의에서는 두 입장 모두 '개발 성장'이라는 원리 자체를 되묻는 일은 없는 듯하다.

논문 〈조선명태어〉를 쓴 정문기는 해방된 뒤인 1947년 7월에 한국을 통치하는 미 군정청의 수산국장으로 취임했다. 그는 취임 뒤에 '50만 어민의 향로向路'라는 제목을 단 문장에서 이렇게 주장하고 있다(1947년 8월, 〈전라남도어련〉). 해방 전에는 '남조선'(한국)에서 31만 톤 정도 되는 연간 어획량이 있었지만, 해방 뒤 경상북도의 청어와 진해만(경상남도)의 대구는 이미 쇠퇴 일로를 걷고 있을 뿐 아니라 동해안의 명태와 황해안의 조기도 해마다 감소 경향을 보인다. 기선저인망 어업 허가 건수는 1945년에 조선 전체에서 163건이었는데, 1947년에는 남조선만도 205건을 헤아려 어장 질서에 혼란이 보인다. 어획된 명태도 5~6년생 성어가 줄고 3~4년생 어린 명태군이 늘고 있다. 자원 보호 대책으로서 연해에서의 어획 총량을 20만 톤으로 제한하면 나머지 10만 톤은 원양어업과 내수면(하천·호수 등)에 의지할 수밖에 없으므로 원양어업의 진출을 호소한다.

원양어업에는 제주도 서남의 동지나해(동중국해) 트롤 어장의 개척과 남빙양南氷洋(남극해)의 포경 어업 진출 등 두 가지 길이 있다. …… 중략 …… 일본 정부는 이 트롤 어장의 침략 진출을 목적으로 맥아더 사령부에 이른바 맥아더 라인의 철폐를 요구하고 있기 때문에 하루라도 빨리 이 어장에 우리 전사를 진출시켜서 일본 어부의 침략 기도를 방지하지 않으면 안 될 것이다. …… 중략 …… 우선 동지나해의 트롤 어장을 개발하고, 이어서 남빙양의 포경 어업으로 진출하는 것이다.

1936년에 명태 자원 보호를 주장한 정문기는 1947년에는 이 글대로 원양 어장의 '개발'을 주장하고 있다. 해방 직후라 경제 재건이 시급한 시기였지만 이 제안은 개발 역점을 연안에서 원양으로 바꾸기만 했으며, 일찍이 자신이 제기한 명태 보호론을 개발 원리 자체에 대한 재검토로서 심화시키지는 않았다. 일본 패전, 다시 말해 조선 해방으로 조선총독부 수산과는 미 군정청 수산국으로 개편되었지만, 총독부 행정의 근간에 있었던 개발 원리는 유지되고 있었다. 1970년대에 고도성장을 목표로 하던 한국에서는 정부가 '증산'을 호소함으로써 명태는 치어까지 포함하여 어획량의 장기적 회복이 이미 불가능해질 정도로 남획되었지만, 이마저도 종전에 있었던 개발 원리의 연장선일 뿐이다. 물론 그 원리는 일본과 한국만의 문제는 아니다. 그것은 현재도 여전히 세계를 속박하고 있는 자본주의의 강력한 이데올로기다.

1945년 이후, 개발 성장이라는 동일한 자본주의 원리에 입각한 일본 어업과 한국 어업은 때로는 협력·의존하면서, 때로는 '국익 내셔널리즘'을 배타적으로 분출하면서 그 원리가 낳는 관계 왜곡을 껴안아왔다. 자원 개발, 그 점유에 대한 국가적 욕망은 '배타적 경제수역'(EEZ)이라는 용어 자체에서도 잘 나타나고 있다. '국경·영토 문제'의 근본에 있는 것도, 따라서 역시 선정적 내셔널리즘의 근본에 있는 것도 사람과 자연을 '자원화'하여 점유하고('국민화'이고 '국유화'다) 그것들을 최대한 이용하려는 '국가'와 연동한 자본주의의 원리일 것이다.

1930년 전후에 있었던 기선저인망 어업을 통한 '함경남도 명태 어장의 분쟁' 문제는 우리에게 이와 같은 현재적인 과제를 제기하고 있다. 일제 강점기의 조선 수산업에 대해 논할 때에도 그렇고, 또 현재의 '어업 문제'를 논할 때에도 그 근본에 있었던 원리, 그리고 현재 그것이 더욱 고도화되어 있는 원리로 눈을 돌리지 않는 이상 반도와 열도 사이에 풍요롭게 펼쳐진 생명의 바다는 '죽음의 바다'를 향한 걸음을 더욱 재촉할 것이다.

앞 장에서 거론한 우치다 게이타로와 정문기의 문제는 지금까지 논해온 '개발 성장 원리'와 관련지어 재검토할 수 있을 것이다. 총독부 수산시험장의 '식민지 어류학', 예를 들면 우치다 같은 사람이 추진한 명태나 정어리의 생태 연구는 총독부 행정의 근간에 있었던 '개발' 원리를 토대로 효율적이고 산업적인 어로법漁撈法과 어구 '개발'이라는 결실을 맺었다. 한편 정씨의 '근대 어류학'은 조선이 일본의 식민지 지배에서 해방되어 정치 체제가 크게 바뀐 시기에 추진되었지만, 전후 일본과 옛 총독부의 수산 행정에 대한 비판을 옛 총독부가 입각해 있던 개발 성장이라는 똑같은 원리에 선 채로, 또는 그것을 불문에 붙인 채로 이루어진 것이었다. 이기복이 정씨의 작업에서 간파했던 '식민지성의 잔재'(225쪽)는 정씨가 우치다의 논문을 '도용'했는지 여부와 같은 문제에 있지 않다. 오히려 그것은 지금까지 논해왔듯이 일본의 식민지 지배 근저에 있었던 개발 원리 자체를 정면으로 마주하지 않은 채 해방된 뒤에 '경제 부흥과 성장'을 내건 한국 수산 행정 아래에서 그 원리를 이론적으로 뒷받침해왔다는 점에 있지는 않을까. 그렇게 생각한다면 '식민지 어류학의 한계'를 안은 우치다 게이타로와 '식민지성의 잔재'를 안은 정문기가 그러한 시대와 정치 체제의 속박에서 '해방'되어 새롭게 만날 수 있는 '미래의 장소'로 향하는 방향은 이미 분명할 것이다. 그리고 이는 우치다와 정문기만의 문제는 아니다. 우리 역시 그 장소를 함께 지향해야 하지 않을까.

제7장

갯장어의 여행

— 남해에서 교토로

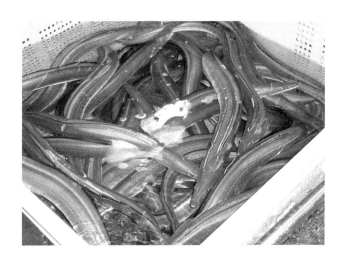

한국산 갯장어

교토시 중앙도매시장 안에 있는 수조에서 출하를 기다리는, 한국에서 수입된 갯장어.

교토시 중앙도매시장 – 기온 축제에서의 갯장어

교토시 중앙도매시장 제1시장(교토시 시모교下京구, 이하 '교토
중앙시장')은 JR 교토역에서 갈라지는 산인山陰선을 따라 시치조
七條 거리와 고조五條 거리 사이에 있다. 1927년에 일본에서 가장
먼저 생긴 대규모 중앙시장으로서 그때까지 시내에 분산되어
있던 열두 개 도매시장을 통합해 개장했다. 가장 가까운 산인선
단바구치丹波口역에서 화물 전용선이 부설되었고, 나중에 도카이
도東海道 본선(교토역 방면)에서도 화물선이 시장 구내까지 부설
되었다. 그 뒤 트럭 수송이 중심이 되어 1984년에 화물선은 폐
지되었지만. 남북으로 길게 뻗은 시장 부지 형태에 그 면모를
남기고 있다.

교토 중앙시장은 청과부(야채, 과일)와 수산부(어패류)로 구성되어 있다. 식육을 취급하는 제2시장은 다른 곳에 있다(교토시 후시미伏見구). 시치조 거리에 면한 시장 입구에 5층짜리 수산 사무소동이 있고, 그 안쪽에 넓은 단층짜리 수산동이 있다(그림 47). 여기서 수산물 경매가 이루어진다. 기온祇園 축제의 요이야마宵山*가 가까운 어느 날 사무소동에 있는 도매 사업자인 (주)다이스이大水 교토 지사의 아베 신지安部真司 씨(1965년생)를 찾아가 한국에서 수입하는 갯장어에 대해 이야기를 들었다.

중앙시장 수산부에서는 도매시장법에 의거해 농림수산 장관의 인가를 받은 도매업자인 (주)다이스이 교토 지사와 다이쿄大京 어류(주) 두 대기업 회사가 국내 각지와 해외에서 집하된 수산물을 시장의 수산동 점포에 있는 82개 중간도매업자에게 판매하고 있다. 그리고 중간도매업자가 다시 소매업자에게 적은 양으로 판매하는 유통 구조로 되어 있다. 판매 형태에는 도매업자와 여러 중간도매업자가 입회하여 매매 가격을 결정하는 '경매'와, 도매업자와 특정 중간도매업자가 일대일로 흥정하는 '상대 거래' 두 가지가 있다. 상대 거래란 예를 들면 중간도매업자에게 거래처 소매업자나 음식점에서 어떤 특정한 생선이 급히 필요하다는 주문이 들어왔을 때 경매를 거치지 않고 도매업자에게서 직접 매입하는 방식이다. 아베 씨는 상대 거래를 '고속도로'에 비유하며 "목적지까지 빨리 도착하려면 통행료를 지불하

---

* 요이야마 : 교토 기온 축제 전야(7월 16일)

그림 47 **교토시 중앙도매시장**
사진 오른쪽에 있는 건물이 수산사무소동. 그 안쪽이 수산동. 수산동에는 중간도매업자가 입주해 있고 거기서 갯장어를 비롯한 생선의 경매가 이루어진다.

고 고속도로를 달려야 하는 것과 마찬가지로 경매보다 값이 조금 비싸도 빨리 확실하게 원하는 상품을 입수할 수 있는 구조입니다"라고 알기 쉽게 설명해주었다.

그런데 한국에서 실어온 갯장어는 중앙시장에서 어떻게 판매되고 있을까. 아베 씨 이야기를 정리해보면 이러하다. 부산에서 오는 비행기 편은 하루에 몇 번 있지만, 간사이 공항에 저녁에 도착하는 편으로 공수되어올 경우 통관과 검역 수속을 마친 갯장어를 교토까지 트럭으로 운반하면 중앙시장에 도착하는 시간은 오후 8시가 지나야 한다. 도착한 갯장어를 포장된 자루에서 꺼내 시장 안에 있는 자사의 수조로 일단 옮겨 '되살린다'. '되살

린다' 함은 기운을 회복시킨다는 뜻이다. 항공 수송을 하기 위해 자루에 담긴 갯장어를 수조로 옮겨 숨통을 되찾게 하는 것이다. 시장 개장은 오전 0시. 경매는 새벽 5시 20분부터 시작된다. 그 경매 시간에 맞춰 다음 작업이 시작된다. 생기를 되찾은 갯장어를 살아 있는 상태에서 '처리'하는 것이다. 이른바 '산 채로 숨통을 끊는' 작업이다(37쪽). 갯장어는 개처럼 이빨로 물기도 하는, 기질이 거친 물고기다. 정약전의 《현산어보》에도 '견아려犬牙鱺' (개의 이빨을 가진 큰 지렁이)라고 기록되어 있다. 따라서 활어 상태로는 다루기가 어렵다. 그리고 심하게 펄떡거리면 선도도 떨어진다. 그래서 갯장어 머리 부분을 껍질만 남기고 잘라낸다. 정확하게 말하면 척수를 단숨에 잘라버리는 것이다. 그러고 나서 갯장어의 꼬리를 찔러 거기서 피 빼기를 한다. 일반 물고기는 꼬리지느러미를 잘라내고 피 빼기를 하지만 갯장어는 꼬리지느러미가 없기 때문에 꼬리 부분에 있는 혈관을 자른다. 신경을 끊고 피를 뺌으로써 사후경직이 시작되는 시간을 늦추고 잡균 번식을 막아 선도를 유지하는 것이다. 육질이 딱딱해지는 현상을 '시마루しまる'(굳다, 즉 사후경직)라고 하는데 잘못 다루다가 살이 굳으면 상품 가치가 떨어진다. 생명력이 강한 갯장어는 숨이 끊어진 뒤에도 살에 탄력이 있다. 이른바 '살이 살아 있는' 상태다. 손가락으로 갯장어 몸을 눌렀다가 떼면 쏙 들어갔던 부분이 도로 올라온다. 이런 물고기 상태를 '살이 탱탱하다'라고 표현한다.

이렇게 처리한 갯장어를 크기 등으로 선별해서 5킬로그램 단위로 스티로폼 상자에 담는다. 갯장어는 한 마리가 300그램에서 500그램 정도에 이르는 것이 많다. 한 상자에 열 마리에서 스무 마리 정도가 들어간다. 아베 씨는 '열 개에서 스무 개 정도'라고 말했다. 시장에서는 '개수'로 세는 모양이다.

교토에서는 기온 축제가 있는 7월이 갯장어 수요의 절정기다. 이 시기 갯장어는

그림 48 **갯장어 오토시**
'갯장어 유비키'라고도 한다. 뼈를 발라내고 잘게 칼집을 낸 갯장어를 끓는 물에 살짝 넣어 칼집이 벌어지면 얼음 물에 넣어(오토시落とし, '떨어뜨리다'라는 뜻 — 옮긴이) 살을 탱탱하게 만든다. 매실을 으깬 소스나 초된장을 찍어 먹는다. 교토의 기온 축제에서는 빼놓을 수 없는 요리다. (다니카와 류이치谷川龍一 씨 촬영)

산란기를 앞두고 있어서 기름이 올라 있다. 요정이나 작은 음식점에서는 '갯장어 오토시落とし'(갯장어 유비키湯引き*라고도 한다)가 계절 요리 가운데 인기 메뉴가 된다(그림 48). 기온 축제는 '갯장어 축제'라고도 일컬어질 정도다.

교토 중앙시장에서는 7월에 접어들면 갯장어 거래량이 늘어나 많은 날에는 하루 3.5톤, 5킬로그램 상자로 7,000상자가 거래될 때도 있다고 한다. 중앙시장 자료(〈시장연보〉)에 따르면 2011년 7월의 '선어 품목별 취급 수량 순위' 1위가 갯장

---

* 오토시, 유비키 : 장어 요리 방법 가운데 하나로서 샤부샤부처럼 끓는 물에 넣었다가 건져서 소스에 찍어 먹는 방식이다.

어(근近) 약 15만 8370킬로그램(60톤 정도)으로서 2위인 참돔 12만 8483킬로그램을 능가한다고 한다. 여기에 갯장어(원遠) 3만 11킬로그램을 더하면 갯장어 거래량은 한 달에 190톤 정도가 된다. '갯장어(근)'이란 활어 상태로 시장에 운반되어온 것이고, '갯장어(원)'은 숨통을 끊은 상태로 시장으로 운반된 것을 말한다. 다시 말해 '선어'라는 뜻이다. 8월 거래량 1위도 갯장어(근) 16만 932킬로그램이니까 7~8월 두 달 사이에 1년 동안 거래될 갯장어(근) 총량(61만 627킬로그램) 가운데 25퍼센트 정도가 거래되었다는 뜻이 된다. 나아가 9월이 되면 교토 중앙시장의 선어 거래량 순위는 1위가 꽁치, 2위는 참돔, 3위가 연어, 4위는 방어, 5위가 갯장어(근)로 크게 바뀌어 '가을 꽁치'가 1위로 훌쩍 뛰어오른다.

자, 이제부터 한국산 갯장어에 초점을 맞추자. 다이스이 교토 지사가 한국산 갯장어를 수입하게 된 때는 1980년대 후반, 아베 씨가 다이스이에 입사했을 무렵부터였다. "한국 갯장어는 일본산에 비해 기름기가 잘 배어 있는 데다가 뼈가 부드럽습니다. 그런 한국 갯장어 맛과 요리하기가 쉽다는 점도 요정에서 일하는 주방장들 사이에서 높은 평가를 받아 한국산 갯장어를 다투어 주문하게 되었습니다." 교토에서 갯장어 요리의 정석이라고 하면 '갯장어 오토시'지만, 잔뼈가 많은 갯장어를 먹기 쉽게 만들고자 미리 뼈를 잘라둔다. 교토 요리에서 제대로 주방장 대접을 받으려면 갯장어 껍질 하나를 남기고 '한 치(3.3센티미터)에 스물네 개 칼집을 넣는다'라고 할 정도로 뼈를 잘 다져놓아야 한다. 잘게 뼈를 잘라내는 '뼈 다지기'가 능숙해야만 하는 것이다. 이는 숙련을 요하는 기술이다. 한국 갯장어 뼈가 부드러워 손질하기도 좋고, 물론 먹는 사람에게도 고마운 일이다. 이렇게 기름이 도는 한국산 갯장어는 일본 국내산 갯장어보다 평판이 좋아서 시장가격도 서너 배나 비싸다. "비쌀 때에는 킬로그램당 1만 엔 가까이 할 때도 있습니다." 오사카에서도 여름에는 갯장어 요리가

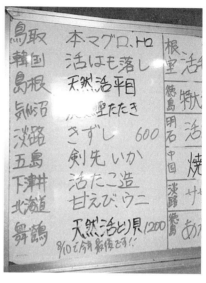

그림 49 산지가 '한국'으로 표시된 식당의 메뉴판
교토에 있는 어떤 해물 주점에 걸린 '오늘의 추천 메뉴'에는 '한국 활어 갯장어 오토시'가 적혀 있다(위에서 두 번째 줄). (다니카와 류이치 씨 촬영)

인기지만 일본산이 많다고 한다. 일본산 갯장어 산지로는 도쿠시마德島와 에히메, 아와지淡路(효고兵庫현)가 잘 알려져 있다. 그에 비해 관광객이 많이 찾는 교토의 요리점에서는 비싸도 한국산 수요가 높다(그림 49). 아베 씨는 수온과 해류의 차이로 한국 갯장어 같은 좋은 생선이 나오지 않겠느냐고 말한다.

교토 중앙시장에서 거래되는 갯장어 가운데 한국에서 수입해 들여오는 양은 어느 정도일까. 시장의 통계 자료에서는 외국산 갯장어만을 다룬 자료는 없기 때문에 정확하게는 알 수 없다. 시장 관계자들이 하는 이야기에 따르면 해에 따라 어획량에 차

이가 있어서 일괄적으로 말할 수는 없지만 '대략 25~30퍼센트 사이'가 아닐까 싶다고 한다. 이 짐작을 토대로 하면 교토 중앙 시장의 갯장어 연간 거래량을 600톤으로 잡으면(앞의 내용) 한국산 갯장어는 150톤에서 180톤 정도가 된다. 한국의 수산 통계(농림수산식품부)에 일본으로 수출된 한국산 갯장어(활어)는 2010년에 280톤, 2011년에 180톤이라고 되어 있음을 봐도 연도에 따라 차이는 있지만 한국에서 수출되는 갯장어 상당 부분이 교토로 들어온다는 사실만은 분명하다.

"잠깐 수조로 가서 한국산 갯장어 한번 보실래요?" 아베 씨를 따라 수산사무소동 엘리베이터에서 내려 시장 안에 있는 '다이스이' 수조를 보러 갔다(제7장 속표지 참조). 네 개의 수조에는 도미, 넙치, 갯장어 따위가 각기 보관되어 있었다. 물고기가 수조 안에서 헤엄을 치고 다니면서 약해지지 않도록 수온은 섭씨 14도에서 15도 정도 되는 저온으로 자동 설정되어 있다. 그리고 즉시 출하할 수 있도록 크기별로 바구니에 나누어 담아놓았다. "이것이 한국산 갯장어, 옆에 있는 것이 일본산 갯장어입니다. 얼굴이 다르지요." 아베 씨의 말을 들어도 문외한인 필자의 눈에는 구별이 되지 않는다. "머리 길이가 일본산에 비해 조금 짧은 것이 한국산입니다." 듣고 보니 확실히 그렇게 보인다. "살의 유연성도 다릅니다." 아베 씨가 가리키는 갯장어의 살을 만져보았다. 분명 한국산이 조금 더 부드러운 느낌이다.

"교토 요리를 유네스코 세계문화유산으로 등록하려는 시도가 있습니다." 그것이 실현되어 교토 요리가 지금 이상으로 세계에서 주목을 받게 되면 갯장어 요리에 대한 평판도 저절로 높아질 것이다. 그 '전통 요리' 가운데 하나로 빼놓을 수 없는 한국산 갯장어를 수입하고 판매하는 아베 씨도 교토 요리 문화를 뒤에서 지켜주는 사람 가운데 한 명이다. 교토에 있는 요정에 품질 좋은 생선을 공급한다는 긍지가 조용한 어투에서 전해졌다.

수산업이 왕성한 통영

그렇다면 교토나 오사카에서 먹을 수 있는 한국산 갯장어는 어디에서 어떻게 운반되어올까. 갯장어의 주요 산지는 한국 남해 일대인 고성, 사량도, 사천(옛 삼천포), 여수 등지다. 갯장어잡이를 하는 고성의 어촌을 찾아가는 도중에 수산업이 활발한 통영을 먼저 들러보았다.

통영시는 부산에서 서쪽으로 약 90킬로미터, 차로 두 시간 정도 되는 거리다. 일제 강점기 때부터 목포, 여수 등지와 함께 남해 연안에 있는 어업 기지 가운데 하나로 알려져서 현재에 이르고 있다. 인구는 14만 명이다(2012년). 고성반도 남단에 위치하며 남해에 있는 여러 섬들과의 해상 교통 요충지이기도 하다. '통영'이라는 지명은 조선 시대에 3도(충청도, 전라도, 경상도) 수군의 거점인 '통제영統制營'이 설치되었다는 데에서 유래되었고, 임진·정유왜란 때 주변 해역에서 조선 수군과 일본 수군 사이에 해전이 있었던 곳이기도 하다.

통영에서는 일본에서 도미 활어를 수입하는 김종철 씨(1958년생)의 안내로 통영항에 접안해 있는 붕장어(아나고) 어선도 견학할 수 있었다. 이곳 통영에서 일본을 상대로 한 붕장어 활어가 많이 출하되고 있다. 어선은 40~50톤이고, 네다섯 명이 타고 쓰시마 바다에서 조업한다. 한 번 출항하면 약 한 달 이상 어장을 찾아 고기잡이를 계속한다. 고기잡이가 있으면 전용 운반선을 불러 잡힌 붕장어 활어를 해상에서 옮겨 싣는 작업을 한다. 어선은 귀항하지 않고 그대로 해상에서 조업을 계속하기 때문에 그때 운반선으로 실어온 연료(중유)와 식료품, 어구 따위를 받는다. 이렇게 해서 오래 걸릴 때에는 두 달 동안 조업이 이어진다.

붕장어는 해저에 서식하며 밤중에 포식 활동을 한다. 이 생태에 맞춰 어법이 개발되었다. 주낙의 낚싯바늘 대신에 8~9미터 간격으로 붕장어를 포획하는 길이 50센티미터 정도 되는 통 모양의 장치를 매단다. 이는 통어筒漁라는 어법이다. 한국에서는 이 통을 통발이라고 한다(일본에서는 아나고 통). 원통 모양의 끝부분에 붕장어가 좋아하는 멸치 조각을 미끼로 넣어둔다. 통발이 바다 밑으로 내려가면 미끼 냄새에 이끌려서 붕장어가 통 안으로 들어온다. 한번 들어가면 나올 수가 없게 되어 있다. 먹장어(제2장)의 생태도 붕장어에 가깝기 때문에 같은 방법으로 먹장어를 노리기도 한다. 고기잡이는 하루에 한 번이나 두 번. 하나의 모릿줄(굵은 줄)에 통발을 1,000개에서 1,500개 정도 달고, 많을 때에는 몇 개의 모릿줄을 바닷속에 늘어뜨린다.

붕장어잡이의 기지인 통영항에는 일본의 우와지마宇和島시(에히메현)나 고토五島시(나가사키현)에서 오는 활어 운반선도 입항한다. 주로 양식 참돔이 수입되고 있다. 쑥 들어간 만이 몇 개나 있는 고성반도 일대는 어패류 양식의 전진기지이며, 서울 방면으로의 판로가 확립되어 있다. 김종철 씨도 일본에서 수입한 도미를 축양수조에 일단 넣어두었다가 서울에서 오는 활어 판매업자에게 도매로 넘기는 일을 한다.

이처럼 통영이 지금도 남해안 수산업의 거점 가운데 하나이며, 또 한국과 일본 사이를 왕래하는 활어선의 기지가 되고 있는 까닭은 사실 일제 강점기 때부터의 수산업 역사와 관계가 있다. 그러한 역사에 대해서는 나중에 살펴보겠다.

갯장어잡이 현장으로 - 경상남도 고성

통영에서 다시 차를 타고 30분 정도 달려 두포리(경상남도 고성군 삼산면)라는 하구에 면한 어촌에 도착했다(그림 50). 총가구 수 96호, 300명 정도가 사는 작은 마을이다. 여기서 오랫동안 갯장어잡이를 해온 김식백 씨(1950년생)와 수산물 가공 공장을 경영하는 강수환 씨(1936년생)를 만나 해변 식당에서 이야기를 들었다.

김식백 씨는 중학교를 졸업한 뒤 아버지를 따라 고기잡이 일을 하게 되었다고 한다. 그때부터 45년이 넘도록 갯장어잡이를 계속해온 베테랑 어부다. 또한 두포리의 이장으로, 어업자들을 통솔하고 있다. 갯장어를 잡는 시기는 5월에서 10월 말까지. 특

그림 50 갯장어잡이가 활발한 두포리
갯장어잡이 소형 어선이 몇 척이나 정박해 있다. 그 맞은편이 자란만. 사진 중앙에서 오른쪽 멀리
보이는 섬이 사량도. 이 해역이 갯장어 어장이다.

히 6월에서 8월 중순이 기름이 잘 오른 갯장어가 잡히는 성어기
라고 한다. 갯장어잡이가 끝나면 낙지잡이가 시작된다.

2~5톤짜리 소형 갯장어 어선은 이른 새벽 3시에 출항한다
(그림 51). 어장은 두포리 눈앞에 펼쳐진 자란만에서 사량도, 나
아가 그 앞바다 위에 떠 있는 욕지도 부근까지다. 어법은 주낙
이다. 먼저 바늘을 단 길이 3.5미터 정도 되는 곁가지 줄을 모릿
줄에 7미터 간격으로 130개 달면 그것이 주낙 한 세트가 된다.
김식백 씨는 일본에서 말하는 '발鉢'을 '세트'라고 말했다. 바늘
에 다는 미끼는 5, 6월에는 냉동 전어, 7월부터는 살아 있는 새
끼 전갱이. 이 미끼를 잘게 잘라 바늘에 끼운다. 배 하나당 대략
20세트(발) 주낙을 싣고 고기잡이에 나선다. 갯장어는 수심 4미

그림 51 갯장어 어선
출항을 앞두고 어선에 탄 김식백 씨. 배 위에 주낙을 몇 세트나 싣고 있는 광경이 보인다.

터에서 40미터인 해저에서 서식한다. 해가 밝은 시간에는 먹이활동을 하지 않는다. 비가 온 다음 날 아침처럼 바다가 조금 탁해 있을 때 잘 잡힌다고 한다. 배에는 두 사람이 타고 작업한다. 김씨네는 부부가 갯장어잡이에 나선다. 표식이 되는 깃발을 세운 뒤 주낙을 바다에 넣고 두 시간 정도 기다렸다가 끌어올린다. 한 세트에 열 마리가 걸리면 좋은 편이다. 한 마리가 평균 300그램이면 10마리×20세트 합계 200마리, 약 60킬로그램에 이르는 어획량이 된다. 두포리 항구로 다시 돌아오는 때는 대개 오후 2시쯤이다.

김씨 옆에서 이야기를 듣고 있던 강수환 씨가 옛날이야기를 해주었다. "우리 할아버지도, 아버지도 해방 전에 갯장어 운반

선 일을 했습니다." 1945년 해방되던 날, 강씨는 초등학교 1학
년이었기 때문에 해방 전의 기억도 조금 남아 있다고 한다. 그
당시 고성에서 잡힌 갯장어 일부는 활어로, 나머지 일부는 숨
을 끊어 선어로 시모노세키까지 운반선으로 운반했다. 일본인
선원이 강씨 집에 묵을 때도 자주 있었다. '간노 씨'라는 아버
지 친구가 그 무렵에는 흔치 않았던 '미캉(밀감)'을 주었던 일을
기억하고 있다. "갯장어는 오사카나 교토 사람들이 좋아하지요.
임진왜란 때에도 한국에 와 있던 일본인 무장이 수조 안에서
며칠씩 살아 있는 생명력 강한 갯장어를 골라 도요토미 히데요
시에게 보냈다고 할아버지가 그랬어요. 사실인지 아닌지 알 수
없는 이야기지만."

강수환 씨 이야기에 따르면 한일 국교가 회복되기 전(1965년
이전)에는 한국에서 갯장어를 잡는 행위도, 먹는 일도 지금에 비
하면 흔하지 않았지만 일본으로 수출이 재개되면서 동시에 어
획량도 늘어 갯장어 요리는 그 지역을 중심으로 여름 보양식으
로 알려지기 시작했다고 한다. 지금은 보양식으로 먹는 탕, 회,
샤부샤부, 구이, 죽 등 요리 종류도 다양해졌다. 1990년대로 접
어들고부터 갯장어는 서울 방면에도 출하되기 시작해서 어획량
도 한때 늘었지만, 최근에는 남획 등으로 남해 연안의 어획량이
1,000톤대로 줄어들어 치어 어획 규제가 실시되고 있다. 일본으
로의 수출량도 줄고 있다고 하니까 한국 갯장어 어업의 앞날은
결코 '강 건너 불'이 아니다.

한국의 많은 어촌에서는 일본과 마찬가지로 어업 후계자 문

제도 심각한 모양이다. 두포리도 예외가 아니다. 20년 전에는 갯장어잡이 어선이 40척 이상이었는데, 현재는 15척으로 줄었다. 게다가 쉰 살을 넘은 어업자가 가장 젊은 세대가 되었다고 한다. 오랫동안 수산업에 종사해온 강씨도 앞으로 갯장어잡이가 어떻게 될지 걱정이라고 했다.

"최근에는 아침부터 햇빛이 너무 강해 고기잡이는 저녁부터 시작하기로 했습니다. 이제 곧 출어 시간이니 저는 이만 먼저 일어나지요"라고 하면서 김식백 씨가 자리를 떠났다. 귀항은 다음 날 아침이 된다. 갯장어 어선이 계류되어 있는 부두 위에서는 할머니 두 분이 주낙 준비를 하고 있었다. 자란만이 반짝반짝 눈부시게 파도를 일으키고 있었다.

일본 어업자의 조선 이주

강수환 씨가 했던 이야기에서도 나오듯이 해방 전(일제 강점기)에도 한국 남해에서 잡힌 갯장어는 일본의 게이한신京阪神(교토, 오사카, 고베) 지방까지 운반되었다. 그러한 역사의 흐름을 이어받아 현재도 한국에서 오사카와 교토로 갯장어가 운반되고 있는 것이다. 그래서 이번에는 시곗바늘을 100년 전으로 되돌려 일본 어업자들이 조선 해역에 어떻게 진출해 있었는지, 그리고 어떤 어업 활동을 했는지에 대해 갯장어잡이에 초점을 맞춰 간단히 살펴보겠다.

러일전쟁(1904~1905)에서의 승리는 일본이 조선 지배를 강화하는 전환점이 되었다. 어업 분야에서는 1904년에 일본 어업자의 통어 구역이 확대되었다. 1883년의 '무역규칙'에서는 '전라, 경상, 강원, 함경 4도'로의 통어가 인정되었지만, 러일전쟁이 시작되자 일본 정부는 "우리 북진 군대(중국 동북부로 전개하는 육군)에게 어류를 보급하기 위해 평안, 황해 및 충청 3도 연안(한반도 황해안)에 우리 어민의 출어를 허용함은 이럴 때에 특별히 필요하다"(외무성 문서)라고 하며 한국 정부와 교섭을 개시했고, 같은 해 6월에 어업권 확대 승인을 받았다. '무역규칙'에서와 마찬가지로 이 조약에서도 '호혜 원칙'에서 한국 어업자가 일본으로 고기잡이를 하러 출항하는 통어 구역도 확대했지만 이는 명분상이고, 한국에서 일본으로의 통어는 없었다. 다시 말해 일본에서 조선으로의 진출 범위가 일방적으로 확대되었을 뿐이다.

러일전쟁 뒤인 1905년 11월에 일본은 조선을 보호국화하여 각 산업 분야의 재편성을 추진한다. 어업에서도 통감부는 1908년에 한국 어업법을 발표해서 대한제국의 관리 아래 있던 중요 어장은 일본 어업자들에게 개방되었다. 또 일본 어업자들을 조선으로 이주시키는 정책도 입안되었다. 일본 정부가 이주 정책에 대해 조사한 〈한국 수산업 조사 보고〉(1904)를 보면 지금까지의 통어라는 형태로는 성어기에 물고기를 좇아 이동할 뿐이기 때문에, '영구적인 이익을 도모'할 수가 없으므로 다음과 같은 시책이 필요하다고 제언하고 있다.

1. 이주민을 장려하고 한국 각지에 일본인 취락을 만들게 할 것.

2. 한국 연해에 우리 어촌을 조직해서 어민이 점차 한국 풍습에 익숙해지게 함과 동시에 한국민을 우리 국민 식으로 동화하는 일에 힘쓸 것.

— 요시다 게이시, 《조선 수산 개발사》

이렇게 조선에서의 일본인 어업 활동은 일본에서 조선 해역으로의 '통어'(돈벌이로 나서는 어업)에서 조선 연안부로의 '이주'(정주定住 어업)로 전환해간다. 요시다 게이시는 《조선 수산 개발사》에서 '러일전쟁 무렵부터 어업을 목적으로 조선 연안으로 이주한 우리 어촌 취락'을 '이주 어촌'이라고 정의하고, 그 성립 경위에서 '1. 임의로 발생 입지한 자유 이주 어촌'과 '2. 지방자치 단체 또는 수산 단체 등이 계획적으로 건설한 보조 이주 어촌' 그리고 '3. 이 두 가지가 혼재된 이주 어촌', 이렇게 세 가지로 분류하고 있다.

요시다 게이시가 정의한 '이주 어촌'이라는 말은 그 뒤 학계에서도 정착되었으므로 여기서도 인용하지만, 제2유형의 이주 어촌은 일본 정부가 주도한 이민 정책, 한국통감부와 조선총독부가 주도한 식민 정책과 연동되면서 일본의 각 부현府縣이 어업자에 대한 이주 지원과 자금 지원을 실시했다는 점에서 '국책'으로 건설된 식민 자본 마을(콜로니)이라고 해야 할 것이다. 이러한 형태로 일본에서 집단 이주한 어민 마을이 조선 각지에 생겼다. 이주해온 어업자의 출신지에 따라 '가가와촌'(거제도 지세포), '에히메촌'[경상남도 삼천포(현재의 사천시)] 등으로 일컬어지는 곳도 있었다. 그런데 '이주'라는 말에는 어떤 장소에서 다른 장소로 개인의 의지에 따라 '수평적'으로 이동했다는 어감이 있다. 예를 들면 "A씨는 일본에서 오스트레일리아로 이주했다"는 식이다. 그러나 일본 어민들의 조선 '이주'는 제2유형에 그치지 않고 대개는 일본의 조선 '지배'를 배경으로 한 것이었다. '이주 어촌'이라는 말 때문에 그것들이 형성되는 과정에 작용한 '수직적인 역관계'를 간과해서는 안 된다. 어째서 '식민 어촌'이라고 하지는 않을까.

조선의 오카야마촌

통영이라는 지역과 닿을 듯 미륵도가 있다. 시가지와 섬을 가로지르는 좁은 수로를 일본인들은 일찍이 '다이코보리太閤堀'*라고 했다. '분로쿠文祿·게이초慶長의 역役'**에서 일본군이 그 수로를 개척했다는 전승을 빗대어 만든 것이다. 나중에 수로를 넓혀 해저에 터널을 건설하고 본토와 섬은 연결된다. 이주 어촌 가운데 하나인 '오카야마촌'은 그 미륵도에 있었다(그림 52).

통영항을 가로지르는 동남 육로 약 1리 반(6킬로미터, 한국의

---

* '太閤'는 천황의 섭정직을 후세에 물려준 사람을 가리키는데, 일반적으로 도요토미 히데요시를 일컬어 이르는 말이다. '堀'는 해자.
** 1592(선조 25년)부터 1598년까지 두 차례에 걸친 왜군의 침략으로 일어난 임진왜란을 일컫는 일본식 표현이다. 1597년에 제2차 침략 전쟁을 따로 정유재란이라고도 한다.

그림 52 옛 오카야마촌에 남은 일본 가옥
통영시 도남리에는 일본 어업자가 살았던 일본 가옥이 남아 있다. 또 오카야마 신사 터는 현재 정비
된 공원의 일부가 되어 있다.

10리는 일본의 1리), 산양면 도남리에 있는 통칭 오카야마촌은 메이지 41년(1908) 이후 오카야마현에서 한국 이주 어업 장려라는 목적을 갖고 현 예산의 지원을 받아 건설된 어촌으로서 현재 가구수 63호, 인구 277명 …… 중략 …… 찾아오는 사람에게 얼핏 이상적인 어촌으로 여기게 하는 아취가 있다. 이주 어민은 갯장어, 붕장어의 주낙 어업자와 소수 외줄낚시 어업으로 …… 중략 …… 어업 조합이 시설하는 발동기 운반선을 통해 전부 활어 상태로 한신阪神 지방으로 수송해서 공동 판매하고, 이익의 분산을 막으려는 것이다.

— 이나이 히데사우에몬稲井秀左右衛門, 〈이주 어촌 오카야마촌과 하타 씨 이야기〉,
《조선의 수산》19호, 1925.

오카야마촌은 '현 예산의 지원을 받아 건설된' 전형적인 이주 어촌이었다. 주로 갯장어잡이와 붕장어잡이를 하며 '활어 상태로 한신 지방으로 수송'했다. 이 일본으로의 활어 수송 형태가 앞에서 살펴보았듯이 현재까지 이어지고 있는 것이다. 지금부터는 〈1호 1인 하타 가네야스波田兼愿〉(《조선의 수산》34호, 1927)와 〈조합 행각 (13) 남포 어업협동조합〉(《조선의 수산》133호, 1936)을 참고하면서 오카야마촌의 건설 과정을 살펴보겠다.

1908년에 오카야마현은 통영의 미륵도에 이주 어촌 건설을 개시한다. 현은 이주자에게 한 가구당 300엔(이 가운데 100엔은 여비)을 보조금으로 지불했다. 그러나 이주촌은 현이 선택한 관리자의 지도력 부족도 있어서 '붕괴해 사라진 허다한 이주 어촌과 마찬가지로 매우 곤란한' 상태에 빠졌다. '어촌에 만연해 있는 병폐인 주색과 도박과 매춘가 출입으로 어부의 고혈을 착취'하고 있는 상태였다. 현은 마을 재건을 도모하기 위해 농상무성에 의뢰해 적임자를 추천받았다.

수산전습소(나중에 농상무성 관할 '수산강습소', 현재 도쿄해양대학교) 출신인 하타 가네야스가 새로운 관리자로 1910년 4월에 부임했다. 하타는 이주촌의 교육, 풍기, 생활 기반 확립을 꾀했다. 우선 마을 안에 소학교를 설립했고, 주민에게는 저금을 격려했으며 청년단, 부인회, 소방단을 조직해 자치 의식 확립과 마을 안 융화를 지향했다. 그리고 동양척식회사에서 논밭을 빌려 식량을 자급하면서 어업을 하는 반농반어의 촌락 경영을 실시했다. 수산 진흥책으로서는 오카야마현과 조선총독부, 경상남도의 보조를 받아 항구 정비를 추진했고, 해안부 매립과 방파제 개축을 실시했다. 항만 정비를 함으로써 어선 출입과 계류 지장이 해소되었고, 풍랑에 따른 피해에서 선박을 지킬 수 있게 되었다.

특기할 만한 사실은 1914년에 촌락 어업자 예순여섯 명이 '남포 어업협동조합'을 설립해서 일찌감치 어업 경영의 공동화를 꾀했던 일일 것이다. 당시 어업자들 대부분은 사입제(255쪽)를 토대로 판매업자나 운반업자에게서 자금 제공을 받아 어선과 어구를 빌리고 잡은 물고기 전부를 그 업자에게 넘겼다. 어업자들은 채권자인 판매·운반업자가 매기는 값에 물고기를 팔아야 했기 때문에 빌린 돈을 빼면 얼마 남지 않았다. 실질적으로 업자 지배 아래 놓인 어업자들은 빚에 허덕였다. 한편 판매·운반업자 쪽은 '메이지 말쯤 장어 한 관 값의 현지(조선), 다시 말해 조선 매입가가 35전 내외, 오사카로 가져가면 1엔 70전 내지 2엔 50전'(《조선 수산 개발사》)이었기 때문에 수송비를 빼고도 막대한 이윤이 남았다. 그러한 운반업자 대표가 '하야시카네'('하야시카네 상점'을 거쳐 전후에는 '대양어업'이 되었다가 현재는 '마루하니치로 수산')와 '산진쿠미山神組'(나중에 일본수산)였다. "메이지 42년(1909)에 하야시카네의 사입 어선은 1,000척을 넘었다고 하니까 그 이윤이 어느 정도일지 짐작할 수 있다"(앞의 책)라고 기록되어 있다. 이러한 운반업자의 지배에서 벗어나기 위해 남포 어협은 자신들이 운반선을 소유하고 오사카 방면으로 직접 활어와 선어를 운반해 판매하는 사업에 착수한 것이다. 오카야마촌에서 14년 뒤인 1921년에 일어난 일이다.

…… (남포 어협은) 두 척의 운반선을 구입해서 종래의 업자들이 했던 그대로 갯장어와 붕장어, 기타 어획물의 수송·판매를 개시함과 아울러 종래 시도되지 못했던 소붕장어의 활어 수송에 대해 연구를 거듭한 끝에 한신 지방 및 시코쿠四國 쪽의 판로 개척에 노력했다(앞의 〈조합 행각 (13) 남포 어업협동조합〉).

활어 운반선

당시 갯장어와 붕장어 활어 운반이 어떻게 이루어졌는지를 잠시 살펴보자.《한국수산지》(1909)에는 '이케스후네活州船'라는 기술이 있다. 주로 범선이며, 활어 운반이 이루어졌던 시기의 기록이다.

조선에서 이케스후네 운영은 '히로시마, 오카야마, 가가와, 야마구치, 효고 같은 현縣'의 것으로 선박 수는 53척이다. 이케스후네는 폭이 '9척(2.7미터 정도) 이상에서 1장 2척(3.6미터)에 이르는 대형'을 이용하여 "근년에 이르러서는 석유 발동기 및 증기력 등을 응용해서 영업하는 모습이 보이기에 이르렀다." 이케스후네로 수송하는 물고기는 그물로 잡은 것은 상처가 나기 쉬워 운반 도중에 많이 죽어버려서 외줄낚시나 주낙을 이용해 잡은 물고기를 운반했다. 어선이 출항하고 있는 어장에서 가까운 만 안에 이케스후네를 정박시켜놓고 어선이 잡은 활어는 먼저

그림 53 **바구니 수조(이케스) 그림**

《한국수산지》(1909)에 있는 그림. 아래(갑)가 대나무로 만든 바구니 수조이고, 위(을)는 활어 운반선
과 만 안쪽 중앙에 다섯 개 단위로 바구니 수조가 설치되어 있는 모습이 그려져 있다.

만 안에 설치된 축양용 수조(바구니 수조)로 일단 옮겨둔다. 이 바구니는 어종에 따라 그 크기가 다르지만 대부분은 '길이 12척(3.6미터), 폭 8척(2.4미터)' 정도이고 대나무로 만들어졌다. '풍파가 적고 조수 흐름이 좋은 곳'을 골라 수조 바구니 다섯 개를 하나의 그물로 묶어서 해면에 띄우는 식으로 설치한다(그림 53). 도미 같은 경우 바구니 하나에 26, 27마리, 갯장어나 붕장어는 500마리에서 600마리나 넣을 수 있다. 바구니 수조에 축양하고 있는 물고기가 적당한 숫자가 되면 정박 중인 이케스후네로 옮겨 싣고 일본으로 수송한다. 초기의 운반선은 범선이었기 때문에 집하지 가운데 한 곳인 전라남도 여수에서 오사카까지는 도중에 파도나 바람의 방향을 가늠하면서 운항했으므로 무려 20일이나 걸렸다고 한다. 그러나 동력 운반선이 되고부터는 수송 시간이 단박에 줄어 소요 일수는 사흘 정도가 되었다.

활어 운반선에 관해 또 하나의 자료를 살펴보자. 그 자료는 〈활어 수송 시험〉이라는 제목으로 조선총독부 수산시험장이 작성한 보고서다(《조선의 수산》 41호, 1927). 이 수송 시험은 '오카야마촌'에 있는 남포 어업협동조합이 소유한 활어 운반선(20톤, 50마력)을 이용해서 배 안에 있는 수조에 급수 장치를 설치함으로써 활어 폐사율을 줄이려는 목적으로 이루어졌다. 이 시험 보고서를 읽어보면 이미 운반선도 동력선이 된 1920년대 후반에 어떤 형태로 활어가 일본으로 수송되었는지를 잘 알 수 있다.

활어 운반선에는 선창에 좌우 두 줄로 세 개씩, 합계 여섯 개의 수조가 설치되어 있었다. 하나의 수조에 2,150킬로그램, 여섯

그림 54 **남포 어업협동조합의 활어 운반선**
《조선식산은행 10년지》(1928)에 있는 사진. 남포 어협은 조선식산은행 등에서 수차례에 걸쳐 융자를
받아 활어 운반 사업을 넓혀나갔다. 《10년지》에는 수산 분야에서의 성공 사례로서 소개하고 있다.

개 수조를 합치면 13톤 정도에 가까운 활어를 실을 수가 있다. '선적어의 양은 시험 순서상 해당 업자가 종래 하던 양과 동일' 하기 때문에 이 정도 선적이 평균적인 양이었을 것이다(그림 54). 현재 대형 활어차로 넙치를 운반하는 경우에는 3톤 정도를 실을 수 있으니까 활어차로 환산하면 네 대 정도에 실을 양이다. "도중에 통영과 시모노세키 사이에서 약 세 시간에 걸친 고장 시간과 시모노세키항 및 야마구치현 야나이柳井항에 각 한 시간 남짓 기항해서 60시간 정도를 소요해 통영에서 고베로 이동"했다. 선박 고장 같은 문제가 없었으면 통영과 고베 사이는 60시간 미만, 약 이틀 반이 걸렸다는 계산이 된다. 범선을 이용한 수송과 비교하면 소요 시간은 크게 단축되었지만, 현재 부산과 오사카를 잇는 팬스타크루즈(페리)는 두 도시를 편도로 19시간 정도 항해하고 있으니(2013년) 이에 비하면 그 세 배 정도에 이르는 시간이 걸렸다.

이 시험 보고에 대해서도 잠시 살펴보자. 선창 좌우에 두 줄로 놓인 세 쌍의 수조 가운데 시험에 사용된 것은 한 쌍의 수조다. 좌현 쪽 수조에는 급수 장치를 부착해서 운반 중에도 신선한 바닷물을 보급했다. 우현 쪽 수조는 급수 장치를 부착하지 않고 종래 방법 그대로 했다. 그리고 고베항에 도착한 뒤 항구에 있는 수조로 옮길 때 좌우 각각의 수조에 넣은 물고기의 폐사율을 비교했다. 죽은 물고기는 종래 방법 그대로 급수가 없는 수조에서 465킬로그램이 나왔고, 급수 장치를 실험적으로 부착한 수조에서는 337킬로그램으로 100킬로그램 이상 차이가 났다. 급수 장치를 부착함으로써 폐사율을 낮출 수 있었음을 알 수 있다. 그렇다고 하더라도 종래의 수조에서는 폐사율이 20퍼센트를 넘었다는 수치는 놀랍다. 현재 넙치를 한국에서 일본으로 활어 트럭을 이용해 수송할 경우 폐사율은 0.01퍼센트 이하라고 한다(안광국 씨 이야기, 제1장 참조). 당시는 현재 상황에서 보면 상당히 큰 위험을 안고 활어 수송이 이루어졌던 것이다. 그래서 이런 시험이 실시되었겠지만 시험 보고의 결론은 수송 중에 안정된 급수를 유지하려면 주력 기관과는 별도로 독립된 보조 기관이 필요하기 때문에 당시 활어 운반선에 있는 좁은 기관실에서는 설비 개량이 어려운데다가 "(활어 운반선) 수조의 구조는 대부분 종래 그대로 두고 단순히 소용돌이 펌프에 의지해 급수하는 장치를 하는 외에 다른 방법이 없다"라고 다소 맥 빠지는 제안으로 맺고 있다.

이 〈활어 수송 시험〉이라는 보고에서는 이 시험을 실시한 경위에 대해서는 언급하지 않고 있다. 따라서 추측할 수밖에 없는데 남포 어업협동조합 쪽에서 운반하는 활어의 폐사율을 낮추기 위한 방책에 대해 총독부 수산시험장을 상대로 상담이 있었지 않았을까. 많은 이주 어촌의 경영이 실패로 끝나는 가운데 오카야마촌은 '모범 이주 어촌'의 대표 격이었다. 그런 의미에서라도 총독부 쪽도 남포 어협의 경영을 지원해주려고 하지 않았을까 추측된다.

이 '활어 수송 시험'이 실시되고 난 9년 뒤인 1936년에 조선식산은행에서 융자도 받아 사업을 확대한 남포 어업협동조합은 "운반선 11척, 535마력에 이르고 이에 모선 20척, 이케스후네 100여 척을 어장에 배치해서 조합원의 어획물은 물론 모든 활어 수송에 이용하며 해마다 30만 엔에서 40만 엔에 이르는 운반 판매량"를 올려 "오사카, 고베, 시코쿠 시장에서도 오카야마 조합 남룡호라고 하면 절대적인 신용을 얻을 수 있었다"(앞의 〈남포 어업협동조합〉). 갯장어와 붕장어의 어장에서 조업하는 '모선'에서 소형 '가두리선'으로 물고기를 옮겨 싣고 항구에 설치한 가두리 수조에 일단 모은 다음 활어를 고베, 오사카, 시코쿠 방면으로 운반선을 이용해 수송한다. 이 활어 수송 흐름은 범선 시대와 기본적으로 같다. '오카야마 조합 남룡호라고 하면 절대적인 신용'을 얻었다고 되어 있음을 보면 '오카야마 조합'(남포 어협)이 수송해오는 갯장어나 붕장어는 소비지 시장에서 평판이 좋았다는 뜻일 것이다. 남포 어협이 보유한 운반선은 '11척'이 있었다고 하니까 그 배에는 '제1남룡호', '제2남룡호' 등으로 배의 이름이 붙어 있었는지도 모른다.

공수되는 갯장어

여기서 다시 한 번 시곗바늘을 현재로 돌려보자. 8월 이른 아침, 부산 외곽에 위치한 기장군 공수마을에 있는 '삼광수산'을 방문했다. 새벽 4시가 지나 갯장어를 실은 활어차가 도착한다. 고성, 사천, 여수 방면에서 잡은 갯장어다. 분류 작업을 하기 위해 일단 활어차에서 작업소 안의 축양수조로 갯장어를 옮긴다.

점심 전에 간사이 공항행 비행기 시간에 맞추기 위해 서둘러 작업이 시작되었다. 9시에는 부산 김해국제공항으로 가져가서 통관 수속을 받아야 한다. 우선 수조에 있는 갯장어를 M(250~300그램), L(400그램), LL(450~

그림 55 **갯장어 포장 작업**
크기별로 나눈 갯장어를 커다란 깔때기를 이용해 바닷물을 담은 비닐 봉지에 담는다(사진 중앙). 그리고 자루 입구에서 산소를 봉입하고(사진 앞쪽), 그다음 발포 스티로폼 상자에 담는다. 자루 안에 갯장어가 보인다.

600그램) 크기로 나누고 섭씨 6~7도 되는 냉수를 담은 경질 비닐봉지에 6킬로그램 단위로 담는다. 담기가 끝난 봉지 주입구로 산소를 넣는다(그림 55). 마지막으로 갯장어가 담겨 있는 봉지 전부를 발포 스티로폼 상자에 넣는다. 이날에는 130상자, 800킬로그램 정도 되는 갯장어를 출하했다.

작업이 일단락된 다음 삼광수산의 김연호 씨(1938년생)에게 이야기를 들었다. 김씨 아버지는 갯장어 산지인 고성에서 어부 일을 했다. 열일곱 살 때 형이 통영에서 시작한 일본과의 수산물 교역 회사에서 일하면서 수출입 업무를 배웠다. 국교가 회복되기 전이었지만, 20톤 정도 되는 소형 활어선이 많을 때에는 일주일에 두 번 정도 시모노세키에서 고성으로 왔다.

"통영과 고성은 해방 뒤에도 일본과 밀접하게 관계를 갖고 있었군요"라고 필자가 말하자 "그렇습니다. 일본인은 없어졌지만 어법도 그대로고, 어부들 사이에서는 지금도 일본어가 많이 남아 있습니다"라고 김씨가 대답한다. 확실히 수산 관계자들 가운데에는 거래처가 일본이라는 이유도 있어서인지 '하모', '아나고'같이 일본어 이름 그대로 물고기 이름을 말하는 사람도 많다. 갯장어 전문 식당의 간판에도 '갯장어'라고 표시를 하기는 해도 그 뒤에 '하모'라고 굳이 일본어로 덧붙이는 광경을 자주 본다(그림 56). '건착망 巾着網(긴차쿠망)', '권현망 權現網(곤겐망)' 같은 어업 방식을 일컫는 일본어 이름도 그대로 한국어 발음으로 읽는다.

김연호 씨는 1974년에 자갈치시장에서 현재의 회사를 설립하

그림 56 **부산시 기장군 공수마을**
'하모'(갯장어의 일본어)라는 일본어 한글 발음이 쓰여 있다. 천막 오른쪽에는 '하모 샤부샤부'라는
일본어를 그대로 한글로 써놓았다.

고 넙치, 복어, 갯장어를 취급해왔는데 거래량이 늘어 큰 축양
수조(가두리)가 필요했기 때문에 1991년에 지금의 장소로 작업
장을 이전했다. 오사카에 있는 선어 전문점과 직접 거래도 하고
있다. 이날 출하한 갯장어는 오후 2시에는 간사이 공항에 도착
한다. "오늘 밤 오사카에서는 여기서 보낸 갯장어를 먹는 사람
들이 있을 겁니다."

현재 갯장어가 활어차와 활어선이 아니고 비행기로 운반되
는 까닭은 적은 양으로도 이용할 수 있는 이점이 있기 때문이라
고 한다. 예를 들면 넙치 같은 경우에는 양식장에서 크기를 맞
춰 모두 3톤이라는 큰 규모로 출하하기 때문에 대량으로 활어를
운반할 수 있는 활어 운반 트럭을 이용한다. 한편 자연산 갯장
어는 조업을 나가보지 않으면 어떤 크기의 갯장어가 얼마나 잡

힐지 알 수 없다. 1톤도 되지 않는 갯장어를 적재량 10톤 트럭을 빌려 수송하기는 경제적으로 효율이 나쁘다. 잡힌 갯장어는 일단 축양수조에 넣어두는데 일정한 분량이 될 때까지 기다리면 신선도가 떨어진다. 이런 이유로 가능한 한 신선한 갯장어를 빨리 일본에 보내기 위해 비행기 화물로 수송하고 있는 것이다.

지금까지 필자는 여름에 '갯장어 오토시'를 먹은 적은 있어도 그 갯장어가 어디서 어떤 '여정'을 거쳐왔는지는 생각도 해보지 않았다. 김식백 씨가 남해의 자란만에서 잡은 갯장어를, 수출업자인 김연호 씨가 부산 외곽에서 포장해 비행기 편으로 일본으로 보낸다. 그리고 그것을 수입업자인 아베 신지安部眞司 씨가 받아다가 교토의 중앙시장에서 중간도매상에게 판매한다. 그리고 그 중간에 한국 측과 일본 측 각각에 수출입과 통관 수속을 대행하는 업자가 있다. 갯장어는 이처럼 많은 사람의 손을 거쳐 우리 식탁에 오르고 있는 것이다. 이러한 한국에서 일본으로의 갯장어 '여행'은, 수송되는 '길'은 바다에서 하늘로 바뀌었지만 거슬러 올라가면 100년 정도 전부터 시작된 것이다. 그 먼 기억을 반복하듯 앞으로도 여름이 돌아올 때마다 한국에서 기름이 오른 갯장어가 오사카나 교토로 수송될 것이다. 갯장어잡이를 둘러싼 어려운 환경을 생각하면서 오래도록 그 맛을 즐길 수 있기를 바랄 뿐이다.

마지막 장

해협을 건너는 바람을 타고
— 시모노세키에서 부산으로

해협 도시 시모노세키

혼슈本州 서쪽 끝에 있는 JR산요山陽 본선 시모노세키역.

고가 위에 지어진 역에 내리면 플랫폼에서 시모노세키항구
가 손에 잡힐 듯이 내려다보인다. 항구로 이어지는 서쪽 출구를
나온 큰길(시모노세키시 다케자키竹崎초)에는 '마루하 빌딩'이 있
었다(2009년 해체 철거). 마루하(옛 대양어업)는 조선에 진출한 수
산 회사 '하야시카네 상점'의 전신으로 그 회사 이름의 첫 글자
인 'は(하)' 자를 동그라미 안에 넣은 '하야시카네'의 상표에서
온 것이다. 2008년에 경영 통합을 통해 마루하니치로 수산이 되
었다. 역 앞 거리를 빠져나오면 항구의 긴 안벽과 그것을 따라
시모노세키항구 시장의 광대한 건물이 눈에 들어온다. 그 거대

한 규모는 일찍이 이곳 시모노세키가 원양어업을 중심으로 한 수산업의 일대 기지였음을 웅변적으로 말해주고 있다. 교코漁港 시장은 야마구치현이 관리하고, 시가지 동부에 있는 가라토唐戶 시장은 시모노세키시가 관리한다.

부관 페리와 중국행 페리(칭다오 편, 상하이 편)가 정박하는 '시모노세키항 국제터미널'은 역을 끼고 시모노세키항구와는 반대쪽에 있다. 역의 동쪽 입구에서 터미널까지 긴 육교가 이어져 있다. 여행 가방을 끌며 7, 8분 정도 걸었을까. 시모노세키역에서 함께 내린 한국인 일행 두 명은 그대로 페리 승선장 쪽으로 갔다.

일찍이 '관부 연락선'의 잔교와 그에 인접한 옛 국철 시모노세키역은 현재의 국제페리 부두에서 500미터 정도 북동쪽으로 떨어진 곳인 현재의 시모노세키 경찰서(시모노세키시 호소에細江초) 부근에 있었다. 간몬關門 터널이 생기기 전에 옛 시모노세키역은 혼슈와 규슈를 잇는 '간몬 연락선' 발착역이기도 했다. 해저 터널 개통 뒤인(그 건설에도 많은 조선인이 종사했다.) 1942년부터는 여객·운수 영업이 개시되어 시모노세키역은 지금의 장소(시모노세키시 다케자키초)로 이전했다.

옛 시모노세키역 앞에는 철근 콘크리트로 된 3층짜리 '산요 호텔'이 있었다. 메이지 시기에 지어진 목조건물 산요 호텔이 소실된 뒤 1923년에 재건된 근대 건축이다. 일본은행 본점과 도쿄역을 비롯한 근대국가의 '위신'을 내세운 건조물을 만들어낸 다쓰노 긴고辰野金吾의 설계사무소(다쓰노가사이 사무소)가 도면을

그림 57 옛 시모노세키역과 역 앞 광장
전쟁 전 그림엽서(연대 미상). 정면이 시모노세키역사, 오른쪽이 산요 호텔, 왼쪽은 시모노세키 경찰
서. 시모노세키역은 간몬 연락선(규슈 방면)과 관부 연락선(조선 방향)으로 연결하는 중요한 터미널
역이었다.

그렸다. 다쓰노는 1914년에 준공된 부산역(그 2층에 철도 호텔이
있었다)도 설계했기 때문에 해협을 끼고 양쪽에 있는 관부 연락
선의 발착장에는 '제국의 얼굴'로 다쓰노와 관련된 건조물이 있
었다는 뜻이 된다. 부산역은 1953년에 큰 화재로 소실되었고,
옛 산요 호텔 건물도 유감스럽게도 2011년에 해체 철거되었다.
    전쟁 전의 옛 시모노세키역 사진이 들어간 그림엽서가 있다.
정면에 역사가 있고, 역 앞 광장 오른쪽에 산요 호텔이 보인다
(그림 57). 역사 뒤로 연락선 부두가 있었을 것이다. 일본으로, 그
리고 조선으로 향하던 많은 사람이 그 수만큼의 상념을 안고 역
앞 광장을 오갔을 것이다. 또 한 장의 그림엽서에는 관부 연락
선 '덕수德寿호'가 찍혀 있다. 접안한 연락선 바로 옆까지 화물선

그림 58 **관부 연락선 '덕수호'**
관부 연락선이 접안해 있는 부두에는 철도선이 깔려 있다. 시모노세키역 구내에 있는 부두는 '철도
잔교'라고도 일컬어졌다. 전쟁 전의 그림엽서.

이 다가와 있고 지붕이 달린 화물차가 서 있다. 승객용 다리와
는 별도로 안벽에서 배 쪽으로 연결 발판이 걸려 있고, 작업 조
끼 차림을 한 남자들이 있다(그림 58). 화물을 배 안으로 실어나
르는 일을 하는 사람들 같다. 덕수환의 굴뚝에서는 연기가 피어
오른다. 출항이 임박해 있는 모양이다.

이번(2012년 8월) 부산행에는 관부 페리를 이용하기로 했다.
지금까지 몇 번이나 부산을 방문했지만 시간적인 여유가 없어
비행기만 이용했다. '관부 연락선의 흐름을 계승한 관부 페리'
라고 아는 척을 하며 이야기한 적도 있었지만 실제로 타본 적은
없었다. 일찍이 관부 연락선으로 해협을 건넌 사람들의 마음이
어떠했는지 페리 안에서 상상의 나래를 펼쳐보고 싶었다. 예를

들면 프롤레타리아 시인 임화林和는 해협을 넘어 일본으로 건너간 조선인들의 마음을 〈현해탄〉이라는 작품에 썼다(1938년 일본의 지리 표기로는 '현계탄玄界灘'). 그 자신도 일본에 유학을 가기 위해 관부 연락선을 타고 시모노세키에 내렸던 사람이다.

> 3등 선실 밑 깊은 속
> 찌든 침상에도 어머니들 눈물이 배었고
> 흐릿한 불빛에도 아버지들 한숨이 어리었다.
> 어버이를 잃은 어린아이들의 아프고 쓰린 울음에
> 대체 어떤 죄가 있었는가.
> 나는 울음소릴 무찌른
> 외방 말을 역력히 기억하고 있다.
>
> 오오! 현해탄은, 현해탄은,
> 우리들의 운명과 더불어
> 영구히 잊을 수 없는 바다다.
>
> ― 간노 히로오미菅野裕臣 옮김,《조선어 입문》, 1981에서 일부 발췌

한일 수산물 무역의 또 한 현장인 시모노세키항에서

시모노세키역 앞에 서서 그림엽서에서 봤던 옛 풍경을 떠올리고 있노라니 눈앞에 경트럭이 와서 섰다. "처음 뵙겠습니다. 고하마입니다." 필자를 마중하러 나온 사람은 고하마 신지로小浜

伸治郎 씨(1975년생)다. 극동해운(주) 시모노세키 영업소에 근무하며, 관부 페리와 수산물 운반선 등으로 수출입되는 물품의 통관 수속을 해주는 '통관사'다. 부산에서 안광국 씨(제1장)가 소개해주었다. 관부 페리 승선 수속이 시작되기 전에 페리 부두에 인접한 히가시야마토東大和초에 있는 사무실에서 이야기를 들었다.

통관이라는 일은 어떤 일인지 우선 초보적인 것부터 물어보았다. 수입인지 수출인지에 따라 통관 수속에 얼마간 차이는 있지만 어떤 경우든 세관에 제출하는 신고서와 품목, 가격, 수량 따위가 기재되어 있는 명세서invoice 외에 필요 서류를 준비한다. 수입하는 경우는 관세와 소비세를 납부하는 절차가 더해진다. 그리고 세관을 통한 심사, 검사를 거쳐 허가가 떨어지면 짐을 임시 보관해둔 보세 지역에서 선적(수출) 또는 인수(수입)가 가능해진다. 이 일련의 통관 수속은 전문적인 지식이 필요하기 때문에 신속하게 수속을 진행하기 위해 통상 수출입업자 대신 통관업자가 맡아서 하고 있다.

2011년 〈시모노세키 무역 개황〉(시모노세키 세관 지서)에 따르면 시모노세키항의 수출 총액은 5,569억 엔이고, 수입 총액은 2,403억 엔이라고 한다. 수출 초과가 10년 동안 계속되고 있는 것이다. 수출 주력 품목은 '기계류 및 수송용 기기'로 전체 가운데 50.7퍼센트를 차지한다. '어패류 및 그 조정품'은 전체 가운데 0.8퍼센트로 의외로 적다. 한편 수입 품목에서는 '기계류 및 수송용 기기'가 26.8퍼센트, '의료품 및 그 부속품'이 24.8퍼센트에 이어 '어패류 및 그 조정품'은 16.3퍼센트다. 그리고 국가별 구성비를 보면 수출입 모두 한국과 중국이 거래 총액 가운데 85퍼센트 전후를 차지하고, 그 가운데 한국은 수출이 65.3퍼센트, 수입이 35.8퍼센트 비율로 되어 있다.

수산물 무역으로 압축하면 수출은 약 46억 6000만 엔, 수입은 390억 9000만 엔으로 수입이 압도적으로 많다. 이것도 한국, 중국과의 거래가 중심이다. 시모노세키와 부산 사이에는 관부/부관 페리 외에 선어와 냉동 물품을 운반하는 전용 운반선이 날마다 운항하고 있다. 게다가 주 1회 완도에서 오는 편도 있다. 고하마 씨가 이야기한 바에 따르면 활어차로 일본에서 수출하는 품목으로는 대지진 전까지는 산리쿠산 멍게가 많았지만, 지금은 가리비가 많다고 한다. 양식장이 있는 홋카이도와 아오모리에서 시모노세키를 경유해 한국으로 운반된다. 한국에서 오는 활어 수입은 넙치가 중심이다. 한편 운반선으로 수출하는 품목으로는 명태, 갈치 등이 있다. 명태는 후쿠시마 원전 사고 이후 한국 측 수입 규제가 엄해져서 선어로 가는 수출은 줄고 있다. 수입하는 품목으로는 피조개(활, 선), 바지락(활), 모시조개(활) 같은 조개류와 붕장어(선)가 많다. 완도에서 오는 편으로는 전복, 미역, 톳 따위가 들어온다고 한다.

승선 시각이 가까워졌다. 고하마 씨의 안내로 관부 페리가 접안해 있는 부두로 향했다. 페리의 선미 가까이에 있는 보세 지역 한쪽에는 수속을 마치고 승선을 기다리는 활어차가 일곱 대서 있다(그림 59). 승선 시각이 되자 선미 해치가 열리고 그리로

그림 59 관부 페리 승선을 기다리는 활어차
일본에서 한국으로 활어를 운반하는 트럭이 시모노세키항 페리 부두에서 대기하고 있다. 트럭 뒤에 페리의 굴뚝이 보인다. 시모노세키에서는 페리 선미 해치를 통해 승선하며, 부산에서는 선수 해치로 하선한다.

승선한다. 가가와, 교토, 시즈오카, 요코하마 등지의 차량 번호가 보인다. 모두 대형 활어차다. 시동이 걸려 있는 상태로 수조의 냉각 장치를 가동하고 있다. 수조 측면에는 내용물의 모습을 점검할 수 있도록 개폐식 작은 창이 달려 있고, 운전사가 그 창을 열고 선적물 상태를 확인하고 있다. 고하마 씨가 아는 운전사에게 말을 걸며 필자를 소개해주었다. "페리 안에서 잠시 이야기를 듣고 싶습니다만" 하고 취재를 부탁했다. 오후 7시에 관부 페리는 시모노세키를 출항한다. "출항 뒤에 레스토랑 영업 안내 방송이 있으니까 그 시간쯤 레스토랑에서 만납시다"라고 그 운전사가 응해주었다. 터미널까지 배웅해준 고하마 씨에게 감사 인사를 건네고 필자는 승선 수속 창구로 갔다.

활어차 2,000킬로미터의 여행

정각 오후 7시, 관부 페리 '하마유'는 시모노세키를 출항했다. 시모노세키항에 인접한 히코시마彥島를 따라 빙 돌듯이 좁은 간몬해협을 지나 서쪽으로 간다. 배의 좌현 저 멀리에 도바타戶畑 (기타큐슈시) 주변 공장 지대가 보이기 시작했을 무렵 하늘은 멋진 석양으로 물들었다. 갑판에서는 많은 승객이 해풍을 맞으면서 저녁노을을 즐기고 있다. 레스토랑 영업이 시작되었다는 선내 방송은 출항한 뒤 바로 있었다. 활어차 운전사들에게서 이야기를 들으려고 레스토랑으로 향했다.

관부/부관 페리의 전신은 전쟁 전에 관부 항로에 취항하고 있었던 '관부 연락선'이다. 연락선은 일본 패전이 다가올 무렵에는 미군의 공격 목표가 되었고, 또 간몬해협에도 대량의 기뢰가 투하되기도 했기 때문에 그 운항은 중단되었다. 관부 항로가 재개된 때는 중단으로부터 25년 뒤인 1970년이었다. 그로부터 다시 40년이 흐른 2010년, 관부/부관 페리의 연간 이용객은 23만 9000명으로 과거 최고를 기록했다. 이용객 수는 페리가 대형화했기 때문도 있지만 취항이 시작된 1970년에 비하면 스무 배나 된다. 한국인 승객이 약 21만 명, 일본인 승객이 약 3만 명으로 한국인 이용자가 압도적으로 많다. 한편 화물은 58만 6000톤, 그 가운데 수출이 약 34만 톤, 수입이 24만 6000톤이다. 전년에 비해 1만 8000톤 정도 늘어났다(《야마구치 신문》, 2011년 1월 28일).

그날 '하마유'에 탄 승객도 이 신문 기사처럼 한국인이 많았다. 단체 승객도 눈에 띄었다. 그래서인지 일본 선적 '하마유'에도 프런트 종업원을 비롯해서 접객이나 안내 업무는 모두 한국인 종업원이 하고 있는 듯했다. 레스토랑 안쪽에 활어차 운전사들이 있었다. 편한 바지에 티셔츠 차림의 편안한 복장으로 두 탁자에 나뉘어 식사를 하고 있다. 필자가 다시 한 번 인사를 하자 기다리고 있었다는 듯 자리를 비워주었다. 일곱 명의 운전사가 있었는데 주로 다케나카 요시미치竹中光行 씨(1965년생)와 오자와 준요小澤俊洋 씨(1975년생)와 이야기를 할 수 있었다. 다케나카 씨는 수천만 엔이나 하는 대형 활어차를 직접 소유한 독립 사업자다. 이번 일은 부산에서 서쪽으로 120킬로미터 정도 떨어진 사천(경상남도)까지 가서 활어 붕장어 3톤을 받아오는 일이다. 편도 두 시간 조금 더 걸리는 거리다. 내일 저녁에 또다시 부산으로 돌아와 시모노세키행 페리에 승선한다. 그런 다음 일본 어디로 수송할지는 도중에 수산 회사에서 연락이 오게 되어 있다. 이번에는 본거지 교토에서 빈 차로 왔지만, 미야즈宮津(교토부)의 돌돔과 단고丹後반도의 먹장어(곰장어)를 부산으로 운반하는 경우도 많다고 한다.

한편 오자와 씨는 가나가와현에 본거지를 둔 수산물 운수 회사의 운전사다. 이번에는 무쓰陸奥만에 면한 아오모리현 노헤지野辺地초에서 양식 가리비를 6톤 실었다. "시모노세키까지 계속 육로로 왔습니다." 8번 자동차 도로, 도호쿠 자동차 도로, 반에쓰磐越 자동차 도로, 호쿠리쿠北陸 자동차 도로, 메이신名神 고속도로, 주고쿠中國 자동차 도로, 산요 자동차 도로를 갈아타면서 마지막에 다시 한 번 주고쿠 자동차 도로를 달려 시모노세키에 도착했다. 시모노세키까지의 주행 거리는 1,700킬로미터, 도중에 법령에 따라 네 시간마다 휴식을 취하면서 스무 시간 남짓 걸려 달려왔다. 그리고 내일 아침 부산에 도착해 통관 허가를 받은 다음 다시 동해안을 따라 강원도 동해시까지 달린다고 한다. "아, 한국에서도 그렇게 멀리까지 갑니까?" 하고 묻자 "동해까지는 부산에서 대략 300킬로미터, 다섯 시간은 걸리지요"라고 대답했다. 동해에서 다시 100킬로미터 정도 북쪽에 있는 군사경계선에 가까운 속초까지 가는 경우도 있다. 가리비는 섭씨 5도에서 20도 이하의 냉수에서 서식한다. 일본에서는 홋카이도와 도호쿠 지방(무쓰만과 산리쿠 해안)을 중심으로 양식장이 있다. 한국에서도 가장 추운 지방인 강원도에 양식장과 축양수조(가두리)가 있기 때문에 일본에서 싣고 온 가리비는 일단 강원도로 운반되고, 거기서 서울을 비롯해 전국으로 공급되는 것이다.

"한국은 일본과는 반대로 우측통행이라 처음에는 여러 가지로 당황스럽지 않았습니까?"라고 묻자 "그럼요. 우회전, 좌회전할 때 반대쪽으로 튀어나갈 뻔한 적이 몇 번 있었어요"라고 운전사들은 한결같이 말한다. 처음 달리는 코스인 경우 화물을 인수하는 업자가 트럭을 유도하는 차를 보내주어 그 뒤를 따라 비상등을 깜빡거리면서 천천히 운행하는 경우도 있다고 한다. 그러나 익숙해지면 한글로 된 도로 표지판을 읽지 못해도 주위 경치로 어디를 어떻게 가면 되는지는 외워버린다. 시간이 있으면 한국 업자와 함께 식사를 할 때도 있는 모양이다. "가장 주의해야 할 사항은 뭡니까?" "글쎄요. 선적한 어패류의 폐사율을 어떻게 줄일 수 있느냐, 그거지요"라고 오자와 씨가 말한다. 실은 물건을 그 이상으로 신선하게는 만들 수는 없지만 그 상태를 얼마나 잘 유지할 수 있는지가 운전사의 실력이라고 생각한다. 필자는 '한일 정치 문제'나 '문화 차이' 같은 대답이 나오리라고 막연히 '기대'하고 있었는데, 그런 판에 박힌 발상은 기분 좋게 '배신'당했다. 대형 활어차에는 냉각기 설비, 여과 설비, 산소를 보내는 펌프 장치, 해수 보충용 펌프 따위가 장착되어 있고 운전석에 설치된 터치 패널로 수온이나 설비 관리가 가능하게 되어 있다. 그러나 운반하는 어패류의 종류나 선적량에 따라 어느 항구의 해수를 보충할지, 수조 안의 수온을 어느 정도로 설정할지, 수조 안에 어떻게 실을지 같은 문제들을 최종적으로는 기계가 아니고 사람의 경험과 감이 좌우한다.

이야기에 열중해 있다가 정신을 차리고 보니 레스토랑에 남아 있는 손님은 우리밖에 없었다. 오후 9시를 조금 지나 있었다. 페리는 순조롭게 운항을 계속하고 있다. "이제 밑으로 내려가봐야지"하며 운전사들이 일제히 자리에서 일어섰다. 대형 활어트럭은 페리의 최하층에 있는 주차 갑판에 세워져 있다. 승선한 뒤에는 자동차 시동을 꺼두어야 하기 때문에 항해 중에는 페

그림 60 **페리 안에 주차해 있는 활어차**
주차 갑판에 고정 기구로 단단히 고정되어 있다. 사진 오른쪽 기둥에 설치된 전원 패널에서 전선을 연결해 활어차에 있는 냉각 장치나 순환 장치 따위를 가동하고 있다.

리에서 전력을 공급받아 활어차의 냉각 장치와 산소 펌프 따위를 가동시키고 있다(그림 60). 만일 페리에서 차로 연결된 전원 케이블이 빠지거나 해서 전원이 끊어지면 어패류는 전멸한다. 그래서 오후 9시와 이른 아침 두 번은 활어차 상태를 살펴보러 간다고 한다. 운전사 대표가 객실층 프런트에서 주차 갑판으로 들어가는 열쇠를 받았다. 관계자 이외에는 출입이 금지되어 있지만 특별히 허가를 받고 필자도 동행했다. 주차 갑판에는 페리에서 나는 기관음이 크게 울리고 있었고, 그 여열 탓인지 객실층보다 훨씬 더웠다. 빼곡하게 들어찬 컨테이너 사이에 비집고 들어간 듯이 활어차가 빈틈이 보이지 않을 정도로 모여 있었다.

활어차는 배의 흔들림에도 움직이지 않도록 고정 기구(벨트로 자동차를 고정하는 장치)와 정지 턱으로 단단히 고정되어 있다. 운전사들은 각자 자기 차의 운전석으로 올라가 냉각 장치가 정상적으로 작동되고 있는지, 수온은 설정한 대로 되어 있는지 따위를 점검하기 시작했다. 짐을 싣지 않은 차로 와 있는 다케나카 씨도 수조 안의 해수 냉각이 순조롭게 진행되고 있는지를 확인하고 있다. 여름이라 섭씨 25도 내지 26도나 되는 바닷물을, 게다가 몇 톤씩 싣고 있는 수조 안의 해수를 10도 내리려면 엄청난 시간이 걸린다. 목적지에 도착하면 곧바로 붕장어를 넣을 수 있도록 배 안에서도 냉각기를 가동하면서 준비하는 것이다.

어느 활어차도 문제없이 바로 점검이 끝났다. 내일은 부산항에서 넙치를 실을 예정인 한 대를 빼고 모두 한국의 도로를 달려 각각 목적지로 향하게 된다. "모쪼록 조심해서 운전하십시오. 이야기 감사합니다." 취재를 마치고 선실로 돌아오니 필자의 휴대전화에 이미 '통화권 이탈' 표시가 떠 있었다.

A씨와 다닌 영도

배의 요동이 심해지는 바람에 새벽 4시쯤 잠이 깨버렸다. 밖을 보니 희미한 어둠 속으로 고층 아파트 그림자가 보였다. 배는 이미 부산에 도착한 모양이다. 입국 관리 업무와 통관 업무가 시작되는 시간까지 페리는 부산항 밖에 정박한다. 배의 흔들림에 휘청거리면서 갑판으로 나오니 선수 끝에 오륙도가 보였다. 그 맞은편에 있는 부산은 아직 잠들어 있다.

오전 7시 조금 지난 무렵 기관음이 커지면서 페리는 천천히 입항을 시작했다. 드넓은 컨테이너 부두와 영도 사이를 지나 이윽고 야트막한 용두산 공원에 서 있는 부산타워가 정면에 보였다. 배는 정시에 국제여객 부두에 접안했다. 짐을 정리해서 객실 로비로 나왔다. 로비에는 이미 승객들이 나와 줄지어서 하선을 기다리고 있다. 활어차 운전사들도 주차 갑판에 세워둔 차에 올라 대기하고 있을 것이다.

해마다 여름에 부산대학교에서 한일 학생 교류 모임이 열린다. 그 젊은이들의 활동을 돕기 위해 부산을 방문하기 시작한 지 어느덧 20년이 지났다. 부산대학교는 도시 북부에 있지만 필자는 늘 부산항 주변 지역에 있는 숙소에 머물곤 했다. 항구에 가까운 중앙동과 동광동(모두 부산시 중구)의 뒷골목을 돌아다니다 보면 항구에 드나드는 배에서 나는 기적 소리가 이따금 낮게 들린다. '부산에 왔구나' 하는 실감이 드는 순간이다. 항구 도시에서 부는 바람도, 바다 냄새도 반갑다.

이번 부산에서는 6개월 전에 서울에서 인터뷰를 한 A씨(제 3장)가 안내를 맡아주어 부산 거리를 돌아다니게 되었다. 그 과정을 통해 지금까지 했던 생각들을 필자 나름대로 조금 정리해 보고 싶었다.

A씨는 필자가 머무는 중앙동에 있는 호텔까지 데리러 와주었다. 이번 일 때문에 일부러 서울에서 부산까지 와준 것이다. 첫날에는 부산이 임시 수도였던 시대와 인연이 있는 장소를 견

학하고, 둘째 날에는 A씨가 태어나서 자란 영도를 방문했다.

그 둘째 날에 A씨와 지하철 남포역에서 만나 영도다리를 걸어서 건넜다. 하지만 영도다리 본체는 도개교(열리는 다리) 복원 공사 중이라 우리가 건넌 곳은 가설교 쪽이었다. 복원 공사는 2013년 안에 완성된다고 한다. 노후한 영도다리를 철거하느냐, 보존하느냐로 논의가 있었다. 결국 해체한 다음 복원하는 쪽으로 결정되었다. 그 복원 목적은 일제 강점기에 쓰인 건조물을 남기기 위해서가 아니다. 영도다리는 한국전쟁 시기에 부산으로 피난 온 사람들의 애환이 아로새겨진 역사적인 장소다(115쪽). 그 기억을 간직하고 미래로 전해주어 평화를 기원하는 기념물로 복원하기로 결정된 것이다.

'영도'는 둘레가 18킬로미터, 면적이 12.8제곱킬로미터 정도 되는 섬이다(그림 61). 섬 전체가 부산항의 '방파제' 역할을 하고 있다. 섬은 영도다리(영도대교)와 부산대교 두 개의 다리로 부산 시가지와 연결되어 행정상으로는 '부산광역시 영도구'이고, 인구는 5만 9000명이다(2010년). 영도의 본래 이름은 '절영도絶影島'라고 한다. 절영도는 통일신라 시대(7세기 말) 때부터 명마의 산지로 알려져 있다. 목장이 있었다는 이유로 일제 강점기에(거슬러 올라가면 쓰시마번藩 왜관 시대부터) 일본인들은 영도를 '마키노시마牧島'라고 했다. '절영'이라는 이름은 섬에 놓아기르는 목장의 말이 너무 빨리 달려 '그 그림자도 보이지 않을 정도'라는 데에서 왔다고 전해진다(김제순, 《영도의 숨겨진 이야기》, 2005). "'절' 자를 빼고 영도라고 하면 '그림자가 있는 섬'이라는

그림 61 **영도**
부산 시가지와 수로를 사이에 두고 영도와 봉래산이 보인다. 봉래산 꼭대기에는 조선총독부가 토지
조사 사업과 관련해 추진한 측도 사업(한반도 지형도 제작)의 기점이 되어 쓰시마에 있는 삼각점과
연결된 '삼각점 표석'이 지금도 남아 있다.

뜻이 되어 원래 이름과 완전히 반대가 되는 거지요"라고 말하면
서 A씨는 쓴웃음을 짓는다.

우리는 영도로 건너가 A씨 가족이 살았던 청학동과 한때 피난
민 수용소가 있었던 대한도기회사 터(봉래동), 그리고 조선총독
부 수산시험장이 있었던 남항동 등을 둘러보았다. "완전히 변해
서 옛 모습을 상상할 수 없을 겁니다." A씨가 말했다. 1980년대
말까지 수산시험장의 뒤를 이은 국립수산진흥원이 있었다는 장
소에는 선박용품을 취급하는 거대한 물류 센터가 된 새 건물이
서 있었다.

여행의 끝에서 – 동삼동 패총 유적으로

그다음에 해안 근처에 있는 추어탕 전문점을 찾아가 점심을
먹었다. 일본에서도 그렇지만 한국에서도 여름철 보양식이다.
삼계탕 따위와 함께 '자양 건강식' 가운데 하나다. 미꾸라지 살
을 발라내 으깨어 두부, 파, 마늘, 고춧가루 같은 양념과 함께 끓
이다가 된장, 고추장으로 맛을 내서 먹는다. 더운 날에는 뜨거운
음식이 맛있다.

식사를 마친 뒤에 A씨는 동삼동 패총 발굴지에 서 있는 '동삼
동패총전시관'으로 안내해주었다(그림 62). 동삼동은 영도 동남
부 해안에 있고, 바로 앞에는 한국해양대학교가 있는 조도鳥島
가 보인다. 패총이 발견된 1929년 당시 동삼동은 인가도 드물게
있는 작은 마을이었다. 발견자인 동래고등보통학교(조선인을 위
한 예전 중학교)의 교감 오이카와 다미지로及川民次郎가 쓴 조사 보
고서 〈남조선 마키노시마 동삼동 패총〉(1933)과 오이카와에게
서 연락을 받고 현지 조사를 했던 경성제국대학교 교수 요코야
마 쇼사부로橫山將三郎가 쓴 조사 보고서 〈부산부 절영도 동삼동
패총 보고〉(1933)에 따르면 출토물 가운데 자연 유물은 조개껍
데기(굴, 모시조개, 바지락, 가리비, 소라, 떡조개), 짐승 뼈(멧돼지, 사
슴, 개, 돌고래, 바다표범, 고래), 물고기 뼈(도미, 삼치, 상어) 등이라
고 한다. 요코야마는 "동삼동 패총 주민은 고기잡이로 조개류와
어류 따위를 상에 올리거나, 또는 산야에 나가 사냥을 하고, 또
겨울철 한류를 따라 남하하는 바다표범 따위를 잡아 생활 자원

그림 62 **동삼동 패총 전시관**
전시관 아래는 바로 바다로 이어진다. 사진 왼쪽 경사면에서 앞쪽으로 넓은 범위에서 발굴 조사가
이루어졌다.

을 얻었음은 설명할 필요도 없을 것이다"라고 했다. 또 인공 유
물로 출토된 것은 조개 제품(조개칼, 조개반지), 골제품(낚싯바늘),
석기(돌도끼, 돌화살촉, 돌톱, 추), 토기 등이었다. 오이카와는 특히
'내지(일본)에서는 이키壱岐에서 나는' 흑요석으로 만든 돌도끼
와 돌화살촉이 출토되었다는 점에 주목하고 있다.

　해방 뒤인 1960년대 말부터 발굴 조사가 국립중앙박물관을
중심으로 해서 재개되었고, 1977년에 동삼동 패총은 '국가 사적
지 제266호'로 지정되었다. 그 뒤에도 2000년대 초까지 부산박
물관, 경성대학교, 동아대학교 조사 팀이 주변 지역을 포함해 여
러 차례 조사했다. 그 결과 동삼동 패총은 신석기 시대에 해당

하는 기원전 6000년부터 기원전 1500년에 걸쳐 형성되었음이 밝혀졌고(일본에서 말하는 '조몬 시대') 또 주거 터, 분묘(옹관), 신앙 의례와 관련된 토우나 제구 따위도 새롭게 발굴되었다. 동삼동패총전시관은 이러한 오랜 연구 성과를 토대로 2002년에 개관되었다. '동삼동 패총인'(전시관 안내 리플릿)의 생활 전반에 걸친 모습을 출토물 전시와 해설을 통해 잘 이해할 수 있었다.

표시된 순서에 따라 전시관 견학을 마친 우리는 밖으로 나왔다. 전시관 밖에는 해안선을 향해 계단처럼 내려가는 목제 테라스가 설치되어 있다. A씨와 바다가 보이는 그 테라스에 앉아 잠시 쉬기로 했다. 눈앞에는 동삼동 하리항이 있고, 방파제 안쪽에는 작은 어선 몇 척이 정박해 있었다. 안벽에는 고기잡이에 사용하는 붕장어 통이 잔뜩 쌓여 있는 광경이 보인다. 수천 년 전 사람들도 여기서 작은 배를 타고 고기잡이에 나갔을 것이다. 그리고 풍어를 기원하고 무사 항해를 기원했을 것이다. 필자는 전시관에서 본 높이 2미터 정도 되는 패총의 지층 표본을 떠올리고 있었다. 다섯 개의 문화층으로 나누어진 각각의 지층에는 조개껍데기나 돌조각, 토기 조각 따위가 묻혀 있다. 거기에 사람들이 수천 년 동안 면면히 쌓아온 생활이 응축되어 있는 듯했다. 그리고 비유하자면 우리도 그 지층 위에 1센티미터도 되지 않는 생활층을 지금 만들어내고 있는 것 아닐까. 한일 수산물 거래를 하는 안광국 씨도, 페리를 타고 활어를 운반하는 운전사 다케나카 씨도, 갯장어를 잡는 김식백 씨도, 그리고 갯장어를 먹는 필자도 그 1센티미터 안을 살아가는 사람들 가운데 한

명일 것이다. 사람은 살면서 일을 하고 사랑도 해서 차세대를 키우고 죽는다. 우리의 '지금'에 이르는 그 지층 전체를 굵게 관통하는, 시대가 변해도 변하지 않는 '생의 광맥'을 보고 있는 듯했다.

A씨는 하리항에 정박해 있는 배 쪽을 보며 "저기 있는 배보다 더 작은 배로 바다 너머까지 왕래했다니 놀랍습니다"라고 말했다. 맞는 말이다. '동삼동 패총인의 대외 교류'라는 코너에는 출토된 흑요석 돌조각도 전시되어 있었다.

> 동삼동 패총에서 출토된 각종 승문(조몬) 토기와 흑요석 석기는 당시 동삼동 패총인들이 바다를 건너 일본 지역과 직접 교류했음을 보여주는 것이다. 특히 대량으로 출토된 조개팔찌는 국내뿐 아니라 흑요석과의 교역물로 쓰시마 등지에 공급되었던 것이라고 볼 수 있다.
>
> — 동삼동패총전시관,《동삼동패총문화》, 2008.

흑요석은 일반 돌보다 딱딱한 유리질 성질을 갖고 있고, 그것을 깨면 예리한 단면이 나온다. 석기 시대에는 칼, 화살촉, 어구 같은 편리한 도구로 널리 이용되었다. 그러나 화성암인 흑요석은 그 때문에 산지가 제한되어 있다. 한반도에서는 화산이 있는 백두산 지역에 있는 흑요석이 알려져 있지만, 동삼동에서는 훨씬 북쪽에 있는 땅이다. 흑요석을 찾아 동삼동 패총 사람들은 작은 배로 섬을 따라 남쪽으로 건넜다. 흑요석의 구성 성분은 산지에 따라 다르기 때문에 과학적인 성분 분석을 하면 산지를 특정할 수 있다. 한국 남해안에서 출토된 신석기 시대의 흑요석을 분석했더니 그 대부분은 규슈 지역의 것임이 밝혀졌다.

북부 규슈 연안 지대와 한반도 남부에서는 특이한 어구의 분포가 겹칠 뿐 아니라 쓰시마의 사가佐賀 패총에서 고라니의 엄니나 뿔럭지삿갓조개, 흰삿갓조개 같은 근린에서는 한반도밖에 분포되지 않는 것이 포함되어 있는 점이나 사가현 이마리伊萬里시의 고시다케腰岳산 흑요석이 한반도 남부에 포함되어 있는 등 어민 네트워크의 중요성을 이야기하고 있다.

— 고모토 신지甲元眞之, 〈대륙 문화와 현계탄〉, 《바다와 열도 문화 3》, 1990.

바다 하나를 끼고서 물고기를 잡고, 조개를 주우며, 같은 바다에 기원하는 사람들이 있었다. 사람과 사람이 만나면 또한 다툼도 일어났을 것이다. 그런 사건도 삼키면서 수천 년에 걸쳐 바다를 매개로 형성된 '네트워크'가 분명 있었다. '조선'도, '일본'도 없었던 시대다. 그 왕래를 구태여 '한일 교류' 같은 현재의 사고 틀에 끼워 맞춰볼 필요도 없다. 과거(역사)는 현재에 봉사하기 위해 있지 않고, 현재의 우리는 생각하지도 못하는 '논리'를 갖고 있었을 것이다. 우리에게 필요한 것은 과거 앞에 스스로를 겸허하게 세우고 과거와 대화를 시도하는 일이다. 말없는 과거의 '목소리'에 조용히 귀를 기울일 때 과거는 흔들림 없는 '생의 광맥'으로 통했던 저 패총의 지층 같은 두께를 갖고 우리의 '1센티미터' 현재에 다양한 의문을 던져올 것이다. 예를 들면 '하나의 바다에 선을 그은 이는 도대체 누구인가?'라고.

《해삼의 눈》(1990)을 쓴 저자 쓰루미 요시유키鶴見良行는 어장과 어업권이라는 일정한 해역을 점유하려는 발상은 예부터 있었다고 하면서 이렇게 말한다.

> 그러나 이러한 권리(어업권 같은)는 국가나 정부와는 관계없이 땅끝, 해안의 것이다. 어촌이 이 권리의 소유자다. 육안으로 보이는 땅끝을 넘은 해역은 몇 명이라도 이용을 용인하는 공공의 것이었다. 바다의 백성은 바다에 울타리를 치는 일에 대해 매우 조심스러웠다. 대지주는 탄생했지만, 대해주는 존재하지 않았다.

그러나 16세기부터 18세기에 걸쳐 국가가 영토 끝에 있는 연안 해면에도 그 권한을 행사할 수 있는 '영해領海'라는 개념이 유럽 국가들 사이에 퍼져간다. 물론 근대 국가를 지향한 일본도 그 예외는 아니다. 그 시대의 대포 착탄 거리를 근거로 해서 연안에서 3해리(약 5.5킬로미터) 범위가 영해로 간주되었다. 이렇게 영해가 '육지에서 대포가 닿는 거리로 정해진 일' 자체를 두고 쓰루미는 국가라는 존재가 '대지 쪽에서의 발상'에 젖어 있다는 사실, 거꾸로 말하면 '바다 쪽에서의 발상'을 누락시키고 있음을 예리하게 지적하고 있다(앞의 책). 제2차 세계대전 이후 수산 자원과 해저 자원 획득이라는 국가적 욕망과 이를 정당화하는 치밀한 이론 무장을 통해 해양 분할은 더욱 발전하고 복잡해진다. 상세한 내용은 생략하지만 해저에 있는 대륙 붕에도 연안국이 권리를 주장하고, 영해는 12해리로 넓어져서 200해리에 배타적 경제수역(EEZ)이 설정되기에 이르렀다. 이렇게 해서 일찍이 사람이 영유하는 곳이 아니었던 바다에는 무수한 선이 그어졌고, 바다는 분단되었다. 결국 '대지 쪽에서의 발상'으로 말미암아 '주인 없는 바다'라는 지구적인 공공성이 무너진 것이다. 그러나 그러한 분단선은 바다에 사는 생물들에게는 지금도 여전히 무관할 것이다. 물고기 떼는 각 종류별로 지혜를 갖고 대양을 헤엄치며 '바닷속 국경을 넘나든다'(나카지마 미유키, 〈파이트〉).

해양 생물 자원의 변동을 연구하는 가와사키 켄川崎健은 배타적 경제수역 설정 같은 국가 단위를 통한 해양 자원 관리에는 근본적인 문제가 있다고 지적한다. 그는 해양과 대기는 서로 연결되어 하나의 지구 환경 시스템으로 변동하고 있고, 그 변동과 더불어 해양 생태계와 그것을 구성하는 해양 생물은 수십 년이라는 시간 규모로 변동한다는 '레짐 시프트regime shift 이론'*을 제기했다(《정어리와 기후 변동》, 2009). 예를 들면 어떤 특정한 어류의 어획량은 지구 환경 변화와 더불어 장기적으로 변동하고, 어떤 해역에서 어획량이 줄어도 다른 해역에서 늘거나 또는 다른 어종으로 대체되기도 하는 '지구 규모로 동조한 대변동'(앞의

---

* 기온이나 바람 같은 기후 요건이 10년 간격으로 급격하게 변한다는 이론. 기후 점프라고도 한다. 기후뿐 아니라 예를 들어 수산 자원의 분포, 서식 수의 변화 같은 자연 현상 전반과 생태계에 관해서도 이용되는 개념이다.

책)이 늘 일어난다는 뜻이다. 이처럼 해양과 대기와 지구 생태계가 '하나'의 연관으로서 운동하는 역동성 안에 있다면 현행 유엔 해양법 조약(1982년 채택)이 주장하는 해양 자원 보호와 관리에는 문제가 있다고 가와사키는 말한다.

일본 주변에는 동중국해, 흑해, 동해, 쿠릴해, 오호츠크해 같은 다섯 개의 생태계가 있다. …… 중략 …… 동중국해 생태계는 일본, 중국, 한국, 대만 4개국·지역으로, 동해 생태계는 일본, 한국, 북한, 러시아 4개국으로, 오호츠크해 생태계는 일본과 러시아로 각각 분단되어 있다. 분할되지 않은 것은 구로시오黒潮 생태계뿐이다. 이처럼 국가 관할권(영해·배타적 경제수역)으로 세분된 생태계를 어떻게 일괄적으로 관리할 수 있을 것인가. 국제 협력을 통해 종합 관리한다 함은 이상론으로는 말할 수 있지만 각각의 EEZ에 강력한 국가주의가 있는 이상 현실 문제로서는 매우 어렵다고 해야 할 것이다. 그 앞을 막아서는 것은 국제정치라는 벽이다. (앞의 책)

'영해'나 '배타적 경제수역'이라는 '한 나라'에 갇힌 발상을 그대로 두고 나라 단위로 개별 수산물 어획량의 증감을 논하거나, 또는 이를 덧셈한 '국제 협력'을 이루거나 하는 방법만으로는 지구 생태계로 변동하고 있는 현상의 전체를 올바로 이해할 수 없고, 따라서 근본적인 시책을 입안하기는 그 이상 어렵다는 뜻일 것이다. 물고기들은 변동하는 생태계와 함께 있고, 그 변화는 안에서부터 섬세하게 지각하고 행동하고 있다. 거기에는 '물고기들의 논리'가 있고 '물고기들의 사고'가 있다. 우리가 스스로 만들어놓은 '사람에 갇힌 사고의 틀'을 어떻게 열어갈지 그것이 문제다.

바다를 향한 기원

동삼동패총전시관에 있는 전시물 가운데에서 패총의 '지층표본'과 함께 또 하나 필자의 인상에 강하게 남은 것은 패총에서 출토된 '조개가면'이다(그림 63). 10센티미터 정도 되는 가리비 껍데기에 두 개의 작은 구멍과 큰 구멍 하나가 뚫려 있다. 사람 얼굴 크기에 비하면 훨씬 작지만 눈과 입을 본뜬 가면이라

그림 63 **조개 가면**
동삼동 패총 발굴 조사에서 출토된 조개가면(《동삼동패총문화》).

고 한다. 가만히 보고 있으면 그 눈 속에 빨려들 것만 같다. "공동체 의식이나 축제를 할 때 또는 액막이와 관련된 주술 도구로서 이용되었다고 추정된다"(앞의 《동삼동패총문화》). 규슈의 아다카 패총(구마모토시 미나미구)에서도 소라 껍데기에 비슷하게 구멍을 뚫은 가면이 출토되고 있다고 한다. '동삼

동 패총인'들에게서 지금 우리에게로 이어지는 '생의 광맥'에는 이러한 '기원'이나 자연(우주)과의 교감도 아로새겨져 있을 것이다.

갯장어잡이를 하고 있는 경상남도 고성군의 어촌 두포리를 찾아가(299쪽) 어업자 김식백 씨에게 "풍어를 기원하는 제사 같은 행위를 합니까?"라고 질문했을 때 그는 "당산나무 아래에서 정월에 제사를 지냅니다"라고 대답했다. '당산'은 마을의 수호신을 기리는 신당이나 성역을 말하는데, 거기에 서 있는 신목이 '당산나무'다.

작은 만에 면한 두포리 마을의 동서 양 끝에 있는 마을 출입구에 해당하는 두 군데에 당산나무가 서 있었다. 가지가 보기 좋게 뻗은 거대한 팽나무다. 서쪽 당산나무는 고성군의 '보호수'로 되어 있고, 그 옆에 '수종 : 팽나무, 수령 : 약 300년, 높이 : 18미터, 둘레 : 3.2미터, 관리자 : 마을 이장'이라고 적힌 표지판이 있었다. 여름 한낮에 할머니와 아주머니가 그 신목을 감싸면서 만들어져 있는 평상 위에서 누워 쉬고 있었다(그림 64). "사진 좀 찍어도 될까요?"라고 말을 걸자 "찍어요. 사진도 사진이지만 이리로 와서 좀 쉬지 그래요"라고 그들이 말했다. 당산나무가 만드는 소우주는 성역이라고는 해도 사람을 황송하게 만드는 무서운 장소가 아니다. 바다에서 불어오는 바람이 가지에서 가지로 전해지며 나뭇잎을 흔들고, 마을 사람들은 그 나무 그늘에 모여 쉰다. 생활에 가까이 있으면서 생활 저 너머에 있는 어디인가와도 교감하고 있는 특별한 장소다. 그 당산에서 마을의 평

그림 64 당산나무
경상남도 고성군의 어촌 두포리에 있는 당산나무. 큰 팽나무 아래에서 더위를 식히며 쉬는 사람들이 있다. 나무 둥치 아래쪽에는 새끼줄이 감겨 있는 모습이 보인다. 오리쿠치 시노부가 쓴 《고대 연구, 민속학 편》 첫머리 사진에도 비슷한 분위기를 가진 해변의 '신사 숲'이나 '신목'이 나온다.

안을 기원하면서 정월에 당산제를 올리는 것이다. 이 또한 바다로 에워싸인 열도 사람들의 기억에도 친숙한 광경 아닌가.

동삼동 패총 터에서 보이는 바다가 여름 햇살에 반짝반짝 빛나고 있었다. 필자 옆에서 바다를 보고 있는 A씨에게 물어보았다. "어릴 때 부관 페리가 나가는 모습을 영도 해안에서 자주 봤다고 했지요? 그걸 보면서 무슨 생각을 했습니까?" "큰 배구나. 어디로 가는 걸까. 막연한 생각이었지, 한국이니 일본이니 하는 생각은 딱히 한 적이 없었어요." 그러고는 말을 이었다. "하지만 해변에 앉아 바다 먼 곳을 보고 있노라면 저 너머에도 나와 비슷한 누군가가 있지 않을까, 저 너머에서도 이렇게 누군가가 바다를 바라보고 있지 않을까, 그런 생각을 자주 했습니다."

역시 A씨와 비슷하게 어릴 때 해변이나 항구에 있는 부두에서 오가는 배를, 그리고 그 너머로 이어지는 넓은 바다를 지치지도

않고 바라보았던 필자는 그의 생각을 이해할 수 있었다. 나중에
민속학자 오리쿠치 시노부折口信夫가 쓴 "10년 전 구마노로 여행
을 갔다가 햇살 가득한 한낮의 바다 쪽으로 튀어나온 부두에 섰
을 때 멀리 파도 끝에 내 영혼의 고향이 있을 듯하다는 생각이
들었다"라는 문장도 만났다. 바다 너머에 대한 동경과 두려움.

필자는 서울에 있는 미술관에서 본 한 장의 그림을 떠올렸다.
이중섭이 그린 〈서귀포의 환상〉이었다(그림 65). 한국전쟁이 한
창이던 1951년에 그린 작품이다.

이중섭은 그 무렵 가족과 함께 제주도 서귀포로 피난해 있
었다. 생활은 뜻하지 않게 밑바닥이었지만 그 그림에는 그것이
캔버스가 아니고 판자에 그려졌다는 점을 제외하고는 전쟁 시

기를 드러내는 그림자가 하나도 보이지 않는다. 아이들이 즐겁게 뛰어노는 평화로운 낙원 같은 광경이 묘사되어 있다. 바다가 수평선까지 멀리 펼쳐져 있다. 큰 과일나무에는 가지가 휘어지도록 열매가 열려 있다. 그 열매는 '도원향'을 암시하는 '복숭아' 같다. 아이들이 자연이 주는 혜택을 수확해서 옮기고 있다. 작업에 지쳤는지 한 아이가 해변에 누워 낮잠을 자고 있다. 그렇다고 꾸중하는 사람도 없다. 새들도 그 수확 작업을 돕고 있다. 새를 타고 하늘을 나는 아이도 있다.

이중섭은 1916년 4월에 평안남도 평원군에서 태어났다. 보통학교(초등학교) 무렵부터 그림에 재주를 보였고, 1935년 스무 살 때 미술 공부 때문에 일본에서 유학했다. 미술 학교에서 나중에 아내가 되는 야마모토 마사코山本方子도 만났다. 자유미술가협회전 같은 데에 출품해서 평가를 높였고, 귀국한 뒤에도 신미술가협회전 같은 데에 적극적으로 출품했다. 1945년 5월에 원산(함경남도, 현재는 북한)에서 야마모토 마사코와 결혼했고, 해방된 뒤에 두 아이를 낳았다. 1950년 6월에 한국전쟁이 발발했고, 같은 해 12월에 원산에서 가족과 함께 군용 화물선을 타고 부산으로 피난했다. 1951년 12월에 제주도 피난처에서 다시 부산으로 돌아왔지만 아내 마사코가 폐결핵에 걸렸기 때문에 처자를 일본으로 보내기로 결심한다. 1952년 여름에 그는 그의 가족이 탄 일본인 송환선을 부산항에서 배웅했다. 그 뒤 도쿄에 있는 처자를 만나려고 선원증을 입수해서 일본으로 건너갔다. 그러나 국교가 없는 시대였다. 가족과 함께 지낼 수 있었던 시간

은 체재 허가 기한인 불과 며칠뿐이었다. 한국으로 돌아온 이중
섭은 창작 의욕도 충만했고, 나중에 대표작이라 일컬어지는 소
를 주제로 한 일련의 힘찬 작품들을 그려냈다(최석태, 《이중섭 평
전》, 2000 등). 바로 그 무렵 도쿄에 있는 아이들 앞으로 일본어
로 쓴 편지에 그림을 첨부해 자주 보내기도 했다. 예를 들면 이
런 편지다.

> …… 아빠는 건강하고 전시회 준비를 하고 있단다. 아빠가 오늘
> …… '엄마, 야스나리 군, 야스타카 군이 우마차를 타고 …… 아빠
> 는 앞에서 우마차를 끌고 …… 따뜻한 남쪽으로 함께 그림을 그렸
> 단다. …… 우마차 위에는 구름이 끼여 있어.' 그럼 잘 있어라. 아
> 빠 중섭(한글 서명)
>
> ─《이중섭 편지와 그림》, 2005.

그러나 그 뒤 이중섭에게 가족과 재회할 수 있는 기회는 찾아
오지 않았고, 실의 속에서 1956년 9월에 영양실조와 폐렴으로
서울 병원에서 세상을 떠났다. 마흔한 살이었다. 이중섭이 편지
에 쓴 '따뜻한 남쪽'이란 어디였을까. 그것이 줄곧 궁금했었다.
A씨에게 그 그림에 대해 이야기를 한 적이 있다. A씨는 그 그
림을 보고 '율도국律島國'을 연상했다고 한다. 17세기 초(조선 시
대) 허균이 썼다고 알려진 《홍길동전》이라는 소설에 나오는 이
상향의 나라 율도국. 주인공 홍길동은 활빈당을 이끌고 의적이
되어 권력자를 응징하며 조선 전국에서 활약하다가 그 뒤 고국

을 떠나 남쪽 바다에 율도국을 건설한다. 홍길동을 남쪽 섬으로 떠나게 한 까닭은 유토피아에 대한 동경만이 아니었다. 고국을 떠난 사정에는 조선 사회의 모순과 차별이라는 가혹한 현실이 있었다. 조선 고전문학 연구자인 노자키 미쓰히코野崎充彦는 《홍길동전》 텍스트 연구를 마친 뒤에 그 작품은 '19세기 이후의 대본貸本 문화 속에서 탄생해 자란 대중 통속 소설'로 봄이 타당하다고 주장한다(《홍길동전》, 〈해설〉, 2010). 그렇다면 국민 소설로도 알려진 《홍길동전》에는 근대로 향하는 시대 갈등 안에서 쓰는 사람과 읽는 사람들이 꾸었던 몇 가지 '꿈'이 여러 종류의 텍스트를 통해서 몇 겹으로 반사되고 있다는 뜻이 될까.

이중섭 역시 혹독한 동란기를 살면서 그 안에서 가족과 생이별을 하지 않을 수 없었던 사람이다. '따뜻한 남쪽'으로 가겠다고 일본에 있는 가족에게 호소했을 때 그가 그 장소를 어릴 때 《홍길동전》에서 읽은 '율도국'과 오버랩시켰다고 해도 이상하지 않다. 이는 가족과 함께 몸을 의탁한 제주도보다 훨씬 '남쪽'인 〈서귀포의 환상〉에서 묘사한 저 '낙원'을 말했던 것인지도 모른다.

동아시아 민속 문화를 연구하는 노무라 신이치野村伸一는 《홍길동전》과 관련해서 "이 소설에서 주목하는 것은 남조선에 대한 갈망이다"라고 하고, 그것이 일본(류큐琉球열도)이나 중국(산둥山東반도)을 포함한 동중국해 문화권에서 널리 볼 수 있는 '해상 타계 관념海上他界觀念'과 통한다고 주장한다(《동중국해 문화권》, 2012). 노무라 씨가 소개하고 있는 최남선의 《조선상식문답》(아이바 기요시相場淸 옮김, 1965)에 따르면 '남조선'은 '원래 조선 민족의 현실고에 대한 정신적 반발력에서 완성된 이상 사회의 한 표상'이고, 또 민속적 신앙이라고 한다. '남'이란 한국어로 '앞'을 뜻하고(앞의 책), '앞'은 또 '미래'를 뜻하므로 '남조선 신앙'이란 이중섭이 전란기에 〈서귀포의 환상〉을 그렸듯이 현실 사회의 갈등을 계기로 내일을 향해 꿈을 덧칠하는 '행위'를 말한다고 해도 좋을 것이다. 그런 행위는 '남조선 신앙'뿐 아니라 돌이켜보면 동아시아의 바다 네트워크 하나하나의 매듭에서 '우리 조상들'이 소박하게 거듭해온 것이다. 그 행위에 일관되게 흐르고 있었던 것을 필자는 지금 '함께 기도하고 꿈꾸는 힘'이라고 하고 싶다.

해양 생물 '자원'의 '개발' 경쟁, 끝이 없는 '성장' 신앙, 그리고 뒤숭숭한 '영유권' 분쟁. 바다를 향한 기원을 잊고 물고기들의 사고를 도외시한 사회는 지금 어디로 향하고 있을까. 만약 우리 몸이 그 깊은 곳에서 '함께 기도하고 꿈꾸는 힘'을 여전히 기억하고 있다면 하나의 바다에서, 각각의 물가에서 바다 저 너머에 있는 누군가에게 호소해서 바다와 바람과 물고기들과 함께 먼 '여행'을 다시 한 번 시작하는 일도 아직은 가능할지 모른다. 기도, 꿈꾸는 힘이야말로 현실을 잘 보는 힘이고, 희망을 이야기하는 힘이라고 믿고.

그런 생각을 하면서 바다를 보고 있었다.

하리항에는 고기잡이를 마친 배가 큰 엔진 소리를 울리며 돌아왔다. 먼 바다에는 부산항을 뒤로 하고 천천히 외해로 나가는 대형 컨테이너선이 보인다. 그리고 그 모습과 서로 스치듯이 하카타항에서 온 고속선 '비토르'가 하얀 파도를 일으키며 시야에 들어왔다.

'동삼동 패총인'들이 여기서 배를 저어나갔던 바다를 지금 필자는 A씨와 함께 보고 있다.

해협을 건너는 바람이 기분 좋은 여름 오후였다.

"단순히 논리적으로만 시종일관 투철한 사상에 호의를 갖지 않는다. 오히려 모순은 있어도 현실을 깊이 사랑하는 사상을 좋아한다"[나카노 요시오中野好夫, 〈젊은 사람들을 위해〉, 1945~1946, 《신 포도》(1979년, 미스즈 쇼보)에 실림].

우선 두 A씨에게 감사한 마음을 전하고 싶다.

한일 간 수산물 거래를 하고 있는 안광국 씨(제1장)는 바쁜 중에도 거래 현장에서부터 생산 현장까지 각지의 취재를 주선하고 동행해주었다. 자료 수집과 조사에도 사원 박경민 씨와 함께 협력해주었다. '실향민 2세' A씨(제3장)와는 인터넷 '바다'에서 우연히 만났다. '바다 너머에 누군가가 있다.'라더니 정말로 맞는 말이다. 그동안 주고받았던 대화는 지금도 기억이 새롭다.

'연구자'가 아닌 일개 시민 입장에서는 자료 열람 같은 일 때문에 방문하게 되는 연구기관의 '문턱'이 여전히 높게 느껴질 때가 있다. 대학 연구자인 다니카와 류이치谷川龍一 씨에게서는 원고에 대한 조언뿐 아니라 자료 수집과 조사에 관해 많은 도움을 받았다. 부경대학교 명예교수인 최정윤 씨는 연구기관과 수산 관계자를 소개해주었다.

본문 중에서 이름을 거론한 분들 외에 아마노 에리코天野繪里子(규슈대학교 부속도서관), 오쓰키 켄大月健(전 교토대학교 농학부 도서관), 스즈키 노부코鈴木信子(수산종합연구센터 중앙수산연구소 도서자료관), 나가이 미호永井美穗(시부사와 사료관), 강봉녀(전 부산대학교 도서관), 이수현(부산대학교 도서관), 소재두(논형출판사), 이완희(KBS 부산총국), 이마니시 하지메今西-(전 수산대학교), 모리모토 노리마사森本紀正(김경선 한국어학원), 그리고 필자의 직장인 가와이 학원 긴키 본부, 가와이 문화교육연구소, 한일문화교류연구회의 관계자 여러분에게도 신세를 졌다. 히라타 다쿠미平田匠, 가와이 에이지河合英次, 미야무라 마키宮村收 등 여러분은 초고에 대해 적확한 평을 해주었다.

마지막으로 전작《한국 온천 이야기》에 이어 이번에도 이와나미 쇼텐의 히라타 겐이치平田賢-가 기획·편집의 수고를 맡아주었다.

모든 분들께 감사하는 말을 전한다.

2013년 6월

| 참고문헌 |

이 책 전체에서 참고 · 인용한 문헌(한국어문헌은 * 표시)

수산사(水産史) 자료

(한국통감부)농상공부수산국,《한국수산지》제1~4집, 1908년~1911년(제3집부터 편찬자
는 조선총독부 농상공부가 된다.)
조선수산회,《朝鮮之水産》제1~142호, 1924~1937년('조선수산회'는 조선총독부의 수산행
정을 보조하는 반관반민적(半官半民的) 기관)
* (한국)수산청,《한국수산사》1968년
《조선총독부수산시험장보고》제1~7호, 1925~1941년
《조선총독부수산시험장 パンフレット》1~11, 1935~1942년
《조선총독부수산시험장 要覽》, 1935년, 1937년, 1939년
《조선총독부월보》, 1911년 6월~1925년 2월
《朝鮮彙報》, 1915년 3월~1920년 6월
《조선》, 1920년 7월~1944년 12월
関沢明清·竹中邦香 編,《朝鮮通漁事情》, 団々社書店, 1893年

연구서 등

吉田敬市,《조선수산개발사》, 朝水会, 1954年
* 박구병,《한국수산사》, 태화출판사, 1966년
* 박구병,《한국어업사》, 정음사 1975년
* 장국종,《조선수산사》, 사회과학출판사, 2010년
穂積真六郎 강술(講述),《朝鮮水産の 發達と日本》, 友邦協会, 1968年
宮本常一,《海に生きる人びと》(日本民衆史三), 未来社, 1964年

朝鮮史, 朝鮮社會全般

朝鮮史研究会 編,《朝鮮の歴史 新版》, 三省堂, 1995年

伊藤亜人・大村益夫・梶村秀樹・武田幸男 監修,《朝鮮を知る事典》, 平凡社, 1986年
和田春樹・石坂浩一 編,《岩波小辞典 現代韓国・朝鮮》, 岩波書店, 2002年
ウェブサイト,《釜山でお昼を》, http://nekonote.jp/pusan.html(釜山のまちの〈過去と
現在〉を踏査している°)

▶ 각 장에서 인용, 참고한 문헌(통계 등은 제외. 복수의 장에서 인용한 문헌은 인용빈도가 많
은 장에 표시했다)

제1장

* 부산공동어시장,《부산공동어시장삼십년사》, 1994년(대표집필은 박구병)
* 최정윤 외,《부산수산사 상》, 부산광역시, 2006년
* 부산수산대학교부설 수산기업연구소,《넙치 육상양식의 경제성 분석》, 1993년
* 최정윤,《우리나라 양식어업의 어장이용제도 변천에 관한 연구》, 1993년
* 천기태,《고기잡이 여행》, 바보새, 2004년
鄭大聲,《朝鮮の食べ物》, 築地書館, 1984年
朱剛玄,《黄金の海・イシモチの海 韓国海岸歴史民俗探訪》(黒沢真爾 訳), 法政大学出版
局, 2003年
〈特集日韓水産物貿易の行方〉,《アクアネット》2007年 2月号, 湊文社

제2장

岡田弥一郎・黒沼勝造・田中光常,〈新潟市及び佐渡る島近海に於けるクロマクラウナ
ギ(予報) I〉,《資源科学研究彙報》第11・12号所収, 1948年
竹田伍一,〈資源科学研究の創設とその使命〉,《科学主義工業》, 1942年四月号所収
〈めくらうなぎ利用試験〉,《慶尚南道水産試験場 昭和十一年度水産試験報告》, 及《慶
尚南道水産試験場 昭和十三年度水産試験報告》
松沢定五郎,〈ヌタウナギに関する資源的調査と其考察〉,《農林省水産講習所研究報
告》, 第五巻第三号. 1960年
* 정영태,《정영태 시집 자갈치 아지매》, 을지출판공사 1993년
* 부산 자갈치문화관광축제위원회,《자갈치축제 십년사》, 2002년
* 국립수산과학원 편,《수변정담》, 2005년

제3장

한국전쟁 시기의 한국사회
金東春,《朝鮮戦争期の韓国社会史 避難・占領・虐殺》(金美恵・崔眞碩・崔徳孝・趙慶喜・

鄭榮桓 訳), 平凡社, 2008年

＊박성서,《한국과 대중가요 기록과 증언》, 책이있는풍경, 2010년

임시수도기의 부산

＊박원표,《부산의 고금(古今)》, 현대출판사 1965년
＊박원표,《개항 구십년》, 태화출판사 1966년
＊박원표,《향토부산》, 태화출판사 1967년
＊부산시사편찬위원회,《부산약사(釜山略史)》, 1968년
＊부산일보사,《비화(秘話) 임시수도 천일》, 1986년
＊조갑상,《이야기를 걷는다 소설 속의 부산》, 산지니, 2005년

피난의 기록, 증언 등

＊김찬수,《내가 경험한 6.25》, 명문당, 2007년
＊이하우·최명 공편(共編),《6.25와 나 서울 법대 58학번들의 회고담》, 까치글방, 2010년
＊이홍환,《1950년 배달되지 않은 편지, 조선인민군 우편함 4640호》, 사민, 2012년
＊이상섭,《굳세어라 국제시장》, 도요, 2010년
＊KBS(부산방송총국) 부산재발견제작팀,《TV로 보는 부산의 역사 부산재발견》, 도서출판 우진, 2012년

논문

李英美,〈失郷民と他郷暮らし〉, 2004年(法政大学学術機関リポジトリ http://hdlhandle.net/10114/295)
李英美〈失郷民, その望郷と帰郷 難民でない難民・移住民でない移住民〉《現代思想》, 2007年 6月号
＊차철욱. 유치석, 송우나,〈한국전쟁 피난민들의 부산 이주와 생활공간〉,《민족문화논총》(영남대학교), 제45집, 2010년
＊차철욱〈한국전쟁 피난민과 국제시장의 로컬리티〉,《한국민족문화》(부산대학교), 38호, 2010년

기타

坂口安吾,《堕落論》, 角川書店, 1969年
《旧約聖書詩編》(関根正夫訳), 岩波書店, 1973年

제4장, 제6장

명태 관련 자료

朝鮮殖産銀行調査課,《朝鮮ノ明太》, 1925年
鄭文基,〈朝鮮明太魚〉,《朝鮮之水産》, 128·129号. 1936年
猪原万作,〈咸鏡南道明太漁業の概況〉,《朝鮮》, 1922年 1月号

北海道水産試験場 編,《明太魚製造試験報告》, 1933年
朝鮮總督府水産試験場,《朝鮮のメンタイ漁業に就いて》(水産試験場パンフレット二),
1935年
朝鮮第に区機船底曳網漁業水産組合,《朝鮮第に区機船底曳網漁業水産組合十年史》,
1940年
元山商業会議所,《元山案内》, 1914年
* 박구병,〈한국명태어업사〉,《부산수산대논문집》제20권, 1978년
* 김경호,〈한국수산금융변천사연구〉,《부산여대논문집》제23집, 1987년
* 천지혜,〈명태에 관한 민속과 속담〉, 부경대학교 해양문화연구소《조선시대 해양환경
과 명태》(한국해양사연구총서 2), 국학자료원, 2009년
* 장준영,《고성군 명태어로민속지》, 고성문화원, 2009년
アチックミュ—ゼアム 編,《朝鮮多島海旅行覚書》, 1939年
* 국립수산과학원,《연근해중요어업자원의 생태와 어장》, 2005년
* 강재순,〈일제시기 함경남도 명태어장의 분쟁〉,《대구사학》제96집, 2009년
*《살림이야기》, 2011년 겨울호, 특집〈명태 밥상 위의 바다〉, 도서출판 한 살림
* 임동권,《속담사전》, 민속원, 2002년
* 속초문화원,《고사진으로 꾸미는 속초의 발자취》, 2001년
《日本地理風俗大系 十六 朝鮮篇(上)》, 新光社, 1930年

제5장

정문기 관련

* 정약전,《현산어보》(정문기 역), 지식산업사, 1977년
* 정문기,《한국어보》, 대한민국 상공부, 1954년
*《한국동물도감 제2권 어류》, 정문기 편, (한국)문교부, 1961년
* 정문기,《한국어도보》, 일광사, 1977년
*《논문수필집 도산 정문기 박사 고희기념》, 한국수산기술협회, 1968년('도산'은 정문기
의 호, '유수'라는 호도 갖고 있었다. 정씨가 쓴 논문 수필의 다수를 수록하고 있다. 단 해방 전
에 쓴 일본어 논문 등은 한국어로 번역되어 게재되어 있다.)
*《내가 걸어온 길 학술원 원로회원회고록》, 학술원 편, 1983년
* 이기복,〈일제강점기 우치다 게이타로의 조선산어류조사와 '바다의 식민'의 잔재〉,《역
사민속학》19호, 2004년
* 이태원,《현산어보를 찾아서》제1권, 청어람미디어, 2002년

시부사와 게이조 관련

《渋沢敬三著作集》第一~五卷 平凡社, 1992~1993年
閔庚鉉 編,《創立十周年記念誌》, 自彊会, 1935年
裵姈美,〈1920年代における在日朝鮮人留学生に関する研究 留学生・朝鮮總督府・'支
援' 団体〉, 2010年(一橋大学機関リポジトリ http://hdl.handle.net/10086/18587)

朝鮮農村社会衛生調査会 編,《朝鮮の農村衛生 慶尚南道達里の社会衛生学的調査》,
岩波書店, 1940年
宮本常一,《渋沢敬三》(宮本常一著作集50), 未来社, 2008年
＊ 이문운 편,《식민지 조선의 농촌사회와 농업경제 강정택 선생 탄생 100주년 기념논문
집》, YBM, 2008년
＊〈75년 만의 귀향 1936년 울산 달리〉, 울산박물관특별기획전 팸플릿, 2011년
佐野眞一,《旅する巨人 宮本常一と渋沢敬三》, 文芸春秋, 1996年

우치다 게이타로 관련

内田恵太郎,《魚類 円口類 頭索類》(岩波講座生物学), 岩波書店, 1930年
朝鮮總督府水産試験場,《朝鮮魚類誌第1冊 糸顎類内顎類》(朝鮮總督府水産試験場報告
第六号) 1939年(執筆者は内田恵太郎)
内田恵太郎,《稚魚を求めて ある研究自叙伝》, 岩波書店, 1964년
内田恵太郎,《流れ藻》, 西日本新聞社, 1972年
内田さち子・塚原博 編,《流れ藻 内田恵太郎歌文集》, 西日本新聞社, 1983年
望岡典隆,〈魚類生活史標本 内田 コレクション〉《九州大学百年の宝物》, 丸善プラネッ
ト, 2011年
德元美智子,〈中央図書館所蔵内田文庫〉,《九州大学附屬図書館研究開発室年報》,
2011年(九州大学学術情報リポジトリ http://hdl.handle.net/2324/24954)
＊ 우치다 게이타로,《치어를 찾아서》(변충규 역), 현대해양사, 1994년
＊ 중앙대 DCRC·영월서적박물관 편,《유리판에 갇힌 물고기》, 중앙대 DCRC, 2004년
＊ 김계원, "Unpacking the Archive: Ichthyology, Photography, and the Archival
Record in Japan and Korea", Positins 18.1, spring 2010(영문)
朝永振一郎,《科学者の社会的責任》(朝永振一郎著作集五), みすず書房, 2001年
唐木順三,《《科学者の社会的責任》についての覚え書》, 筑摩書房, 1980年
朝鮮總督府 編《朝鮮總督府及所屬官署職員録》, 1940年, 1943年
＊ 국립수산진흥원,《국립수산진흥원 80년사》, 2001년('국립수산진흥원'은 2002년에 '국립
수산과학원'이 되었다.)
＊ 부산수산대학교,《부산수산대학교 50년사》, 1991년('부산수산대학교'는 1996년에 '부산
공업대학교'와 통합되어 '부경대학교'가 되었다.)

제7장

高橋宗司,《植民地朝鮮の日本人》, 岩波書店, 2002年
神谷丹路,《韓国歴史漫歩》, 明石書店, 2003年('오카야마촌'이라 불린 어촌〉이라는 르포가
있다.)
神谷丹路,〈日本漁民の朝鮮への植民過程 岡山県和気郡日生漁民を中心として〉,《青丘
学術論集》第一三集, 1998年
朝鮮殖産銀行十年志》, 1928年

＊ (한국)국사편찬위원회,《한일어업관계》(한국근대사자료집성 5), 2002년
岡本達明 編,《近代民衆の記録7》, 新人物往来社, 1978年

마지막 장

菅野裕臣,《朝鮮語の入門》, 白水社, 1981年
＊ 김재순,《영도의 숨은 이야기》, 도서출판 전망, 2005년
海野福寿,〈朝鮮測図事業と朝鮮民衆〉,《駿台史学》第100号, 1997年
横川薫·田上節雄·安淇德·朴鎭植,〈日韓三角測量原基線GPS共同觀測〉,《國土地理院時報》2004年
辻本元博,〈伊能図にみる朝鮮の山々〉,《伊能忠敬研究》, 第四四号, 2006年
及川民次郎,〈南朝鮮牧の島東三洞貝塚報告〉,《考古学》, 第四巻第五号, 1933年
横山将三郎,〈釜山府絶影島東三洞貝塚報告〉,《史前学雑誌》, 第五巻第四号, 1933年
＊ 동삼동 패총전시관,《동삼동패총문화》(동삼동패총전시학술총서 3), 2008년
甲元眞之,〈大陸文化と玄海灘〉,《玄海灘の島々 海と列島文化三》, 小学館, 1990年
鶴見良行,《ナマコの眼》, 筑摩書房, 1990年
高林秀雄,《国連海洋法条約の成果と課題》, 東信堂, 1996年
太寿堂鼎,《領土帰属の国際法》, 東信堂, 1998年
水上千之,《海洋法展開と現在》, 有信堂, 2005年
川崎健,《イワシと気候変動 漁業の未来を考える》, 岩波書店, 2009年
韓国文化公報部文化財管理局,《韓国の民俗大系三 慶尙南道編》(竹田旦·任東權訳), 1989年
＊ 최석태,《이중섭 평전》, 돌베개, 2000년
＊ 오관수,《이중섭》, 시공사, 2000년
＊ 고은,《이중섭 평전》, 향연, 2004년
＊《이중섭 편지와 그림 1916~1956》(박재삼 역) 다빈치, 개정판 2005년
伝許筠,《洪吉童伝》(野崎充彦訳註)東洋文庫 七九六), 平凡社, 2010年
野村伸一,《東シナ海文化圏 東の〈地中海〉の民俗世界》, 講談社, 2012年
崔南善,《朝鮮常識問答 朝鮮文化の研究》(相場清訳) 日韓親和会, 1965年
折口信夫,《古代研究 民俗学編》(折口信夫 全集 第二巻·第三巻), 中央公論社, 1975年
白承鍾,《鄭鑑録 朝鮮王朝を揺るがす予言の書》(松本真輔訳), 勉誠出版, 2011年
金台俊,《朝鮮小說史》(安宇植訳註), 東洋文庫二七〇, 平凡社, 1975年

| 찾아보기 |